# CATALOGUE

## RAISONNÉ

# DES TABLEAUX

DU

## MUSÉE DE TOULOUSE

PAR

## GEORGE

ANCIEN COMMISSAIRE-EXPERT DU MUSÉE DU LOUVRE.

PRIX : **1** FRANC.

## TOULOUSE

## IMPRIMERIE I. VIGUIER

RUE DES CHAPELIERS, 13.

1864

# CATALOGUE

## DES

# TABLEAUX

## DU

## MUSÉE DE TOULOUSE.

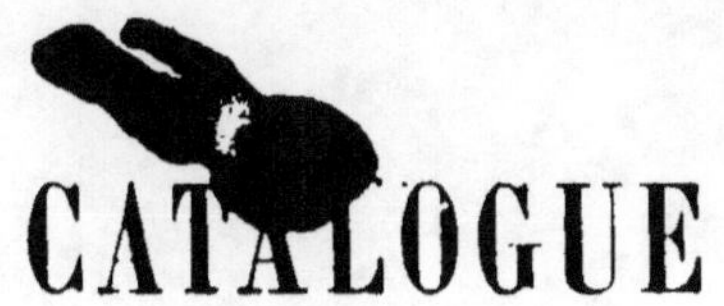

# CATALOGUE

## RAISONNÉ

# DES TABLEAUX

DU

## MUSÉE DE TOULOUSE

PAR

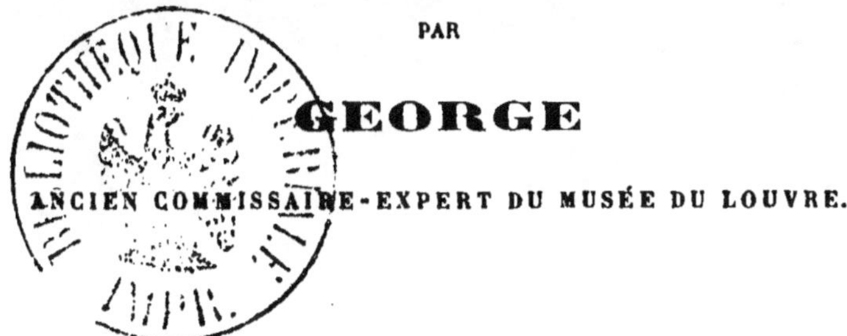

## GEORGE

ANCIEN COMMISSAIRE-EXPERT DU MUSÉE DU LOUVRE.

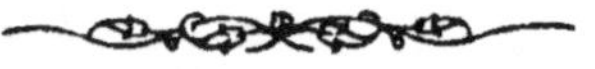

## TOULOUSE
## IMPRIMERIE I. VIGUIER

RUE DES CHAPELIERS, 13.

—

## 1864

# AVANT-PROPOS.

———

## I.

Les musées sont de création toute récente. Les anciens,
la Grèce elle-même, cette mère des arts, cet antique et
brillant foyer de la civilisation, n'en eurent aucune idée.
Phidias, Apelles, Zeuxis, Lysippe, Praxitèle, Polygnote......
remplirent, il est vrai, le Pœcile, le Parthénon, les théâtres,
les temples, les principaux monuments d'Athènes, de chefs-
d'œuvre dont le moindre fragment fait encore l'admiration
du monde moderne; mais ces chefs-d'œuvre ne furent jamais, comme de nos jours, réunis et exposés dans des lieux
spéciaux pour servir à l'étude particulière des artistes et à
l'enseignement du public.

Après la conquête de la Grèce par les Romains, ce peuple,
plus soldat qu'artiste, transporta néanmoins à Rome toutes
ces œuvres d'art qui tombèrent quelques siècles plus tard
sous le marteau démolisseur des barbares, et disparurent,
pour ainsi dire, de la surface du globe. Une longue nuit
succéda aux nombreuses invasions de ces hordes incultes et
sauvages. Au XIII<sup>e</sup> siècle seulement, le sentiment de l'art, qui
s'était conservé en germe comme un feu sacré durant tout
le moyen-âge, commença à se révéler sous toutes ses for-

mes. Ce fut un mouvement général, un réveil de l'esprit humain qui embrassa tout, discuta tout avec une ardeur, une énergie d'heureux augure. Sciences, lettres, philosophie, beaux-arts, rien ne fut négligé. Alors surgirent les artistes précurseurs de la Renaissance. Cimabue apparaît en Italie, et l'art, recevant de son génie une puissante impulsion, abandonne les traditions byzantines et s'ouvre une ère nouvelle. On multiplie les procédés des anciens; on peint à la détrempe, à la fresque, à la gomme, à la cire, à l'œuf, et enfin à l'huile, dernier degré du perfectionnement des méthodes nouvelles.

Ces heureuses innovations, en rendant la peinture plus praticable, la mirent, pour ainsi dire, à la portée de toutes les intelligences et en étendirent considérablement l'usage. Les productions de l'art, devenues plus transportables, se répandirent rapidement et donnèrent naissance aux collections. Les Médicis à Florence, les Visconti à Milan, les princes d'Este à Ferrare, ont été jusqu'ici considérés comme les premiers collectionneurs. Mais on sait aujourd'hui que le roi de France Charles V, que les puissants ducs d'Orléans, d'Anjou, de Berry, de Bourgogne, embellissaient aussi de nombreux tableaux leurs riches habitations. Nous connaissons quelques ouvrages de cette époque, un entre autres, aussi rare que remarquable, qu'il nous a été donné de voir à Toulouse, chez M. Jules Pujol, et provenant du mobilier de Philippe-le-Hardi, duc de Bourgogne, mort en 1404. L'Allemagne avait également à Cologne, au xive siècle, des artistes qui furent les maîtres de ceux de Bruges, où Jean Van Eyck, l'un d'eux, découvrit la peinture à l'huile. Toutefois, les collections ne prirent une importance réelle qu'à l'apogée de la Renaissance, au xvie siècle, alors qu'apparurent les Léonard de Vinci, les Michel-Ange, les Raphaël. L'Italie fut donc le foyer ardent de la renaissance des arts.

Mais, loin d'être propre à cette contrée, ainsi qu'on le pense trop généralement, cette renaissance se manifesta, quoique à des degrés différents, dans tous les pays civilisés, selon la nature, le tempérament et le goût de chaque peuple.

Ainsi la France, comme l'Allemagne, comptait des peintres nationaux dès le XIVe siècle; et tout porte à croire que Charles V fut le premier monarque français qui rassembla quelques peintures. Charles VII hérita du goût de son aïeul pour les arts. Son portrait, exposé au Louvre sous le n° 653 (Ecole française), et qui offre tous les caractères du temps, en est, à notre avis, un témoignage irrécusable. Après la conquête du royaume de Naples, Charles VIII amena d'Italie quelques artistes qui travaillèrent à son château de Blois, où « *il joignit ensemble,* dit Commines, *toutes les belles choses dont on lui faisait fête, en quelque pays qu'elles eussent été vues, fussent Flandre, Italie ou France.* » Louis XII suivit cet exemple, et amena également d'Italie un architecte nommé Fra Giocondo, qu'il nomma architecte royal. Ce Giocondo fit rebâtir le pont Notre-Dame qui venait de s'écrouler pour la quatrième fois, et donna, dit-on, le plan de la façade orientale du château de Blois, où le roi réunit une nombreuse collection de livres et de manuscrits rares et précieux, premiers commencements de la bibliothèque royale. Le mouvement était donc donné partout depuis longtemps, et François Ier surnommé le Père des Lettres et des Arts, en les protégeant et les encourageant, né fit que suivre la voie tracée par ses prédécesseurs. Mais il lui restera toujours l'honneur et la gloire d'avoir introduit en France les grands principes de l'art italien. En attirant à sa cour le grand Léonard et ses élèves Salaï et Melzi, Andrea del Sarto et son élève Andrea Sguazzela, l'habile Cellini; en appelant plus tard le Rosso et le Primatice avec leurs nombreux élèves pour décorer le palais de Fontainebleau, ce prince artiste excita l'émulation des peintres nationaux et imprima aux arts une impulsion immense. Ce fut même une révolution ; car les Dorigny, les Lérambert, Jean Samson, Louis Dubreuil, Jean Cousin, etc....., frappés de la supériorité des maîtres italiens, s'inspirèrent de leurs œuvres. Plusieurs d'entre eux travaillèrent même, sous leur direction, à la décoration de la demeure royale et formèrent l'Ecole dite *de Fontainebleau*. Cependant Jean Cousin et Martin Freminet, tout en empruntant aux Italiens le grand goût du dessin, conservèrent leur individualité, et gardèrent cette souplesse, cette facilité d'exécution, un des caractères les plus saillants du génie français. Jean Clouet, dit Jehannet, qui s'attacha au style de van Eyck et de Memling, porta le *précieux* fini du pinceau au plus haut degré de perfection, en conservant dans ses petits portraits une vérité naïve et une distinction toute française. Cet artiste ainsi que Jean Cousin et Freminet doivent être considérés comme les premiers représentants de l'art français et comme les créateurs du style national, depuis la Renaissance.

Rien ne témoigne plus vivement de la sollicitude de François Ier pour l'art que la considération dont il entoura les artistes ; et non content de stimuler leur ardeur par la présence des plus habiles maîtres italiens, il voulut encore mettre sous leurs yeux des chefs-d'œuvre de toutes les Ecoles, en tableaux, sculptures, antiquités et objets d'art. Cette collection, réunie dans son magnifique palais de Fontainebleau, fut l'origine de la collection royale qui devint le noyau du musée de Louvre. Considérée comme la première qui ait été formée en France, au moins par son importance, cette collection ne s'étendit guère sous les descendants de François Ier, malgré leur goût pour les arts : les guerres de religion et les luttes des partis mirent obstacle à son accroissement. C'est seulement sous la veuve de Henri IV, cette fille des Médicis, que la peinture reprit un nouvel essor. Cette princesse, amie des arts, confia à l'illustre Rubens le soin de décorer le palais du Luxembourg qu'elle venait de faire construire. Ce grand artiste y peignit dans une série d'admirables compositions, qui font encore l'un des plus beaux ornements du Louvre, les principaux évènements de la vie de cette reine. Bientôt apparut Simon Vouet, le fondateur de la véritable Ecole française et le maître direct des Lebrun, des Le Sueur, des Mignard, et de tant d'autres artistes éminents qui ont illustré le siècle de Louis XIV et répandu dans toute l'Europe la gloire du nom français. Les œuvres de ces maîtres, ainsi que celles d'autres artistes du temps, tels que Nicolas Poussin et Claude Lorrain, constituent les trésors de notre école et ce que l'art a produit de plus remarquable en France.

Sous Louis XIV, la collection royale s'accrut de toutes les merveilles que Colbert sut choisir avec discernement dans le cabinet du feu cardinal Mazarin, ainsi que d'un grand nombre d'œuvres diverses qu'il faisait rechercher de tous côtés pour satisfaire au désir du monarque. Plus tard, Louis XV y ajouta quelques peintures et quelques sculptures remarquables provenant du cabinet du prince de Carignan.

A l'exemple des rois de France, les princes, potentats et grands seigneurs de l'Europe s'empressèrent de former des collections. Ainsi Charles-Quint, le compétiteur de François I$^{er}$ et l'ami du Titien, rassembla dans ses résidences royales des chefs-d'œuvre de tous les grands artistes de son temps. Charles I$^{er}$, roi d'Angleterre, le plus grand protecteur des artistes et le collectionneur le plus magnifique et le plus éclairé, en fit de même. Après sa triste fin, sa collection fut vendue publiquement, et le fameux banquier Jabach acquit quelques-uns des principaux tableaux, qui passèrent plus tard dans celle de Louis XIV.

C'est ici la place de mentionner la collection fondée au Palais-Royal par le cardinal de Richelieu, et que Philippe d'Orléans, régent du royaume, amateur passionné des beaux-arts, enrichit d'un si grand nombre d'objets rares et précieux qu'elle rivalisait avec celle de la Couronne.

Pendant le xviie et le xviiie siècle, les princes et souverains d'Allemagne se montrèrent également pleins de zèle, d'amour et d'émulation pour les arts. Ce fut à qui possèderait les plus riches collections, à qui protégerait le plus royalement les artistes. Alors se créèrent comme par enchantement les galeries de Vienne, de Dusseldorf, de Dresde, de Berlin, de Hesse-Cassel, de Salzthalum près Brunswich, de Munich, de Manheim..... Si les princes allemands ont été les derniers à entrer en lice, il faut dire à leur louange qu'ils furent les premiers à rendre leurs galeries d'un accès facile aux artistes, aux amateurs de leur pays et aux étrangers. Jusque là, les collections royales et princières étaient la jouissance propre du possesseur et de quelque rares privilégiés; les profanes n'y pénétraient point. L'heureuse inspiration des princes allemands aura contribué sans doute à faire naître des idées plus grandes et aussi généreuses. Toutefois, il serait injuste de ne pas rappeler que, dès 1750, le roi Louis XV ordonna que les tableaux relégués dans les appartements de la surintendance à Versailles, et qui étaient, pour ainsi dire, perdus pour les arts, fussent transportés à Paris et livrés à l'étude des artistes et à l'admiration des amateurs. Le marquis de Marigny, directeur des Bâtiments, fit exposer ces tableaux dans les appartements occupés autrefois par la reine d'Espagne, et à partir du 14 octobre 1750 le public fut admis à les visiter les mercredi et samedi de chaque semaine. Ce cabinet renfermait des chefs-d'œuvre

de l'Ecole d'Italie provenant de l'ancienne collection du roi.
— La galerie de Rubens était visible les mêmes jours. On
ne saurait nier que ces dispositions n'aient été les préludes
de la fondation des galeries publiques.

En 1775, M. le comte d'Angiviller, successeur de M. de
Marigny, conçut le projet de réunir tous les trésors appartenant à la Couronne dans un local qui prendrait le nom
de Muséum. Cette proposition fut accueillie avec enthousiasme
par tous les amis des arts, mais resta à l'état de projet.

Il était réservé à la Révolution de 89, qui changea la face
du monde, de le réaliser. Elle le fit avec cette énergie de résolution, cette force de volonté qui seules aboutissent et fécon-
dent. Dans ce mouvement de régénération politique et
sociale, les arts ne pouvaient être oubliés. De chaleureuses
paroles parties de la tribune font éclore aussitôt de nombreuses institutions qui sont proposées, discutées, élaborées;
enfin la Convention décrète, dans la séance du 27 juillet
1793, que le Ministre de l'Intérieur donnera les ordres nécessaires pour que le *Muséum de la République* soit ouvert
le 10 août suivant dans la galerie qui joint le Louvre au
Palais-National. L'inauguration définitive n'eut lieu que le
8 novembre. C'est là pour l'art une date mémorable; elle
sépare profondément le passé de l'avenir, et une carrière
nouvelle est ouverte.


## II.


Toulouse peut à juste titre revendiquer l'honneur et la
gloire d'avoir été la première ville de France à suivre l'impulsion de la capitale. Le 30 décembre 1792, un professeur
de peinture de son académie des Arts, François Bertrand,
proposa en séance académique la création d'un Musée. Cette

proposition obtint l'assentiment général. Une Commission fut chargée de présenter une pétition au district; elle se composait des artistes Lucas aîné, Lucas cadet, Maillot, Suau, Vigan, et de l'auteur de la proposition. Dans le cas où elle recevrait un accueil favorable, on devait rechercher toutes les peintures, sculptures, médailles, et autres objets d'art dignes de figurer dans cette collection.

Ce vœu ayant reçu la sanction des Corps administratifs de la ville, le Conseil du département de la Haute-Garonne arrêta, le 22 frimaire an II (12 décembre 1793, quelques jours seulement après l'inauguration du Muséum de la République), « qu'il serait fait un choix de tous les monuments « publics transportables; que les gravures, dessins, tableaux, « bas-reliefs, statues, vases, médailles, antiquités, cartes « géographiques, plans, reliefs, modèles, machines, instru— « ments, et généralement tous autres objets intéressant « les arts, l'histoire et l'instruction dont la nation avait le « droit de disposer seraient recueillis, et que toutes ces pro— « ductions du génie rassemblées formeraient une galerie qui « prendrait le titre de MUSÉUM DU MIDI DE LA RÉPUBLIQUE. »

L'église des Cordeliers, toute pleine encore des œuvres des fresquistes toulousains, fut désignée par le même arrêté pour servir de dépôt général à toutes les richesses départe- mentales; mais l'éloignement de cet édifice et son isolement engagèrent l'autorité à rapporter une partie de ce premier décret. Il fut décidé que l'église des Augustins serait destinée à l'installation du Musée. Le 10 fructidor an III (27 août 1795) eut lieu l'ouverture solennelle du MUSÉUM PROVISOIRE.

Le citoyen Lucas avait été nommé démonstrateur de cet établissement dès le 19 nivôse an II (janvier 1794). Son premier soin fut de dresser un catalogue raisonné de tous les objets qui le composaient. Ce catalogue fut envoyé à Paris, ainsi que le raconte l'auteur dans une préface ulté-

rieure : « Je traçai le catalogue du Musée et l'envoyai au
« Comité d'Instruction publique, qui, après en avoir fait
« mention dans son procès-verbal, en fit le rapport à la
« Convention Nationale, qui m'accorda par son décret du
« 18 fructidor an III (septembre 1795) *une gratification de*
« *deux mille francs,* et m'engagea de travailler toujours avec
« le même zèle à la conservation des monuments des arts. »
Néanmoins ce catalogue ne fut pas imprimé. La dépense
ayant paru *trop considérable* aux Corps administratifs de
Toulouse, ils en renvoyèrent la publication *à des temps plus
heureux et à celui de la fixation irrévocable de l'établissement
du Muséum.*

Par cette raison, le premier catalogue publié par Lucas,
à l'ouverture du Musée en 1795, ne fut qu'une notice suc-
cincte indiquant seulement le nom des auteurs et les sujets
représentés ; il contenait déjà 352 tableaux, 11 peintures en
mosaïque, et 70 figures de marbre, bronze, terre cuite.

La deuxième édition, revue, corrigée et augmentée, parut
en l'an IV.

La troisième édition, plus étendue que les deux précédentes, est de l'an V. Elle renferme de nombreux changements. Au mois de brumaire de cette année, un décret du
Ministre de l'Intérieur ordonna de rendre à leurs légitimes
propriétaires tous les objets qui leur appartenaient. C'est
ainsi que la collection de tableaux du comte Dubarry lui
fut rendue. D'autres personnes profitèrent également de la
même ordonnance pour rentrer en possession de leurs tableaux. Mais des ordres avaient été donnés pour que la collection ne fût pas amoindrie par ces restitutions, et les vides
furent si vite remplis que le Livret de l'an V contient plus
d'objets d'art que les précédents : 370 tableaux et 96 sculptures, bronzes, etc.....

La quatrième édition parut en l'an VIII ; elle renferme, y

compris les suppléments, 423 numéros pour les tableaux, et 147 pour les sculptures, bronze, marbre, etc.....

De l'an VIII à 1850, il a été publié un grand nombre de catalogues. Nous allons donner le titre et l'année de publication de ceux qu'il nous a été possible de nous procurer, afin d'offrir des matériaux aux personnes désireuses de se livrer à des recherches sur l'accroissement successif de la collection et sur les modifications et les changements qu'elle a subis.

An XIII (1805) — *Notice des tableaux, statues, bustes, dessins, etc., composant le Musée de Toulouse.*

1806 — *Catalogue critique et historique des tableaux et autres monuments des arts du Musée de Toulouse,* par J.-P. Lucas, conservateur du Musée. (5e Edition.)

1813 — *Notice des tableaux, statues, bustes, bas-reliefs et antiquités composant le Musée de Toulouse.*

1818 — *Notice des tableaux, statues, bustes, bas-reliefs et antiquités composant le Musée de Toulouse.*

Nous n'avons pu encore nous procurer les Livrets de 1818 à 1835.

1835 — *Catalogue raisonné de la galerie de peinture du Musée de Toulouse,* rédigé par M. Roucoule.

Ce catalogue a eu plusieurs éditions, notamment en 1836 et 1840.

1850 — *Notice des tableaux exposés dans le Musée de Toulouse,* rédigée par M. P. T. Suau.

C'est le dernier catalogue.

Ces catalogues ont eu presque tous de nombreuses éditions qui témoignent hautement, ce nous semble, du goût national des Toulousains pour l'art et de la faveur accordée de tout temps à leur belle galerie. Formée, dès le début, de près de quatre cents tableaux exclusivement recueillis dans le département, et dus pour la plupart à des peintres toulousains, cette galerie offrait un intérêt local immense — celui de présenter une suite de productions d'artistes du pays, depuis le commencement du xv<sup>e</sup> siècle jusqu'à la fin du xviii<sup>e</sup>. Aussi l'administration de la ville, fière avec juste raison de sa richesse artistique et mue par un noble sentiment d'amour-propre, jugea-t-elle convenable d'envoyer au Musée central à Paris, en 1800, cinq tableaux choisis parmi les meilleurs ouvrages des maîtres toulousains. C'étaient : 1° *le Christ, la Vierge, saint Jean, la Madeleine et saint François de Paule,* par TOURNIER ; 2° *une Sainte-Famille,* par J.-P. RIVALZ le père ; 3° *le Christ en croix et la Madeleine,* par ANTOINE RIVALZ ; 4° *la Guérison de l'aveugle-né,* par le même ; 5° *la Visite des Anges à Abraham,* par ANDRÉ LÈBRE. — Ces cinq tableaux arrivèrent au Musée central, alors qu'il s'enrichissait chaque jour des merveilles de l'art italien et flamand. Le moment était peu favorable, il faut le reconnaître, pour éveiller l'attention sur les maîtres de Toulouse. Peu de temps après, le Louvre ne pouvant plus contenir toutes les richesses artistiques, fruit des conquêtes de la République et de l'Empire, nos cinq tableaux furent compris au nombre de ceux que le décret du 15 février 1811 fit retirer du musée Napoléon pour être répartis entre les églises de Paris et des environs qui venaient d'être rendues au culte. Ils furent concédés à la chapelle de l'hospice de Bicêtre, où ils se trouvaient encore il y a quelques années. Il serait à désirer que Toulouse rentrât en possession de ces toiles, qui figureraient certes beaucoup mieux au musée de la ville que sur les murs de l'hospice de Bicêtre. Nous émettons ce vœu, avec la pensée qu'aucune difficulté sérieuse ne s'oppose à sa réalisation.

Lors de son installation, le musée de Toulouse avait, ainsi que nous venons de le voir, une importance historique locale non contestable. A part cela, il n'était pas riche en productions des grandes Ecoles ; mais ce vide immense ne devait pas tarder à être comblé, grâce à la bienveillante sollicitude du Gouvernement.

« Dès le 6 frimaire an VII, Heurtaut de Laneuville, dans
« une séance du Conseil des Cinq-Cents, avait demandé, au
« nom des Commissions d'instruction publique, la fonda-
« tion, dans les provinces, d'écoles de peinture, de sculpture
« et d'architecture, ainsi que l'établissement de collections
« d'objets d'art près de ces écoles. Ce projet avait été ajour-
« né, et il était réservé à celui qui avait doté la France de
« tant de richesses d'en faire la répartition. Pendant les
« dernières années du Consulat, 22 musées départementaux
« furent créés, et reçurent, de 1803 à 1805, de nombreuses
« toiles provenant de l'ancien cabinet du roi, des églises de
« Paris, et des conquêtes. Plus tard, un décret de l'Empe-
« reur du 15 février 1811, suivi d'une décision du Ministre
« de l'Intérieur du 21 mars suivant, accorda une nouvelle
« livraison de tableaux à six villes de l'Empire. C'est ainsi
« que 950 peintures sortirent du Louvre. » *(Notice des ta-*
« *bleaux du Musée Impérial du Louvre,* par Frédéric Villot.
— Introduction).

Toulouse fut une des villes les mieux favorisées dans ces deux envois, obtenus à l'instigation de Jean-Gabriel Dessolle. Elle reçut 43 tableaux en 1803 et 30 en 1812. Le choix heureux qui avait présidé à l'envoi de ces 73 morceaux et leur véritable valeur artistique élevèrent de suite la galerie de Toulouse au rang d'un Musée de premier ordre en province. On y voyait briller toutes ces toiles hors ligne, ces chefs-d'œuvre sans prix qui feront toujours l'admiration des visiteurs compétents et la gloire du Musée. Citons comme simple aperçu : *une tête d'étude* de RAPHAEL, *d'après la Fornarina; le Christ entre les deux larrons,* de RUBENS, provenant d'Anvers; deux magnifiques GUERCHIN, apportés de Modène, dont l'un, *le Martyre de deux Saints,* est d'une supériorité incontestable dans l'œuvre du maître; un GUIDE, qui figurait dans la galerie royale de Turin; un autre qui servait de porte à un tabernacle dans l'église de San-Salvator à Bologne; le volet gauche d'un tryptique du PERUGIN, dont l'autre volet est au Musée de Lyon; un merveilleux CRAYER; un VAN DYCK, placé autrefois à l'église des Récollets de Malines; *le Christ aux Anges,* du même, gravé par Hollard; un ROSSELLI, dont le pendant fait partie du Musée du Louvre; un OUDRY capital; un VAN DER MEULEN des plus remarquables; et d'autres tout aussi importants et non moins authentiques de PROCACCINI, de CARRACHE, de SALVATOR, de GUARDI, de SEGHERS, de LAIRESSE; plusieurs enfin de PHILIPPE DE CHAMPAIGNE, etc..... tous morceaux admirables et presque introuvables aujourd'hui.

Voilà, ce nous semble, une petite réunion de tableaux dont les équivalents ne se rencontreraient pas facilement et qui ne dépareraient aucune collection, tant célèbre qu'elle fût. Ajoutons à cela quelque deux cents toiles qui, à des degrés différents et envisagées sous divers points de vue, sont très dignes de figurer dans un musée de province, et nous aurons donné une idée de l'avoir et de la richesse de la galerie de peinture de Toulouse. Et pourtant un homme auquel sa position officielle et élevée dans les arts aurait dû inspirer cette réserve, cette défiance de soi-même dont le juge le plus compétent ne doit jamais se départir, M. le comte Clément de Ris, dans un article inséré au *Moniteur* à la date du 31 janvier 1860, jette le discrédit et la décousidération sur le musée de Toulouse et le rabaisse au niveau des collections de dernier ordre!..... Bien que, dans notre carrière, déjà longue, d'artiste et d'appréciateur, nous n'ayons pas eu l'avantage et l'honneur de connaître M. Clément de Ris, nous sommes loin de contester les connaissances spéciales que nécessite la position qu'il occupe dans les arts. Toutefois, nous nous permettrons de lui faire observer qu'on y regarde à deux fois avant d'infliger les épithètes de *copies*, d'*imitations*, de *tableaux d'école* à des œuvres dont le critique ne devrait approcher qu'avec respect et ne parler qu'avec crainte. Or, comme nous sommes sur ces œuvres d'un avis diamétralement opposé au sien, et que nous ne pouvons décliner devant lui notre compétence — notre vieille expérience s'y oppose, — nous lui proposerons, pour vider le différend, un moyen qui, s'il était adopté, rendrait les plus grands, les plus signalés services aux musées de province et aux amateurs si souvent trompés : ce serait d'obtenir du Gouvernement, si favorable au développement de toutes les connaissances utiles, la création d'un jury composé de véritables connaisseurs, d'experts avoués, ayant fait leurs preuves, lequel jury serait chargé de prononcer sur l'authenticité comme sur l'originalité de tous les objets d'art qui seraient soumis à ses appréciations. Notre musée du Louvre possède assez de richesses en tous genres, par conséquent assez d'objets de comparaison pour empêcher les erreurs. Le Gouvernement rendrait un véritable service aux arts en instituant ce jury, dont le premier soin serait de redresser les erreurs d'attribution si nombreuses et parfois si déplorables dans les musées de province. Les musées, destinés avant tout à éclairer le public, ne pourraient plus — comme cela n'arrive que trop souvent aujourd'hui — fausser le jugement des amateurs et fourvoyer les artistes. Avec les facilités actuelles de com-

munication et de transport, ce projet ne nous semble pas
présenter de grands ni de sérieux obstacles : c'est pourquoi
nous invitons M. Clément de Ris à user de sa haute influence pour le faire adopter. Nous lui en saurons un gré
infini, et nous nous inclinons d'avance devant les décisions
de ce jury en ce qui fait l'objet de notre dissentiment. On
peut différer d'opinion sur l'importance et le mérite d'un
tableau, mais non sur son originalité et son authenticité.
Or, nous maintenons et soutenons toutes les assertions et
attributions contenues dans notre Catalogue ; mais, comme
nous sommes de bonne foi, nous serions heureux de connaître l'opinion de ce jury sur toutes les *copies*, les *imitations*, les *tableaux d'école* que M. le comte Clément de Ris
a signalés dans le musée de Toulouse, et particulièrement
sur *le Siége de Cambray*, par VANDER MEULEN, qu'il désigne
plus spécialement comme une copie et une MAUVAISE copie
par MARTIN ; sur les six Philippe de Champaigne, et sur
les deux Favray qu'il regrette si vivement de ne pas avoir
trouvés au Musée, et dont nous avions demandé l'exclusion
à cause de leur médiocrité.

En détachant des galeries du Louvre, de 1803 à 1812,
près de *mille* tableaux pour être distribués aux musées des
départements, le Gouvernement se proposait incontestablement de propager le goût des arts et d'exciter en France
une vive émulation ; il espérait que les villes objets de ses
généreux dons seconderaient ses vues et répondraient à
ses largesses par des sacrifices en faveur de leurs collections naissantes. Toulouse, nous l'avons dit plus haut, fut
une des villes les mieux favorisées. Elle le méritait par
l'importance du musée qu'elle avait formé de ses propres
forces, par l'ancienneté de son Ecole, le mérite de ses maîtres, et sa vieille réputation de cité palladienne. Mais a-t-
elle bien répondu à cette générosité, à cette confiance du

Gouvernement, aux espérances que son début avait fait concevoir? Tandis que des villes de second et de troisième ordre, encouragées par cette première libéralité, sont arrivées, à l'aide d'efforts, de sacrifices constants et soutenus, à élever leur musée au premier rang, Toulouse n'a guère vu jusqu'ici enrichir le sien que par les dons de tableaux modernes, qu'elle tient de la munificence du Gouvernement, à la suite des expositions de la capitale. Mais nous avons le ferme espoir que l'administration, dans sa sollicitude éclairée pour les beaux-arts, s'occupera activement d'un établissement qui fait la gloire de la cité, et lui consacrera les soins et les crédits nécessaires afin de le maintenir au rang qu'il doit occuper.

L'importance de son École de peinture, la réputation des maîtres habiles que cette École a fournis depuis le xv<sup>e</sup> siècle jusqu'à nos jours, les brillants succès qu'elle vient d'obtenir dans de récents concours, sont des titres à la sympathie de tous. L'administration, nous n'en doutons pas, songera à doter notre musée des œuvres les plus indispensables qui lui manquent, afin que les nombreux artistes, élèves et amateurs qui le fréquentent, puissent y trouver, dans tous les genres, des sujets d'étude propres à former leur goût, à développer leurs connaissances, et à leur inspirer l'amour du grand, du vrai et du beau.

Or, le Musée de Toulouse, qui se distingue particulièrement dans la grande peinture, la peinture historique et sacrée, aurait besoin, pour se compléter en ce genre, de quelques bonnes toiles des Vénitiens, ces grands maîtres coloristes par excellence. Nous devons avouer aussi qu'il n'a aucun paysage ni aucun tableau de genre flamand ou hollandais. C'est là, selon nous, une regrettable lacune; car, si la grande peinture a peut-être dit son dernier mot, il ne saurait en être ainsi du genre et du paysage, qui subissent plus facilement l'influence des temps, des modes et des lieux. Il y a donc quelque chose à faire à cet égard. Mais où il y a encore plus à faire, c'est au sujet du local. Quoique nous ayons déjà traité cette question fort au long dans le Rapport que nous eûmes l'honneur d'adresser à Monsieur le Maire de Toulouse sur l'état du musée, nous croyons devoir y revenir brièvement : la question en vaut la peine.

Lorsque, en l'an III de la République, les Corps administratifs de Toulouse désignèrent l'église des Augustins pour y transporter tous les objets d'art devenus la propriété de la ville, ils n'eurent en vue que d'y former un musée provisoire. Les dispositions et les dimensions colossales de l'édifice, le manque de jour, l'insalubrité du local, l'impossibilité de classer les tableaux dans un ordre convenable et par Ecole, sont en effet toutes conditions défavorables qui ne permettaient de regarder ce bâtiment que comme un lieu provisoire. Eh bien! comme cela n'arrive que trop souvent, ce *provisoire* semble devoir être *définitif,* et menace de compromettre sérieusement toutes les anciennes toiles de la galerie. Frappé de ce grave inconvénient, que signalèrent sans doute dès le début messieurs les conservateurs, l'administration, toujours dévouée aux questions d'art, voulut remédier au mal en 1830. Malheureusement les personnes auxquelles elle s'adressa dans cette intention, firent exécuter de grands et onéreux travaux qui ne remédièrent à rien; car là salle est aussi froide, aussi humide, aussi malsaine qu'autrefois, et le jour tout aussi mal distribué. On dépensa en réparations inutiles, sinon dangereuses, une somme qui eut presque suffi à la construction d'une salle nouvelle spéciale. Cette construction est, nous le savons, une des graves préoccupations de l'autorité : car c'est le cas de dire qu'il y a péril en la demeure. Outre que les réparations dénaturent toujours plus ou moins les œuvres des maîtres, on aura beau rentoiler, nettoyer, restaurer, vernir.... rien n'y fera ; l'insalubrité du local emportera tout !

Chargé de la rédaction du nouveau Catalogue des tableaux du musée de Toulouse, nous avons apporté à ce travail toute l'attention, tout le soin qu'il exige. Il n'est pas une date, un fait, une assertion qui n'aient été scrupuleusement vérifiés sur les documents les plus authentiques. Il ne s'agit pas aujourd'hui, comme avant la Révolution, d'écrire pour une classe de la société, pour la partie la plus éclairée : nous avons dû écrire pour cet être collectif et fantasque qu'on appelle le public, qui comprend le riche et le pauvre, le connaisseur et l'ignorant, l'indifférent et l'amateur, l'artiste et celui qui ne l'est pas ; pour cette foule enfin qui envahit les musées et les salles d'exposition publique depuis l'ouverture des portes jusqu'à leur clôture, et qui parle, s'agite, commente, juge, critique ou applaudit, trop souvent sans mesure comme sans raison. Au lieu de servir de salle de conversation, de promenade ou de refuge aux désœuvrés, nous voudrions que, répondant aux vues et à l'esprit des législateurs de 1793, les musées fussent des sanctuaires où le public vînt, pénétré de respect et de déférence pour les productions de l'esprit et du cœur qui y sont déposées, méditer sur les avantages, les beautés, les difficultés de l'art, et former ainsi son goût, élever son esprit, en s'inspirant de nobles idées. Hélas! si l'on savait tout ce que ces œuvres diverses et variées ont coûté d'études persévérantes, d'efforts inouis, de peines ardues, de larmes, de misère, et quelquefois de sang, on frémirait en entrant dans ce temple, et l'on se sentirait bien plus enclin à la commisération qu'à la critique. Mais cette appréciation n'est point à la portée du public. Nous désirerions ardem-

ment, dans l'intérêt de l'art et des artistes, qu'il en fût
autrement; c'est l'idée qui nous a préoccupé dans la rédaction de notre Catalogue. Cherchant à répondre aux besoins
des diverses catégories de visiteurs qui fréquentent aujour-
d'hui les musées, nous avons tenu, autant que possible,
notre travail aussi éloigné de la prolixité savante de certains Livrets que de la laconique stérilité de beaucoup
d'autres. Nous avons voulu écrire de manière à ce que le
simple curieux, l'amateur, le connaisseur, l'artiste, pus-
sent y trouver un intérêt, une idée, un enseignement.

Considérant, d'abord, comme de la plus haute importance la question des attributions, nous nous sommes
attaché à rectifier les erreurs qui s'étaient glissées dans
les précédents Catalogues. Partageant pleinement l'avis de
M. Garipuy, le conservateur du Musée, de ne point y faire
figurer des œuvres par trop médiocres et sans intérêt aucun, ni les copies tant anciennes que modernes qui ne se
distinguent pas par un mérite exceptionnel, nous n'avons
pas porté sur notre Catalogue 83 tableaux inscrits au Livret précédent, et appartenant, 42 à l'Ecole italienne, 22 à
l'Ecole flamande, et 19 à l'Ecole française. Nous avons ensuite donné, de chacun des tableaux, une description suf-
fisante pour les faire reconnaître en tout temps et en tout
lieu, et de manière à ce que le lecteur puisse mieux comprendre et apprécier les sujets. Comme l'esprit de l'homme
se reporte toujours naturellement, et presque malgré lui,
de l'œuvre à l'auteur, nous avons cru devoir faire précéder
ces descriptions de notices biographiques sur les maîtres.
On se convaincra, nous l'espérons, que ces biographies,
écrites au point de vue exclusif de l'art, n'ont pas pour
but d'initier le lecteur aux mille petits détails de la vie
intime des artistes, mais bien de lui faire connaître tout
ce qui peut servir à caractériser leur individualité et don-

ner une idée de leur manière. Si nous avons dérogé quelquefois à notre principe, c'est lorsque le lecteur, l'artiste surtout, pouvaient y trouver quelque utile enseignement.

Intéresser, instruire..., tel est le but que nous nous sommes proposé. Nous ne présumons pas assez de nos forces et nous avons déjà trop vécu pour croire un seul instant que nous l'ayons atteint. Il nous restera toujours le mérite de l'avoir tenté; et nous nous estimerions très heureux si notre modeste mais consciencieux travail aidait à développer à Toulouse l'amour et le respect de l'art, à lui imprimer un essor salutaire; et si les diverses classes de lecteurs pouvaient y puiser quelque goût, quelque lumière, quelque nouvelle et heureuse inspiration, en se bien pénétrant que le beau est inséparable du vrai!

GEORGE,

Ancien commissaire-expert du musée du Louvre.

15 avril 1864.

# CATALOGUE

DES

## TABLEAUX DU MUSÉE DE TOULOUSE.

---

# 1<sup>re</sup> PARTIE.

## ÉCOLES D'ITALIE.

---

**ALLEGRI**, *voy.* **CORRÈGE** ( *d'après* ANTO-
NIO ALLEGRI ).

**AMERIGHI**, *voy.* **CARAVAGE** ( MICHEL-
ANGIOLO AMERIGHI *dit le* ).

**BARBIERI**, *voy.* **GUERCHIN** ( GIOVANNI-
FRANCESCO BARBIERI *dit le* ).

---

**BAROCHE** (*Imitation de* FEDERIGO BAROCCI).

**1** *Sainte Famille.*

Cuivre. — H. 0<sup>m</sup> 43. — L. 0<sup>m</sup> 36.

Saint Joseph, la main droite appuyée sur un livre,
offre de l'autre deux petites colombes à l'enfant Jésus,
qui est assis sur les genoux de sa mère; l'enfant se
retourne vers elle avec amour, et semble lui demander

la permission d'accepter le présent de saint Joseph. Dans le fond, le petit saint Jean, ayant son mouton auprès de lui, puise dans une coquille de l'eau à un ruisseau.

Par sa couleur claire et son exécution soignée, cette production indique l'ouvrage d'un peintre allemand de l'époque de **Rottenhamer.**

**BELLOTTO** (Bernardo) *dit* CANALETTI, *peintre et graveur à l'eau forte, né à Venise en 1724, mort à Varsovie en 1780.* (Ecole vénitienne.)

Elève d'**Antonio da Canal**, son oncle, il imita si parfaitement sa manière qu'il fut surnommé en Angleterre **il Canaletti.** Il voyagea d'abord en Italie, séjourna a Padoue, à Vérone, à Brescia, et à Rome, dont il des-ina les édifices les plus remarquables et les principales vues. Il se rendit ensuite à Munich, à Vienne en Autriche, et plus tard à la cour de Dresde où son talent le fit recevoir peintre de l'Académie, en 1764. Il est plus connu en Allemagne sous le nom de Comte **Bellotti.**

L'entente de la perspective linéaire est poussée chez ce maître à un très haut degré de perfection ; et, s'il avait possédé la même harmonie de coloris qu'Antonio da Canal, ses ouvrages produiraient tout autant d'illusion.

## 2    *Le Pont du Rialto sur le grand Canal de Venise.*

Toile. — H. 0<sup>m</sup> 62. — L. 0<sup>m</sup> 93.

La vue en est prise à quelques pas du pont, en obliquant un peu à droite, de manière à voir les deux quais à la fois, les maisons se prolongeant un peu plus à gauche. Au-delà du pont, le canal prend une autre direction. La surface des eaux est sillonnée par une quantité de barques et de gondoles montées par des passagers et des rameurs ; d'autres petits batelets traversent le canal ou abordent les quais.

L'exactitude des détails est de la plus grande perfection, et l'entente de la perspective fait le charme de ce tableau.

Cabinet du cardinal de Bernis.

**BERRETTINI,** *voy.* **CORTONE** (Pietro BERRETTINI *dit* Pietre *de*).

———

**BIBIENA** (Ferdinand GALLI), *né à Bologne en 1657, mort à Bologne en 1743. (Ecole bolonaise.)*

**Le Cignani,** premier maitre de Bibiena, s'étant aperçu que son élève avait un goût décidé pour l'architecture, le fit entrer successivement chez les premiers peintres du temps en ce genre. Il a passé la plus grande partie de sa vie à Parme et à Vienne, où il a laissé des tableaux de chevalet très estimés pour leur belle ordonnance et une parfaite entente de la couleur. Malheureusement l'artiste a travaillé plus souvent à des décorations de fetes et de théâtres. — Les deux tableaux qui suivent ne sauraient être classés parmi les bons ouvrages du maitre.

## 3  *Port de mer.*

Toile. — H. 0ᵐ 47. — L. 0ᵐ 73.

Des palais d'une riche architecture et un obélisque surmonté d'une croix s'élèvent sur un quai, à l'entrée d'un port où se trouvent plusieurs navires. Un carrosse à deux chevaux et nombre de promeneurs animent la composition.

## 4  *Vue du pont et du château Saint-Ange à Rome.*

Toile. — H. 0ᵐ 47. — L. 0ᵐ 73.

La vue en est prise du milieu du Tibre, à quelque distance du pont Saint-Ange, qui conduit à l'ancien tombeau d'Adrien, devenu la forteresse de Rome moderne.

La facture de ce tableau diffère de celle du précédent; la touche plus heurtée et l'exécution moins soignée font supposer que le peintre a eu l'intention de produire plus tard une composition plus *rendue*.

**CARAVAGE** (Michel-Angiolo AMERIGHI *dit* il CARAVAGGIO), *peintre et graveur, né à Caravaggio, près Milan, en 1569, mort en 1609 à Porto-Ercole.* (École lombarde.)

Michel-Ange Amerighi reçut le surnom de Caravage du lieu de sa naissance. Issu de la plus humble origine, fils d'un pauvre maçon de qui il n'apprit qu'à broyer les couleurs pour les peintres à fresque, il ne reçut qu'une éducation négligée, à laquelle il ne put même pas suppléer par les plus humbles notions littéraires, si propres à développer et à élargir la pensée.

Cédant à son génie violent et atrabilaire, il ne voulut reconnaître d'autre maître que la nature et s'appliqua servilement à l'imiter, prenant le premier objet venu pour modèle. Il travaillait sans méthode, selon ses inspirations, si bizarres qu'elles fussent. D'où l'on peut inférer qu'il est plus facile de se passer d'être correct et d'étudier les sublimes beautés de l'antique que de s'appliquer à les reproduire servilement. Eh bien, chose à peine croyable aujourd'hui! le Caravage, malgré l'absence de tout principe, de toute règle, et avec son seul génie, fut sur le point d'opérer une révolution dans la peinture. Il trouva des partisans enthousiastes qui osèrent l'opposer à Raphaël et à Michel-Ange : à Raphaël, qui avait réuni tous les genres de perfection dans le dessin, la composition, le beau idéal et le naturel; à Michel-Ange, le créateur du grand style et du sublime dans l'art. Cela prouve une fois de plus que tout novateur, quelque extravagant qu'il soit, est sûr d'être fort bien accueilli de la foule et du commun des artistes quand il apporte une méthode propre à abréger, ou mieux, à supprimer les études. Telles furent, en dehors de son génie, les véritables raisons des succès du Caravage. Mais comme les natures privilégiées sont toujours fort rares et ne se produisent qu'à de longs intervalles, leurs effets sont de peu de durée et leurs résultats nuls, alors surtout que ces riches organisations ne laissent aucun principe, aucune règle qui puissent guider leurs successeurs dans les voies qu'elles ont ouvertes et suivies. Voilà pourquoi l'apparition d'Annibal Carrache et de son école, suivant les méthodes sévères et classiques des grands peintres, suffit pour annihiler en peu de temps les efforts de ce puissant réaliste et de ses partisans. Les principes et le style du Carrache l'emportèrent bientôt sur ceux du novateur, et les ouvrages du Guide, son élève, mis en parallèle avec les productions du Caravage, excitèrent l'admiration générale par leur noblesse et par leur facture à la fois large, suave et gracieuse.

Cependant, il faut le reconnaître, le Caravage ne frappe pas moins par son cachet magistral : sa manière ne rappelle aucun maître; elle séduit par un certain air grandiose dont il revêt les sujets les plus vulgaires et qui vous fascine sans qu'on puisse s'en défendre. Qui sait jusqu'où serait allé ce grand artiste, si une éducation et une instruction convenables avaient assoupli et cultivé cette sauvage mais puissante nature!

Il n'entre pas dans nos intentions de parler de la vie privée de nos peintres; cependant l'étrangeté de caractère du Caravage, son esprit morose, dédaigneux, satirique et querelleur, ayant incontestablement exercé une grande influence sur ses pensées et sur la disposition de ses compositions, nous dirons en deux mots que sa vie fut une lutte continuelle, et qu'après nombre d'aventures romanesques, il avait le dessein de revenir à Rome pour y provoquer en duel le **Josepin**, lorsque, saisi en route d'une fièvre maligne, il mourut à Porto-Ercole, en 1609 (la même année qu'**An. Carrache**), à l'âge de quarante ans.

## 5  *Martyre de saint André.*

### Toile. — H. 2ᵐ 17. — L. 1ᵐ 97.

Le frère aîné de saint Pierre, dépouillé de ses vêtements, est étendu sur la croix qui va servir à son supplice. Un bourreau, la tête ceinte d'un mouchoir blanc, lui lie la jambe gauche, tandis qu'un autre bourreau lui attache le poignet droit. Le grand-prêtre, debout, l'exhorte à renoncer à sa foi et à adorer une statue de Jupiter qu'il tient à la main. Ce saint ne répond que par une entière résignation à son sort. Derrière le bourreau de droite, une femme, la tête enveloppée dans son manteau, est plongée dans une extrême douleur. A gauche, un guerrier, debout devant un autre qui tient un étendard et dont on n'aperçoit que le haut de la tête, considère le martyr avec indifférence. Plus loin, un autre guerrier, une lance à la main, s'entretient avec un homme couvert d'un manteau jaune et qui semble vivement affecté du supplice de saint André.

Le coloris, quoique un peu sombre, selon la manière du Caravage, est plein d'énergie. De belles nuances et des ombres vraies arrondissent les objets et leur donnent beaucoup de relief. La facilité extraordinaire de l'exécution sera surtout appréciée des artistes.

Envoyé par le Gouvernement en 1812.

**CARRACHE** ( Annibale CARRACCI ), *peintre et graveur, né à Bologne le 3 novembre 1560, mort à Rome le 16 juillet 1609 ; élève de* **Ludovico Carracci,** *son cousin.* (Ecole bolonaise.)

Son nom est si grand dans l'histoire de la peinture qu'il est presque passé en proverbe de dire, pour signifier tout ce qu'il y a de beau, de grand et de noble : *C'est beau comme le Carrache! c'est savant comme le Carrache! c'est composé et d'un grand style comme le Carrache!* Le célèbre Dufrenoy s'exprimait ainsi à son sujet : *Ce grand artiste a tout réuni en lui.*

De son temps, le goût du beau commençait à disparaitre en Italie; on abandonnait le grand style et on le remplaçait par le maniéré, signe ordinaire du dépérissement des arts. Se réunissant alors avec la pensée arrêtée de créer une nouvelle route à la peinture, et profitant de la prépondérance qu'ils commençaient à exercer, les Carraches fondèrent une Académie pour s'opposer à l'envahissement du mauvais goût. Ils prirent la voie de l'éclectisme, en s'efforçant de s'approprier ce qu'il y avait de mieux dans les productions des grands peintres qui les avaient précédés, et ils surent acquérir une manière propre d'enseignement qui s'adaptait au génie particulier de chaque élève. C'est pourquoi l'on vit sortir de leur Académie tant de peintres illustres, qui conservèrent tous leur individualité, — dirigés constamment par leurs professeurs vers un seul but, celui d'atteindre la perfection. — La tradition des principes de l'école d'Annibal Carrache s'est conservée dans toute sa pureté pendant plus de deux siècles. **Simon Vouet,** le premier des peintres français, et ensuite ses élèves, s'efforcèrent de l'imiter et ne cessèrent de l'étudier. Le **Poussin** était continuellement en admiration devant ses ouvrages, et le considérait comme le troisième peintre du monde. Cela suffit pour faire juger de l'estime que commandent les productions de ce grand homme.

Parmi ses élèves privilégiés, on cite le **Dominiquin,** le **Guide,** l'**Albane,** le **Cavedone, Mola, Leonello Spada,** et tant d'autres qui brillent au premier rang dans l'histoire de la peinture.

Bien qu'Annibal n'ait vécu que 49 ans, son œuvre est immense. C'est surtout à Bologne qu'il faut étudier ce maitre, parce qu'il s'y trouve un grand nombre de ses tableaux de toutes les époques. Les uns, dans sa première manière, rappellent la grâce du **Corrège** et l'élégance du **Parmesan;** les autres sont dignes du **Tintoret** et du **Titien;** tous sont peints avec un entrain, une correction et une facilité des plus remarquables. Ses fresques, exécutées avec l'aide d'**Augustino** et de **Ludovico,** dans les palais Fava et Mognani, marquèrent le commencement de la grande réputation des Carrache, dont la supériorité fut proclamée par le **Cesi** lui-même et confondit les partisans de l'ancien style. Ce fut à peu près à cette époque qu'Annibal produisit un de ses plus beaux ouvrages, qui fut considéré, même de son temps, comme réunissant toutes les perfections de l'art : son *Saint Roch,* peint pour la ville de Reggio, d'où il passa dans la galerie du duc de Modène, et enfin à Dresde, où il restera éternellement comme une des merveilles de la peinture (Tableau gravé par **Guido Reni**). On peut en dire autant des productions qu'il a laissées à Parme, à Naples, dans les principales villes d'Italie, et de celles qui se sont répandues, après sa mort, dans les galeries les plus célèbres des souverains de l'Europe. Le musée du Louvre ne compte pas moins de vingt-six tableaux d'Annibal; plusieurs grandes toiles, sujets religieux; des compositions de moyenne dimension; d'autres de grandeur de chevalet, dont plusieurs peintes

sur cuivre; et enfin des paysages fort curieux et intéressants. Aucune galerie n'est plus variée dans le choix de ses productions.

Malgré le grand nombre de morceaux hors ligne que nous venons de signaler, c'est encore au palais Farnèse que l'on doit chercher tout ce que le Carrache a fait de mieux et qui forme en quelque sorte le type de l'art régénéré par son pinceau.

## 6 *Apparition de Notre-Dame de Lorette à saint Jean l'Evangéliste, à saint Barthélemy et à saint Jacques le Majeur.*

**Toile. — H. 2ᵐ 47. — L. 1ᵐ 67.**

Groupés sous le péristyle d'un temple, les trois saints ont les regards tournés vers la céleste apparition. Placé un peu à gauche, saint Jean est assis sur une marche de pierre et contemple la Vierge avec une expression de douceur ineffable; son aigle est à ses pieds. Derrière lui, saint Barthélemy, debout, tient d'une main un grand livre, et de l'autre le couteau qui a servi à son supplice. Saint Jacques Majeur, son bourdon passé entre ses bras et les mains jointes, s'appuie sur la base d'une colonne. Le divin Enfant, assis sur les genoux de sa Mère, avance un bras comme pour donner la bénédiction. A l'horizon on aperçoit la mer.

Le peintre a désigné Notre-Dame de Lorette en plaçant sur des nuages, à côté de la Vierge, sa maison de Nazareth, *casa santa*, qui, suivant la légende, fut transportée de Palestine à Lorette.

Envoyé par le gouvernement en 1812.

## CARRACHE (*D'après* ANNIBAL).

## 7 *La Cananéenne aux pieds de Jésus.*

**Toile. — H. 1ᵐ 32. — L. 1ᵐ.**

Lorsque Jésus s'approcha de Sidon, il fut suivi par une femme cananéenne qui lui demanda à grands cris de secourir sa fille possédée du démon. La pauvre mère, à genoux, jette sur le Seigneur un regard suppliant, et, sans se rebuter des paroles sévères qu'il vient de lui adresser, elle répond, en indiquant de la main un petit chien qui est à ses pieds : « *Les animaux vivent des miettes qui tombent de la table de leurs maîtres.* » Jésus paraît touché de la foi de la Cananéenne et est prêt à lui accorder la grâce qu'elle demande. Saint Pierre est debout derrière le Sauveur. Ces figures sont placées dans une galerie dallée, sous les ruines d'un ancien péristyle. Dans le fond, de hautes fabriques entourées d'arbres.

L'austérité de cette scène et le caractère des figures répondent dignement à l'élévation du sujet.

Collection de M. de Pompignan.


# CARRACHE (*D'après* ANNIBAL).

## 8  *Le Christ mort.*

Cuivre. — H. 0ᵐ 38. — L. 0ᵐ 29.

Les trois Maries viennent de descendre du Calvaire et sont en pleurs devant le corps du Christ soutenu par saint Jean. Dans le fond, on voit Nicodème et Joseph d'Arimathie.

Envoyé par le Gouvernement en 1803.


# CASTIGLIONE (GIOVANNI BENEDETTO), *peintre et graveur, né à Gênes en 1616, mort à Mantoue en 1670.* (Ecole génoise.)

Il passa de l'école de **Gio-Battista Paggi** dans celle de **Gio-Andrea de Ferrari,** sous qui il fit de rapides progrès; mais il se perfectionna surtout par les conseils de **Van Dick** pendant le séjour à Gênes du célèbre peintre flamand. Les grands principes de couleur qu'il lui emprunta l'ont toujours distingué des autres artistes italiens.

Le **Benedetto** peignait l'histoire, le portrait et le paysage, dans lesquels il a excellé par ses beaux effets de clair-obscur, par une touche vive et spirituelle et par une couleur vigoureuse. Les marches d'animaux, les caravanes orientales, les marchés remplis de troupeaux, de volailles et de gibier, ont été les sujets les plus ordinaires de ses compositions; souvent même il se plaisait à en faire ressortir les scènes principales au milieu des temples ou des beaux restes d'architecture échappés au ravage du temps. Il a trouvé l'art de tout embellir, et ses tableaux plaisent par les jolis détails dont il les a enrichis.

## 9 *Paysage pastoral.*

Toile. — H. 0<sup>m</sup> 72. — L. 0<sup>m</sup> 96.

Un villageois, les reins couverts d'une sorte de ceinture, s'occupe à donner la nourriture à des canards enfermés dans une cage auprès de laquelle on voit un cheval blanc au repos, un mouton, un chaudron, d'autres canards et un chien endormi. Derrière ce groupe, une femme assise sur un cheval brun allaite un enfant. Un troisième personnage est assis auprès d'un âne, non loin de ruines entremêlées d'arbustes. A droite, se trouve un petit troupeau de moutons sous la garde d'un pâtre assis à terre. Au fond, des montagnes azurées.

Cabinet du cardinal de Bernis.

**CERQUOZZI** (Michel-Angiolo dit Michel-Angiolo delli BATTAGLIE ou delle BAMBOCCIATE), *né à Rome en 1600 ou 1602, mort en 1660.* (Ecole romaine.)

Il fut d'abord élève de **Jacob d'Ase** ou **Jacob Haase,** peintre d'Anvers, chez qui il resta trois ans; puis, il entra chez **Pietro-Paolo Cortonese** dit **il Gobbo dei Frutti,** parce qu'il avait acquis dans la représentation des fruits une grande réputation. Lui-même y excellait déjà lorsqu'il se lia d'amitié avec **Pierre de Laar** dit **Bamboche,** dont la manière lui plut tant qu'il se prit à l'imiter. Bientôt il poussa ce genre si loin qu'il fut aussi surnommé à son tour le peintre **delle Bambocciate,** c'est-à-dire des sujets dans le goût de Bamboche. — Ses tableaux étaient animés de toute la gaîté de son caractère; sa touche était légère et sa couleur vigoureuse. Ses ouvrages ont aussi un grand rapport avec ceux de **Jean Miel,** surtout les ouvrages des dernières années de sa vie.

## 10 *Le Maréchal-Ferrant.*

Toile. — H. 0<sup>m</sup> 35. — L. 0<sup>m</sup> 45.

Sur le devant d'une forge de construction pittoresque, formée par un hangar soutenu sur deux colonnes d'un ancien édifice, un maréchal et son aide sont occupés à ferrer un cheval blanc au moment où un cavalier arrive en les saluant. A droite, sous le hangar, un autre ouvrier forge un fer pendant que son compagnon, la main appuyée sur le manche de son marteau, semble causer avec le propriétaire de l'animal.

Collection du cardinal de Bernis.

**11** *Le Rémouleur.*

Toile. — H. 0ᵐ 35. L. 0ᵐ 45.

Devant la cabane d'un boucher de campagne, un rémouleur est en train de repasser un couteau. Une femme, tenant un enfant par la main, s'arrête à l'entrée de l'habitation du boucher, qui est occupé à éventrer un agneau suspendu par les pieds de derrière. A droite, un jeune enfant accompagné d'un chien traîne derrière lui un petit charriot. Sur un second plan, un homme chasse devant lui un troupeau de moutons.

Collection du cardinal de Bernis.

**CONCA** (Sebastiano), *élève de* **Solimene,** *né à Gaëte en 1676, mort en 1754.* (Ecole napolitaine.)

Ce peintre vint de bonne heure s'établir à Rome. Clément X l'ayant choisi pour décorer de peintures à fresque et à l'huile l'église de Saint-Clément, cet ouvrage lui procura toutes les entreprises importantes qui se firent à Rome de son temps. Il entendait bien les grandes compositions et les distribuait avec sagesse. Son coloris offre un certain charme qui séduit au premier coup-d'œil; mais il manque de solidité, et tire un peu trop au vert dans les ombres.

**12** *Mariage mystique de Sᵗᵉ Catherine.*

Toile. — H. 0ᵐ 33. — L. 0ᵐ 23.

La Vierge soutient debout devant elle l'enfant Jésus, qui place l'anneau nuptial au doigt de sainte Catherine prosternée devant lui. Le petit saint Jean-Baptiste, sainte Elisabeth, sainte Anne, saint Joseph et Zacharie assistent à ce mystérieux hyménée. Le Père Eternel, précédé du Saint-Esprit, apparaît dans le ciel avec des anges.

Petite esquisse traitée avec une grande légèreté.

Cabinet du cardinal de Bernis.


# CORRÈGE ( *d'après* Antonio ALLEGRI *dit* il Correggio).


**13** *Mariage mystique de sainte Catherine d'Alexandrie.*

Toile. — H. 1ᵐ 07. — L. 1ᵐ 03.

Sainte Catherine reçoit un anneau des mains de l'enfant Jésus assis sur les genoux de la Vierge. A droite, saint Sébastien, tenant des flèches, est debout derrière la sainte.

Copie d'après l'un des chefs-d'œuvre du Corrège qui fait partie du musée du Louvre.

Envoyé par le Gouvernement en 1812.


# CORTONE (Pietro BERRETTINI *dit* **Pietre** *de*), *peintre et architecte, né à Cortona le 1ᵉʳ novembre 1596, mort à Rome le 16 mai 1669. (Ecole romaine.)*

Pour placer du premier mot **Pietre de Cortone** au véritable rang qu'il doit occuper dans l'art, il faut le désigner sans hésitation comme le plus habile décorateur du xviiᵉ siècle. Il l'est par ses inventions ingénieuses, qui n'ont pas été surpassées ; par la richesse de ses compositions, qui fascinent les regards ; par sa belle entente du clair-obscur, qui fait illusion au point qu'on se demande si ses ouvrages sont réellement de la peinture ; et enfin par quelque chose de si agréable et de si séduisant qu'on ne se lasse pas de contempler tout ce qui est sorti de ses pinceaux. D'ailleurs, sa manière large et facile, le caractère imposant de ses compositions, leur appareil pompeux, sa couleur bien plus flatteuse qu'elle n'est vraie, lui méritèrent l'approbation générale. Ce n'est pas à dire que cette couleur brillante n'ait pas été calculée pour éblouir les yeux et voiler par des mensonges agréables l'absence de la vérité ; mais, pour que le mensonge l'emporte avec autant d'avantage sur la vérité, il faut un talent immense qui le fasse accepter sans examen. D'ailleurs, on aime dans les compositions du Cortone cette verve pittoresque, qui ne s'y trouverait peut-être pas s'il se fût assujetti à des règles plus austères.

**Pietro Berrettini,** surnommé **Pietre de Cortone** parce qu'il était de cette ville, entra de très bonne heure chez **Andrea Commodo** à Florence, peintre qui s'entendait à merveille aux décorations. — Il avait à peine quinze ans quand il fut admis à Rome dans l'atelier de **Baccio Carpi,** où il montra en débutant une telle maladresse que ses compagnons d'étude le nommèrent *tête d'âne.* Malgré cela, il était encore très-jeune lorsqu'il peignit une Bataille d'Alexandre et l'Enlèvement des Sabines pour la famille Sacchetti, ouvrages qui commencèrent sa réputation. — Elle s'accrut si rapidement, que toutes les églises de Rome furent bientôt enrichies de ses productions. Mais les peintures de grande dimension étaient le but de son ambition ; il aimait à exercer ses pinceaux sur de larges surfaces : aussi était-il empressé à rechercher les vastes entreprises parce qu'il les exécutait avec facilité. — De toutes les grandes machines dont il fut chargé, le plafond du palais Barberini est, sans contredit, son œuvre la plus illustre, et elle résume par conséquent tout ce qu'on pourrait dire de Pietre de Cortone. En effet, ses partisans considéraient cette peinture comme le chef-d'œuvre du XVII$^e$ siècle ; et, réellement, si l'on s'en rapportait à la sensation qu'elle fait éprouver à première vue sans descendre à une analyse profonde et sérieuse, on serait presque tenté de se ranger de leur avis. — Il ne faut donc pas confondre les tableaux de chevalet de Pietre de Cortone avec les ouvrages à grandes machines qu'il exécuta pour les voûtes, les coupoles et les galeries monumentales. Ceux qui veulent connaître jusqu'à quel point il porta son talent dans les fresques, doivent l'étudier à Rome, au palais Pitti à Florence, ou dans d'autres travaux des Etats Pontificaux.

## 14  *Moïse foulant aux pieds la couronne de Pharaon.*

Toile. — H. 2$^m$ 12. — L. 1$^m$ 42.

Pharaon, voulant témoigner à sa fille Thermeutis tout l'intérêt que Moïse lui inspirait, ôta sa couronne et la plaça sur la tête de l'enfant. Mais celui-ci, comme sous l'influence de l'esprit de Dieu, arracha aussitôt cette couronne, la jeta par terre et la foula aux pieds. Un des assistants, un prêtre, croyant voir dans cette action un présage funeste pour l'Egypte, sans attendre les ordres du monarque, se précipite sur Moïse, un poignard à la main, et s'apprête à le frapper. Thermeutis, effrayée, avance une main vers le prêtre comme pour parer le coup, et couvre de l'autre son fils adoptif qu'elle cache entre ses jambes; tandis que Pharaon, assis sur son trône, au-dessus et en arrière de sa fille qui occupe la première marche, se penche en avant et étend la main vers le prêtre pour lui ordonner de s'arrêter. Au fond, un jeune adolescent se tient debout.

Envoyé par le Gouvernement en 1812.

## CORTONE (*d'après* **Pietre**), *par* **Carle d'Ambrun.**

**15** *Enlèvement des Sabines.*

Toile. — H. 1ᵐ 70. — L. 2ᵐ 52.

Cette copie fut donnée par M. le comte Du Barry, à l'Académie de Peinture de Toulouse, dont il était l'un des membres. L'original, qui a contribué à la réputation du **Cortone,** se trouve maintenant au musée du Capitole à Rome.

**16** *Ananias rendant la vue à Saul.*

Toile. — H. 0ᵐ 80. — L. 0ᵐ 63.

Pendant son voyage à Damas, la lumière céleste frappa tellement les yeux de Saul qu'il en devint aveugle. Alors le Seigneur lui ordonna de se faire conduire auprès d'Ananias pour apprendre de lui les vérités du christianisme En effet, nous voyons Saul, portant le costume de guerrier romain, à genoux devant le prêtre Ananias qui lui impose les mains et lui rend la vue. Deux guerriers, ses guides, sont placés derrière lui et l'un d'eux le soutient de la main droite. Dans le fond, un jeune homme tient la lance et le cheval de Saul; son casque et son épée sont à terre. Un autre jeune homme à genoux sur un degré, au premier plan, porte dans ses deux mains un bassin d'argent qui va servir à baptiser le nouveau converti.

L'original de ce tableau, qui se voyait aux Capucins à Rome, était estimé comme un des chefs-d'œuvre de **Pᵉ. de Cortone.**

**CRESPI** (Giuseppe-Maria), *dit* Lo SPAGNUOLO, *peintre et graveur*, *né à Bologne en 1665, mort le 17 juillet 1747*. (Ecole bolonaise.)

Il eut d'abord plusieurs maîtres à Bologne, parmi lesquels on cite **Domenico - Maria Canuti**, et **Carlo Cignani**. Le but de cet artiste était de chercher parmi les ouvrages des grands maîtres la manière qu'il devait adopter, et il étudia leurs œuvres à Venise, à Parme et à Modène, s'attachant au **Baroche**, au **Guerchin**, ou même à **Pietre de Cortone**. Pour rendre ses effets plus piquants, il tenait ses fonds obscurs et répandait sur les figures des premiers plans de larges lumières, empruntant tantôt la clarté du soleil, tantôt celle d'un flambeau. Il avait souvent recours à la chambre obscure, dans laquelle il se plaisait à faire des croquis d'après les passants, ou à saisir les accidents les plus pittoresques et les effets les plus singuliers de la lumière. Cette singularité se reproduisait même dans ses raccourcis, qu'il exagérait outre mesure et multipliait en grand nombre dans un petit espace. L'emploi de couleurs peu solides, frottées seulement sur la toile, est cause de l'altération de presque tous ses tableaux ; les uns sont entièrement décolorés, les autres sont devenus noirs au point d'être presque insaisissables à l'œil.

Crespi ouvrit une école à Bologne, où il rassembla plus de trente élèves, parmi lesquels ont figuré ses trois fils : **Antonio**, le plus jeune, a eu un style plus châtié que celui de son père ; **Luigi**, qui fut chanoine, s'occupa de peinture et écrivit sur les beaux-arts ; **Ferdinand**, qui était frère religieux de l'ordre de Saint-François, travaillait en miniature.

# 17  *Démocrite et Héraclite.*

Toile. — H. 1<sup>m</sup> 43. — L. 1<sup>m</sup> 16.

Revêtus d'accoutrements grossiers et assis nonchalamment, les deux philosophes sont livrés à l'étude, ayant devant eux de grands in-folios qu'ils paraissent interpréter diversement. Héraclite, la tête appuyée sur sa main droite, semble pleurer sur le sort de l'humanité ; Démocrite le regarde d'un air sardonique et se rit des erreurs de son siècle.

Ce tableau provient de l'ancienne galerie ducale de Brunswick à Salzthalum ; il était exposé dans la première galerie et inscrit sous le n° 97 du catalogue publié en 1776 par C. N. Eberlein.

Envoyé par le gouvernement en 1812.

## DOMINIQUIN *(d'ap.* Domenico ZAMPIERI *dit le)*

### 18 *Sainte Cécile.*

Toile. — H. 1ᵐ 68. — L. 1ᵐ 21.

Sainte Cécile, debout, vue presque de face et un peu plus qu'à mi-corps, chante les louanges du Seigneur en s'accompagnant d'une basse-de-viole. Un ange, debout devant elle, tient sur sa tête un livre de musique.

L'original de ce tableau, qui faisait autrefois partie du cabinet du roi, est aujourd'hui au musée du Louvre. Il a été gravé plusieurs fois.

Cette copie fut donnée à l'Académie royale de Peinture de Toulouse par Louis XV.

## FENESI ( Paolo ), *peintre italien qui florissait à Rome vers la fin du siècle dernier.*

### 19 *Paysage.*

Toile. — H. 0ᵐ 24. — L. 0ᵐ 18.

La vue en est prise dans les environs de Rome, près de ruines ombragées par deux pins d'Italie. Dans le fond, d'autres ruines, au milieu desquelles s'élève une pyramide.

### 20 *Ruines du Temple de Bacchus.*

Toile. — H. 0ᵐ 24. — L. 0ᵐ 18.

Elles sont entremêlées d'arbustes ; deux petites figures suivent un chemin qui contourne le monument.

Collection du cardinal de Bernis.

## FOSCHI ( Ferdinand *ou* Francesco ) *florissait à Bologne dans la seconde moitié du* XVIIIᵉ *siècle.*

### 21 *Un Hiver.*

Toile. — H. 0ᵐ 76. — L. 1ᵐ 71.

Des montagnes rocheuses entièrement couvertes de

neige se détachent en clair sur un ciel gris et nuageux. Une rivière coule rapidement au pied de ces rochers et les sépare du premier plan, où s'élèvent de grands arbres dépouillés de leurs feuilles, et près desquels sont arrêtés deux voyageurs dont l'un s'apprête à monter à cheval.

Collection du cardinal de Bernis.

**GUARDI** (Francesco), *né à Venise en 1712, mort en 1793; élève* d'**Antonio Canal.** (Ecole vénitienne.)

Ce peintre a été estimé comme un autre **Canaletto**, et ses vues de Venise ont excité l'admiration générale en Italie, ainsi que partout où il y a des artistes capables de les apprécier. On y retrouve une couleur aussi vraie, aussi éclatante que dans les ouvrages de son maître, et des effets si heureusement combinés qu'ils paraissent s'etre produits tout exprès pour la nature de son talent. Dans le tableau que nous allons décrire, il ne le cède en rien à son maître, ni pour la beauté du coloris, ni pour le prestige d'une exécution tout à la fois fine, spirituelle et légère. On le reconnaît seulement pour l'œuvre de Guardi à la manière dont les figures sont traitées, et encore plus d'un juge réservera son opinion, dans la supposition que les deux artistes auraient travaillé en commun.

Un tableau de ce maître et celui de **Bellotti**, inscrit sous le n° 2 du catalogue, peuvent bien consoler le Musée de Toulouse de ne pas avoir un **Antonio Canaletto.**

## 22  *Cérémonie du Bucentaure.*

Toile. — H. 0ᵐ 66. — L. 1ᵐ 01.

Chaque année, le jour de l'Ascension, le doge, accompagné des principaux sénateurs de la république, montait sur le *Bucentaure*, et, s'avançant hors du port, allait sceller l'alliance de Venise avec l'Adriatique en jetant dans ses eaux l'anneau, symbole de la puissance que les Vénitiens s'attribuaient sur la mer. Le bâtiment de parade vénitien sur lequel flotte l'étendard de la république, a la forme d'une galéasse tout enrichie de sculpture et de dorure. On voit sur le tillac les huit étendards dont le pape Alexandre III fit présent au doge Ziani, pour qu'il les fît porter devant lui dans les cérémonies publiques. A l'avant, se trouve une grande figure décorative de la Justice. Le *Bucentaure*, entouré des gondoles des ambassadeurs, des ministres, des princes, des personnes privilégiées, longe en ce moment le quai des Esclavons, se dirigeant vers le Lido où se fera la cérémonie. Du quai des Esclavons où l'artiste a pris son point de vue, on aperçoit reproduits avec la plus grande fidélité : tout-à-fait sur la gauche, l'île Saint Georges ; un peu en arrière, le quartier de la Giudesca ; à la pointe du grand canal, la douane de mer et l'église Sainte-Marie des Frari ; et, plus sur la droite, la jolie Piazetta avec ses deux colonnes, le palais ducal, le derrière des prisons et les édifices qui bordent le quai, au-dessus desquels s'élèvent la campanile et les dômes de Saint-Marc. Une foule de curieux, attirée par la marche du *Bucentaure*, garnissent le quai sur le premier plan ; tous les bâtiments et les gondoles sont animés par une multitude de petites figures diversement occupées.

Envoyé par le Gouvernement en 1812.

**GUERCHIN** (Giovanni-Francesco BARBIERI da CENTO, *dit* **il GUERCINO**), *né à Cento, près Bologne, le 8 février 1591, mort en 1666.* (Ecole bolonaise.)

Barbieri fut surnommé le Guerchin parce qu'il devint louche à la suite d'une peur qu'il eut étant encore au berceau. Elève de son génie et de la nature, il ne fréquenta aucune école. Dès l'âge de dix ans, il peignit sur la façade de sa maison une vierge qui révéla ses rares dispositions et décida de sa vocation pour la peinture. Il apprit, dit-on, à dessiner chez un certain **J. B. Cremonini** ; mais sentant que ce maître n'était pas en état d'aider à ses progrès, il résolut de travailler par lui-même. Un tableau de **Louis Carrache**, représentant le miracle de la piscine et placé dans l'église des Capucins à Cento, fut le sujet de ses premières études et donna à son esprit une direction assurée. Au reste, ses premiers ouvrages ont aussi quelque rapport avec ceux du **Caravage** ; il faisait venir, comme lui, son jour de très haut et cela lui produisait un coloris vigoureux et des effets inattendus qu'il rehaussait encore par un dessin correct, beaucoup plus savant que celui du maître dont il s'inspirait. Aussi lui trouve-t-on, dès ses débuts, cette grande manière résultant d'ombres fortes et de lumières piquantes qui donnent aux objets un relief si frappant. Ce sont là les caractères distinctifs de sa première manière.

Les succès du Guerchin furent rapides, et sa réputation grandit au point que ses compatriotes, dans la crainte de perdre un homme de ce mérite, se décidèrent à lui construire une académie avec des ateliers appropriés à l'étude du modèle vivant. Cette académie ne fut pas plutôt ouverte qu'on vit des élèves arriver de toutes parts. Il en vint de Ferrare, de Modène, de Reggio, de Rimini, et même de Bologne, malgré la célèbre école des **Carraches.** La renommée du professeur s'en accrut encore ; les commandes abondèrent de tous côtés et avec elles la fortune. Heureux de sa position à Cento où il jouissait de l'estime publique, retenu par les liens de famille et par son attachement à son pays, il refusa constamment les propositions des rois de France et d'Angleterre qui voulaient l'attirer par les offres les plus séduisantes. Grâce à sa prodigieuse facilité, les tableaux du Guerchin se répandirent dans toute l'Europe. Aucun peintre n'a joui de son vivant d'autant d'honneur et de considération ; aussi serait-il déplacé de pousser l'admiration jusqu'à lui accorder des talents qu'il n'a pas eus et qu'il n'a pas même cherché à avoir. Ne serait-il pas absurde, en effet, de lui reconnaître le choix de la belle nature, pour ne pas dire de la beauté idéale, et n'est-on pas en droit de lui reprocher de s'être écarté des convenances dans les costumes et d'avoir employé dans les figures un arrangement de fantaisie ? Mais que de beautés dans la force de son coloris et surtout dans la magie de l'effet ! En cela, peu de peintres l'ont égalé, parce que ces qualités ne s'acquièrent pas dans l'atelier et ne sont que le résultat du génie. Aussi subjugue-t-il sans autre raison. Son style pittoresque, sa manière d'opérer forte, large et expéditive, son coloris particulier qui ne ressemble à aucun autre, tout est à lui et rien de ce qui rappelle son genre de talent ne s'est reproduit chez aucun autre peintre de son école. Après la mort du **Guide,** il alla se fixer à Bologne, et donna à ses tableaux un ton plus clair et une exécution plus tendre. Lorsqu'on lui en témoignait de la satisfaction, il répondait sans hésiter : « *Il faut bien suivre la mode ! Le* **Guide** *et l'***Albane** *vous ont habitués à cette coquetterie de coloris qui fera certainement dégénérer la peinture.* »

Au nombre des élèves du Guerchin on cite d'abord : **Paolo-Antonio Barbieri,** peintre de fleurs et de fruits, aussi habile dans son genre que l'était Guerchin son père dans les figures ; **Ercole Gennari,** son beau-père ; **Benedetto** et **Cesare Gennari**, les fils d'Ercole ; **Bartolomeo Gennari,** frère d'Ercole ; **Matheo Loves** ; **Sebastiano Bombelli** ; **L. Scaramuccia** ; **Fulgenzio Mondini**, et le plus célèbre, **Mathias Preti** dit le **Calabrèse.**

Le Guerchin avait un trop grand nom pour n'être pas chargé d'un des tableaux de Saint-Pierre à Rome ; il fit celui de sainte Pétronille, un des ouvrages les plus extraordinaires qui soient dans la ville éternelle, tant pour son puissant effet de clair-obscur que pour l'illusion magique qu'il produit. — On compte encore au nombre des beaux ouvrages de Rome, son fameux plafond de l'Aurore, dans la villa Ludovisi ; mais son chef-d'œuvre en ce genre c'est le dôme de Plaisance, morceau porté à un si haut degré de vigueur, de coloris et d'effet qu'on ne suppose pas que des peintures à l'huile puissent atteindre à un tel degré de force. On connaît de lui 106 tableaux d'autel et 144 grands sujets et portraits, sans comprendre les coupoles, les plafonds, les morceaux peints sur les murs des chapelles et les petits tableaux de chevalet.

## 23 *Décollation de saint Jean et de saint Paul, martyrs sous Julien l'Apostat, vers 361.*

Toile. — H. 3<sup>m</sup> 05. — L. 2<sup>m</sup> 08.

Ces deux jeunes victimes de la réaction contre les chrétiens qui eut lieu sous le règne de l'empereur Julien, sont amenées sur le lieu du supplice, près d'anciennes constructions en pierres et en briques. Déjà l'un des martyrs est décapité : la tête est séparée du corps qui reste étendu sur une marche, et l'on voit le sang jaillir du cou avec impétuosité. Le second, à genoux, les mains attachées sur la poitrine, et couvert d'un ample manteau violet, attend avec calme le coup qui doit le réunir à son compagnon. Le bourreau, abaissant de la main gauche la tête du martyr, tient de la droite le glaive avec lequel il va le frapper. La vierge, vêtue d'une robe rouge, recouverte d'un manteau bleu, apparaît dans le ciel, ayant sur les genoux l'enfant Jésus qu'elle soutient des deux mains.

Ce tableau se ressent encore de la première manière du maître ; il est d'une exécution moelleuse, et d'une grande vigueur de coloris. Le corps du bourreau offre un dessin correct et un beau modelé.

Cette toile provient de Modène et a été peinte par le Guerchin, en 1632, pour une chapelle de la cathédrale de Reggio.
Envoyé par le Gouvernement en 1812.

## 24 *Les saints protecteurs de la ville de Modène.*

Toile. — H. 3<sup>m</sup> 60. — L. 2<sup>m</sup> 05.

On les voit mystiquement assemblés dans le ciel avec un grand nombre d'élus. A gauche, saint Géminien, évêque, ayant entre les mains le plan en relief de la ville, s'entretient avec saint Pierre, auprès duquel sont saint Paul et saint Jean-Baptiste. Au centre, saint François d'Assise, les mains jointes, paraît pénétré d'une sainte ferveur. A droite, saint Sébastien, fléchissant le genou dans l'attitude de la prière, offre à Dieu une flèche qui a servi à son supplice. On remarque encore derrière lui saint Jérôme, saint Grégoire et saint Etienne. Dans le coin, tout à fait au bas du tableau, un petit ange tient une mitre qu'il paraît examiner attentivement. Les élus occupent le fond de la composition, les yeux fixés vers la sainte Trinité qui apparaît dans une gloire peuplée d'anges chantant et célébrant ses louanges. Tout à fait dans le haut, on aperçoit Dieu le Père, au-dessous duquel plane le Saint-Esprit sous la forme d'une colombe. Jésus-Christ, ayant à sa droite la sainte Vierge et saint Joseph, émus d'attendrissement, descend du ciel assis sur un nuage ; un globe est posé sur ses genoux, et il élève la main droite pour bénir les saints protecteurs de la ville.

Cette composition importante dont les figures sont de grandeur naturelle provient de la galerie du duc de Modène. Elle se voyait autrefois au maître-autel de l'oratoire des Stigmates, pour lequel Guerchin l'exécuta en 1647, à l'âge de 57 ans.

Envoyé au Musée en 1803 par le Gouvernement.

**GUIDE** (GUIDO-RENI), *peintre, né à Calvenzano près Bologne, le 4 novembre 1575, mort le 18 août 1642 ; élève de* **Denis Calvart** *et des* **Carraches.** (Ecole bolonaise.)

Le nom et les talents du Guide ont été célébrés à l'envi dans le monde entier. Son père **Daniele Reni,** qui était musicien, le plaça à l'école de **Denis Calvart** dit le **Famingo.** Guido fit de tels progrès qu'à l'âge de 18 ans son maître se reposait sur lui du soin de dessiner les modèles que les autres élèves devaient copier, et vendait même ses ouvrages comme étant les siens propres, après quelques légères retouches. A peine âgé de 20 ans, il entra à l'atelier des Carraches, les aida dans leurs travaux et imita leur manière. Il s'inspira aussi de celle du **Caravage;** mais il revint bientôt à Rome se mettre sous la direction d'**Annibal Carrache** qui travaillait alors au palais Farnèse. C'est à peu près vers cette époque qu'il produisit son fameux tableau du *Martyre de saint André,* où il s'éleva jusqu'au sublime. Ce chef-d'œuvre conquit tous les suffrages; les artistes s'empressèrent de lui rendre hommage et de le proclamer le premier peintre de son temps.

Il est certain que les ouvrages qu'il laissa à Rome à cette époque, pour le pape, les cardinaux et les grands seigneurs du temps, attestent tous, presque sans exception, une grande supériorité, un génie tout exceptionnel. La belle ordonnance de ses compositions est saisissante ; elle prépare ses figures à recevoir des impressions émouvantes et vraies. Ce grand maître était tellement sûr de lui même que chaque figure respire l'expression qu'il a voulu lui donner ; et il serait difficile d'assigner une préférence, parce que chacune d'elles en particulier est précisément ce qu'elle doit être, en se conformant au style le plus classique et le plus élevé que l'imagination puisse concevoir. Sous le rapport technique, le Guide montre toujours un coloris clair, doux et suave, soutenu au besoin par des nuances vigoureuses, une carnation superbe, et une brillante répartition de la lumière. Lorsque tout à cette époque contribuait à accroître sa renommée, il ne faut pas s'étonner qu'elle se soit élevée avec autant de rapidité, à chaque production qui sortait de ses pinceaux. Hélas ! qui aurait jamais pu supposer que ce génie hors ligne, que ce peintre si orgueilleux de son art qu'il traitait en égal les plus grands personnages et ne reconnaissait aucune supériorité, que cet artiste privilégié, si universellement respecté, allait s'annihiler lui-même et tomber peut-être jusque dans le mépris. La funeste passion du jeu s'empara du Guide avec une telle frénésie qu'il ne put lui résister et qu'il lui sacrifia ses goûts, ses affections, tout, jusqu'à son art. Les trésors dus à son pinceau, il les dissipait si vite qu'il était toujours harcelé par le besoin. Bientôt il ne put faire face à sa situation qu'en peignant rapidement et par conséquent avec négligence. De là l'imperfection de quelques-uns de ses ouvrages à peine terminés, mais qui ne sont pas exclus pour cela des collections, ni même des galeries royales. Enfin accablé de dettes, poursuivi par ses créanciers, Guido tomba dans un noir chagrin et mourut d'une fièvre maligne en 1642.

Aucun maître n'a déployé dans son école autant de faste et de magnificence que le Guide. Lorsqu'il se disposait à peindre, il se faisait entourer de plus de deux cents élèves qui formaient comme une cour autour de lui ; chacun d'eux avait ses fonctions particulières dont il devait s'acquitter avec le cérémonial établi. Voici les noms des plus connus :

**Giacomo Semenza, Francesco Gessi, Guido Cagnacci, le Sirani, Simone Cantarini da Pesaro, Fiamino Torre, Marescotti, Girolamo Rossi, Rugieri, Canuti, Bolognini, Pietro Ricci,** et quantité d'autres.

L'œuvre du Guide est si immense qu'il deviendrait beaucoup trop long d'en faire l'énumération Nous nous contenterons de dire que presque toutes les villes, les églises et les palais d'Italie contiennent encore des tableaux de cet artiste, ainsi que les musées de toutes les capitales de l'Europe.

# 25 *Apollon écorchant Marsyas.*

Toile. — H. 2ᵐ 20. — L. 1ᵐ 67.

Le célèbre joueur de flûte Marsyas, ayant osé disputer à Apollon le prix de l'harmonie, fut vaincu et écorché vif en punition de sa témérité. Tel est le sujet mythologique qui a été traité par le Guide dans ce tableau. On y voit, en effet, le malheureux Marsyas attaché à un arbre par les poignets, les bras fortement étendus, et Apollon, debout entre les jambes écartées du patient, procédant lui-même, un couteau à la main à son horrible vengeance, sans égard pour sa dignité. Le visage impassible d'Apollon ne décèle aucune émotion et contraste avec celui de Marsyas, dont les traits horriblement contractés dénotent les plus atroces souffrances. — Une flûte de Pan et une lyre déposées aux pieds des personnages rappellent les causes de la lutte.

Le torse de Marsyas est admirable de dessin, de couleur et de modelé; l'expression de la figure est au-dessus de tout éloge. Nous ne saurions en dire autant de celle d'Apollon. Le Dieu des arts et de l'harmonie, le plus beau des dieux, n'a rien que de vulgaire. On dirait un simple berger arcadien, et l'on ne comprend pas cette anomalie chez un peintre comme le Guide, — à moins de supposer que la figure d'Apollon a été peinte dans un de ces tristes moments où la malheureuse passion du jeu bouleversait l'esprit de ce grand artiste. Quoi qu'il en soit, cette toile est originale et porte profondément empreints tous les caractères du maître : ce qui suffit bien amplement pour faire passer sur quelques imperfections produites par des circonstances dont il serait difficile de se rendre compte aujourd'hui.

Provient de la galerie royale de Turin. — Cité par l'abbé Lanzi, dans son *Histoire de la peinture en Italie*, t. IV, p. 416; et par Lalande, dans son *Voyage en Italie*, t. 1, p. 97.

Envoyé par le Gouvernement en 1803.

## 26  *Le Christ tenant sa croix.*

Bois. — H. 0ᵐ 37. — L. 0ᵐ 24.

Vu debout, presque de face, et n'ayant qu'une draperie blanche autour des reins, Jésus tient des deux mains le bois de sa croix sur laquelle il s'appuie légèrement. Le fond du paysage semble indiquer la montée du Calvaire.

Petite production grassement peinte et d'un ton de couleur très attrayant.

Ce précieux panneau servait de porte au tabernacle de l'autel d'une des chapelles de l'église Saint-Salvator à Bologne. — Cité par Lalande, dans son *Voyage en Italie*, t. II, p. 62.

Envoyé par le Gouvernement en 1803.

## GUIDO-RENI (école de).

## 27  *Madeleine en méditation.*

Bois. — H. 0ᵐ 63. — L. 0ᵐ 46. — Buste de grandeur naturelle.

Le corps entouré d'une draperie rose, Madeleine, dont les cheveux épars voilent les épaules et la poitrine nue, appuie sur sa main droite sa tête légèrement inclinée en avant, et porte un regard méditatif sur une couronne d'épines qu'elle tient dans la main gauche.

Envoyé par le Gouvernement en 1812.

## GUIDO-RENI (d'après).

## 28  *David et Abigaïl.*

Toile. — H. 1ᵐ 60. — L. 1ᵐ 60.

Abigaïl, craignant la colère de David, à qui Nabal, son mari, avait refusé des rafraîchissements, s'empresse de se rendre à sa rencontre pour essayer de le fléchir. Le prince, revêtu d'un manteau de pourpre passé sur sa cuirasse, pose fièrement sa main droite sur sa hanche, et tient de l'autre main le sceptre, insigne de sa puissance. Il porte sur Abigaïl un regard plein de bonté et d'admiration. Celle-ci, la tête ceinte d'une couronne de fleurs, baisse modestement les yeux et semble pénétrée du bienveillant accueil du roi. Elle est assise sur un âne qu'elle conduit par la bride. Deux suivantes d'Abigaïl, deux guerriers coiffés de leur casque et un jeune page portant celui de David, complètent la composition.

L'original de ce tableau, fort apprécié par les connaisseurs, faisait partie de la galerie du duc d'Orléans. Il a été gravé par Patas.

Envoyé par le Gouvernement en 1803.

## LAURI (FILIPPO), *né à Rome en 1623, mort en 1694.* (Ecole romaine.)

Son père **Baldassare Lauri,** habile peintre de paysages, natif d'Anvers et élève de **Paul Brill,** lui enseigna les premiers principes de son art; mais, ne se fiant pas à ses propres forces, il le plaça chez **Angelo Caroselli,** son parent. Lauri fait connaitre lui-même son origine flamande par son goût pour la peinture en petit. Quand il produisait parfois des tableaux d'église, il réussissait moins bien dans ce genre. Il s'adonna donc à traiter dans de petites dimensions des sujets d'histoire et de mythologie avec des fonds de paysage; il se plaisait surtout à peindre des bacchanales. Son dessin était assez correct et ne manquait pas de grâce; il savait répandre dans ses paysages de la fraicheur et de la légèreté; sa couleur est variée, souvent trop vigoureuse et plus souvent encore trop faible. Il était l'un des peintres à qui **Claude Lorrain** confiait le soin de placer des figures dans ses admirables paysages. Une pareille collaboration dut contribuer à le perfectionner dans cette partie de l'art.

## 29    *Lapidation de saint Etienne.*

Bois, forme octogone. — H. 0ᵐ 46. — L. 0ᵐ 64.

Quatre juifs, assemblés autour de saint Etienne, qui est renversé à terre, ramassent des pierres et les lui lancent avec rage. Le saint, vêtu de ses habits de diacre, a les yeux fixés vers le ciel, où lui apparaît un groupe d'anges dont deux lui apportent la couronne et la palme du martyre. Saint Paul, qui n'était pas encore converti, assiste de loin au supplice et paraît exciter d'autres juifs à aller y prendre part.

Cette scène se passe en dehors d'une ville dont on aperçoit l'enceinte fortifiée.

Le tableau porte les initiales F. L.

Envoyé par le Gouvernement en 1803.

## LUCATELLI ou LOCATELLI (ANDREA), *né à Rome en 1660, mort dans la même ville en 1717; élève de* **Paolo Anesi.** (Ecole romaine.)

Ce peintre, le maître de **Jean-Paul Panini,** a produit un grand nombre d'ouvrages qui charment tous par le pittoresque de leur composition et laissent l'amateur indécis dans son choix. Son intelligence du clair-obscur contribue surtout à en rendre les effets piquants. Sa couleur locale est bien comprise et le ton parfaitement en rapport avec celui que le temps imprime aux débris de l'antiquité : c'est pourquoi il représenta particulierement les anciens monuments qui décorent les environs de Rome. Cependant on voit de lui, à Milan, une infinité de petits tableaux de genre, sujets historiques ou de fantaisie et paysages. Il s'y montre souvent neuf dans les détails et dans les dispositions des masses ; il est varié dans son feuillage, léger dans sa touche, toujours brillant dans son coloris et gracieux dans ses petites figures qu'il a quelquefois composées et touchées de main de maître.

## 30  *L'Ange et Tobie,* — paysage.

Bois, forme ovale. — H. 0<sup>m</sup> 30. — L. 0<sup>m</sup> 40.

Le jeune Tobie et son céleste conducteur sont arrêtés sur le bord du Tigre. — L'ange Raphaël conseille à Tobie d'emporter le poisson dont le fiel doit rendre la vue à son père. De grands arbres au feuillé léger dominent le fleuve encaissé dans des côteaux où sont parsemés des rochers, des arbustes et une ancienne fabrique.

## 31  *Les pélerins d'Emmaüs,* — paysage pendant du précédent.

Bois, forme ovale. — H. 0<sup>m</sup> 30. — L. 0<sup>m</sup> 40.

Jésus-Christ, sans se faire reconnaître, se rend à Emmaüs en compagnie de deux de ses disciples. A droite et à gauche, s'élèvent de grands arbres qui laissent voir un pays montagneux et boisé, arrosé par une rivière.

Collection du cardinal de Bernis.

## **MARATTA** *ou* **MARATTI** *(d'ap.* **Carlo***).*

## 32  *L'Immaculée-Conception.*

Toile. — H. 3<sup>m</sup> 20. — L. 2<sup>m</sup> 20.

Au milieu d'une gloire et entourée de groupes d'anges, la bienheureuse Marie est enlevée au ciel, les mains jointes et les pieds posés sur le croissant de la lune, où rampe le serpent tenant dans sa gueule la pomme fatale.

Cette belle copie décorait autrefois l'église de la Dalbade, à Toulouse ; elle a été faite à Rome d'après l'original qui se trouvait dans une des chapelles de l'église de San-Isidor.

**ORRIZONTE** (Giovanni-Francesco VAN BLOEMEN *dit*), *né à Anvers, en 1656, mort à Rome, en 1748 ou 1749.* (Ecole romaine.)

Le nom sous lequel cet artiste est connu, sa manière de peindre, son séjour en Italie où il a étudié son art et où il mourut à l'âge de 92 ou 93 ans, le font placer avec juste raison parmi les paysagistes italiens, quoiqu'il soit né flamand. Une preuve que la bande académique appréciait ses talents lorsqu'il arriva à Rome, c'est qu'en le recevant parmi ses membres, on lui donna le surnom d'Orrizonte pour désigner l'habileté avec laquelle il savait dégrader ses lointains. Dans la composition et le caractère des arbres, il imite le **Guaspre**; dans son coloris, il conserve une couleur verdâtre mêlée de laque qui le fait toujours reconnaitre.

## 33 *Paysage,* — site d'Italie.

Toile. — H. 0$^m$ 28. — L. 0$^m$ 41.

Un homme, étendu sur le gazon, s'entretient avec une femme debout près de lui, à quelque distance d'une autre femme qui est couchée.

## 34 *Paysage,* — site d'Italie.

Toile. — H. 0$^m$ 28. — L. 0$^m$ 41.

Trois hommes viennent de s'arrêter dans un sentier en vue de quelques habitations. — (Pendant du précédent.)

## 35 *Paysage,* — site d'Italie.

Toile. — H. 0$^m$ 22. — L. 0$^m$ 38.

Deux hommes, dont l'un est assis au bord d'un

chemin et l'autre debout, appuyé sur un bâton, s'entretiennent ensemble.

Ces trois paysages rappellent des points de vue de la campagne de Rome.

Collection du cardinal de Bernis.

**PERUGIN** (Pietro VANNUCCI, *dit* **il Perugino**); *né à Castello-della-Pieve, près Pérouse, en 1446, mort à Castello-Fontignano, en décembre 1524.* (Ecole romaine.)

Pietro Vannucci, ayant obtenu le droit de bourgeoisie en venant se fixer à Perugia, fut surnommé le Pérugin. Il pourrait passer pour le fondateur de l'école romaine, parce qu'il est le maitre de **Raphaël**, parce qu'il était sujet du domaine de l'Eglise, qu'il fut l'un des premiers appelés à Rome par Sixte IV pour peindre la chapelle Sixtine au Vatican, et qu'en entreprenant ces travaux, il établit la fondation d'une école de peinture à Rome. D'ailleurs, il fut le **Masaccio** de cette école, son **Ghirlandajo** et la source de toute sa gloire en matière de peinture.

Les auteurs ne sont pas d'accord sur le nom du maitre du Pérugin, mais il parait probable que ce fut **Benedetto Bonfigli** qui avait alors la prééminence dans Pérouse. Plusieurs biographes, et parmi eux Vasari, prétendent que le Pérugin alla étudier à Florence, sous la direction d'**Andrea Verrochio;** mais, comme rien dans ses ouvrages ne rappelle l'influence du maitre de **Michel-Ange,** il ne faut pas avoir une confiance aveugle dans cette assertion de Vasari qui, ne pouvant pardonner à Vannucci de s'être porté à Florence en rival de Michel-Ange, cherchait à l'abaisser. D'ailleurs, le Pérugin étant déjà professeur à Pérouse ne pouvait guère se faire élève à Florence. En admettant qu'il acceptât ce rôle d'élève, il ne pouvait avoir la prétention de lutter avec Michel-Ange. De ces diverses opinions il serait plus rationnel de conclure qu'en allant à Florence le Pérugin s'y perfectionna à la vue des ouvrages de **Masaccio,** de **Fra Filippo Lippi,** et des grands maîtres florentins qui brillaient alors.

Quoique le Pérugin conserve dans le dessin quelque chose de la raideur et de la sécheresse des anciens, qu'on désirerait moins d'uniformité dans les tons et un peu plus de dégradation dans les plans, il compense ces défauts par la beauté sublime de ses têtes. Lorsqu'il peint des anges, des jeunes gens ou des figures de femme, son talent semble grandir encore; il leur imprime une grâce si séduisante, un caractère de candeur si touchant, qu'on peut assurer que pour rendre des sentiments tendres il ne fut égalé par aucun de ses compatriotes.

Ses ouvrages se reconnaissent à une simplicité, à une naïveté, à une imitation vraie de la nature qui les caractérisent entre tous. Son coloris est si aimable et si frais qu'il séduit tous les regards. En un mot, on retrouve dans les tableaux de ce maitre les germes des grandes qualités qui distinguent ceux de Raphaël son élève, et cela est évident pour tout homme consciencieux et de bonne foi.

En signalant un tableau du Pérugin qui faisait partie du musée Napoléon sous l'Empire, Landon déclare que ce tableau, qui provient des conquêtes de l'armée française en Italie, avait d'abord été attribué à Raphaël, et qu'il a été reconnu plus tard pour être du Pérugin. Il ajoute qu'il est d'autant plus facile de s'y tromper qu'il y a, en effet, beaucoup de rapport entre la première manière de Raphaël et celle de son maitre : assurant de plus qu'on voit dans plusieurs cabinets des tableaux de ce dernier qui passent pour être de la main de Raphaël dans sa jeunesse. ( *Annales du Musée*, t. xv, p. 37.)

Quelle leçon pour ceux qui n'apprécient pas les ouvrages du Pérugin comme ils le méritent! car il est incontestable que si l'on attribue à Raphaël des œuvres de son maitre, c'est qu'elles sont dignes de lui, attendu qu'il est possible de s'y tromper. D'où il résulte qu'elles ont dû avoir la plus grande influence sur ses études, et décider du grand style qu'il a adopté.

Quoi qu'il en soit, la fameuse école du Pérugin établie à Pérouse produisit, — à part Raphaël qui est une exception, — un grand nombre d'artistes de mérite, à la tête desquels il faut nommer d'abord **Bernardino Pinturrichio**, qui suivit son maitre à Rome et se fit aider dans ses travaux à Sienne par Raphaël lui-même. **Girolomo Genga, Giovanni Spagnuolo**, surnommé **le Spagna, Andrea d'Assise, Domenico de Páris Afani, Orazo de Páris Afani** son fils, **Eusèbe de Saint-Georges, Giannicola de Pérouse, Giambattista Caporali** et **Giulio** son fils, **Mariano di Ser-Eusterio, Mariano** de Pérouse, **Berto di Giovanni, Sinibaldo de Pérouse, Teodora Danti, Francesco da Città di Castello, Rocco Zoppo, Pietro Baccio Ubertino, Francesco** son frère, surnommé **Bacchiacca, Nicolo Soggi**, tous quatre de Florence, et **Gerino de Pistoya** se firent tous remarquer par leurs tableaux. **Ercole Ramazzoni**, autre élève du Pérugin, le fut aussi pendant quelque temps de **Raphaël Sanzio.**

La grande réputation du Pérugin fit rechercher ses tableaux dans toute l'Italie, et se répandit encore en France et en Espagne. Ses fresques de la chapelle Sixtine furent très estimées, et celles dont il décora la salle du Gambio à Pérouse sont les plus célèbres.

## 36  *Saint Augustin et saint Jean l'Evangéliste.*

Bois. — H. 1<sup>m</sup> 66. — L. 0<sup>m</sup> 90.

Ils sont représentés tous deux debout et de grandeur naturelle. Saint Augustin, la crosse en main et la mitre sur la tête, est revêtu de ses habits pontificaux; ses

pieds sont chaussés de cothurnes : il porte sur un surplis noir un manteau rouge doublé de soie verte et
surmonté par un collet noir qui forme un capuchon
rabattu. Il regarde à droite, et tient d'une main un livre à fermoir. Saint Jean, vu de face, soutient de la
main gauche son évangile ouvert qu'il indique de la
main droite. Il est vêtu d'une tunique brun-clair sur
laquelle se drape un manteau tirant sur le bleu et doublé de jaune. Ses pieds sont nus.

L'arrangement des figures et la forme du panneau indiquent la partie gauche d'un tableau à volets. L'autre partie se trouve au musée de
Lyon, et représente saint Grégoire et saint Jacques. Ils proviennent
tous deux de la sacristie des Augustins de Pérouse.

Envoyé par le Musée en 1803.

**PROCACCINI** (CAMILLO), *né à Bologne en 1546,
mort à Milan en 1626 ; élève, ainsi que ses frères,
d'***Ercole Procaccini Senior***, *chef de la
famille, né en 1520, mort en 1591.*

Tous les biographes, se copiant les uns les autres, tombent dans les
mêmes erreurs et finissent, à force de les répéter, par les rendre vrai-
semblables. C'est ainsi, au sujet des Procaccini, qu'ils ont laissé jusqu'à
ce jour se perpétuer cette erreur que Camille et Jules César étaient
élèves des Carraches et qu'ils avaient fait de rapides progrès dans
leur école. Certes, les Carraches, après avoir fondé la première école
du monde, n'avaient pas besoin pour leur gloire d'ajouter les noms
des Procaccini à ceux de tant d'élèves illustres. D'ailleurs, il suffit
d'un simple rapprochement chronologique pour démontrer la fausseté
de ces assertions et établir que les chefs de l'école milanaise n'ont
pu devenir les élèves des Carraches. En effet, **Ercole Procaccini**, père de **Camille** et de **Jules César**, est né en 1520,
c'est-à-dire 35 ans avant **Louis Carrache**, l'aîné de la famille. **Camille Procaccini**, venu au monde en l'an 1546,
avait donc 9 ans de plus que Louis Carrache et 14 ans de plus qu'Annibal. Dans ces conditions, il est impossible d'admettre que les Procaccini, parvenus à l'âge de 20 ans, aient pu abandonner l'atelier de leur
père Ercole pour aller prendre des leçons chez les Carraches, dont
l'aîné n'était encore qu'un enfant. Tout porte donc à croire que les
Procaccini, dirigés par leur père, étaient déjà avancés dans leur art
lorsqu'apparurent les Carraches. Cette différence d'âge explique le fait
demeuré jusqu'à présent inexplicable, celui d'un soufflet donné par
Jules Procaccini à Annibal Carrache, à propos d'un mot piquant de ce
dernier. On ne comprendrait pas autrement qu'un élève eût osé se porter à une pareille extrémité à l'égard de son maître. Quoi qu'il en soit,
cette querelle et l'antagonisme qui s'éleva entre les familles de ces

éminents artistes obligèrent les Procaccini à quitter Bologne et à aller s'établir à Milan, où Ercole était né, et où ils fondèrent une école qui acquit bientôt une grande réputation. Nous pouvons donc conclure de tout ce qui précède que les Procaccini n'ont jamais été les élèves, mais bien les concurrents des Carraches. On sait, en effet, que le prince Doria fit travailler Camille Procaccini au dôme de Plaisance concurremment avec Louis Carrache. Ce travail étant achevé, Camille visita Rome, Venise, Parme, pour y étudier les œuvres de Michel-Ange, de Raphaël, du Titien, du Corrège, et du Parmesan. — Il se rendit ensuite à Milan, où il professa avec distinction et fut nommé chef d'école. Cette école ne fut pas sans éclat, et les Procaccini, s'étant réunis, obtinrent la réputation de maîtres bienveillants et dévoués à leur art. Ils eurent de nombreux élèves qui s'appliquèrent, de leur côté, à suivre les principes de leurs maîtres et à les propager. En dehors de **Carlo-Antonio Procaccini,** leur plus jeune frère, rangé parmi les célèbres peintres de fleurs, de fruits et de paysages, ainsi que son fils **Ercole** dit **Junior,** pour le distinguer de son grand-père, nous nous contenterons de citer parmi leurs élèves les noms de : **Jacopo Betoya** de Parme, **Sacchini, Calisto Toccagni, Giacinto di Medea** et **Lorenzo Franchi.**

## 37 *Les fiançailles de sainte Catherine d'Alexandrie.*

Toile. — H. 2ᵐ 93. — L. 2ᵐ 20.

Pieusement agenouillée aux pieds de la Vierge, sur une partie de la roue à dents qui a servi à son premier supplice, sainte Catherine a confié sa main gauche à la mère du Sauveur et tient de la droite la palme de son martyre. Pénétrée d'un profond sentiment d'amour divin, elle s'incline modestement devant son mystique fiancé que Marie tient sur ses genoux, et qui lui passe au doigt l'anneau nuptial, symbole d'une union virginale et éternelle. La Vierge regarde avec bonheur cette sainte cérémonie qui s'accomplit sous ses auspices. Un saint évêque, le donateur probablement, revêtu de ses habits pontificaux, à genoux et les mains jointes, assiste avec onction à cette scène touchante. Son ange gardien, debout auprès de lui, tient sa crosse et son chapeau rouge, insigne de sa dignité. A gauche, au fond, et dans l'ombre, saint Joseph est assis dans les anfractuosités d'un rocher, sur lequel il s'appuie d'un bras tandis qu'il se tient de l'autre main à la branche d'un gros arbre placée au-dessus de sa tête. Dans cette position, ce saint

personnage domine tout le groupe et semble le contempler avec satisfaction.— Au bas du tableau, se trouvent la mître de l'évêque, la couronne d'or qui rappelle
l'illustre origine de la sainte, et l'épée qui a servi à son
dernier supplice.

Ce tableau, dont les figures sont de proportion forte
nature, flatte agréablemeut la vue par son aspect grandiose et son coloris vigoureux. C'est un de ceux où le
maître a le mieux imité les airs de tête du Corrège, la
facilité, la suavité de son pinceau et sa manière large
de draper. Quand il ne néglige pas les proportions de
ses figures et qu'il se donne la peine de les étudier, le
Procaccini approche de la correction et des qualités des
grands maîtres.

Envoyé par le Gouvernement en 1812.


**RAPHAEL** (Raffaello SANZIO, *plus connu sous
le simple nom de ), né à Urbin, le vendredi-saint 28
mars 1483, mort à Rome le vendredi-saint 6 avril
1520. (Ecole romaine.)*

De même que dans l'antiquité **Apelles** a joui parmi les peintres
d'une célébrité sans partage, de même, depuis la Renaissance,
Raphaël a porté sans conteste le sceptre des arts. Sans avoir la prétention d'en faire le dieu de la peinture, nous dirons cependant que
nul autre n'a plus approché de la perfection, et que cela suffit à sa
gloire comme au respect et à la vénération que son nom inspire.
Nous n'entrerons donc dans aucun détail pour faire ressortir le mérite
de ce grand artiste; faire son éloge nous paraitrait entièrement su-
perflu, et nous nous contenterons de donner une esquisse rapide de sa
vie si courte et si bien remplie.
Fils de **Giovanni Santi** ou **Santis,** nom qui se transforma
en celui de **Sanzio,** Raphaël reçut les premières notions de l'art
de son père, peintre lui-même et issu d'une famille de peintres.
Ayant perdu de bonne heure sa mère Magia di Ciarta et son père
trois ans après, en 1494, Raphaël se trouva orphelin à onze ans.
Heureusement qu'un homme de cœur et de dévouement, Simone
Battista di Ciarta, frère de sa mère, lui servit de second père et le
plaça, en 1496, dans l'atelier de **Pietro Perugino,** l'un des
premiers de son temps. Ce qui nous est parvenu de la correspondance
de Raphaël démontre, à son éloge, qu'il fut toute sa vie reconnaissant
des soins que cet oncle avait pris de sa jeunesse.
Quoi qu'il en soit, le jeune élève fit de si rapides progrès dans l'atelier du Pérugin que celui-ci ne tarda pas à l'associer à ses propres
ouvrages. Ses premiers essais témoignent de son application et de sa

docilité à suivre les conseils de son maître, dont il s'appropria si bien la manière que, lorsqu'il débuta à Pérouse comme à Città di Castello, on confondait leurs œuvres. Ce fut alors que son condisciple et ami **Bernardino Pinturricchio,** quoique depuis longtemps passé maître, l'appela à Sienne pour l'aider à décorer la bibliothèque de la ville que le cardinal François Piccolomini avait confiée à ses pinceaux. De Sienne notre jeune artiste revint, vers 1503, à Citta di Castello, où il peignit pour l'église de Saint-François le fameux tableau dit le *Sposalizio,* le mariage de la Vierge, qui se trouve actuellement dans le musée de Brera, à Milan. Ce tableau remarquable plaça tout à coup Raphaël, à peine âgé de vingt ans, bien au-dessus de son maître. C'est bien encore le genre de composition du Pérugin, son goût dans les parures et les costumes, sa manière de peindre et de disposer les teintes propres, avec des tons cependant mieux fondus. Mais quelle supériorité dans la grâce des maintiens, dans la touchante modestie des traits, dans le noble caractère des figures! Là tout est nouveau, et le peintre crée des types si beaux, des expressions si célestes qu'il ne les surpassera jamais.

Après avoir terminé ce tableau qui est le chef-d'œuvre de sa première manière, Raphaël partit pour Florence, muni d'une lettre de recommandation de la duchesse de Sora, Jeanne Filtria della Rovere, pour le gonfalonnier Soderini. Il paraît que cette lettre ne lui fut d'aucune utilité ; mais il eut l'avantage inappréciable pour lui d'étudier dans cette ville les travaux des maîtres illustres ses prédécesseurs ou ses contemporains. **Michel-Ange** et **Leonard de Vinci** travaillaient encore à leurs fameux cartons du *Combat des Cavaliers de la guerre de Pise.* Ils ne furent terminés et exposés au public que dans les premiers jours de l'an 1506, et notre jeune maître, qui avait quitté Florence pour revenir à Urbin, entreprit tout exprès un second voyage pour aller les admirer. Raphaël fit à Florence de nombreuses connaissances, mais la plus agréable et la plus avantageuse pour lui fut celle du dominicain **Fra Bartolomeo,** si connu dans les arts et avec lequel il se lia intimement par l'effet d'une sympathie mutuelle. Sur ces entrefaites, le jeune et brillant artiste reçut du grand architecte **Bramante,** son compatriote, et, dit-on, son parent, une lettre qui l'invitait à venir immédiatement à Rome. Pressé de partir, Raphaël abandonna tout et se rendit sur-le-champ dans la ville éternelle où Bramante le présenta au pape Jules II, dans le mois de septembre 1508. Ce pontife, prévenu sans doute par son architecte, accueillit parfaitement le jeune homme et confia immédiatement à ses pinceaux les fameuses chambres du Vatican qui ont fait son nom, sa fortune et sa célébrité. — Le jeune élève du Pérugin commença son travail par la chambre dite *della Segnatura,* où sont les célèbres fresques de la *Dispute du Saint-Sacrement* et de l'*Ecole d'Athènes.* Jules II fut si surpris, si émerveillé de ce premier travail, qu'il donna l'ordre de détruire sur-le-champ toutes les fresques du palais, n'en voulant plus voir que du Sanzio. Mais Raphaël obtint du fougueux pontife qu'on respectât une voûte du Pérugin. Ce fait bien connu prouve combien l'élève estimait son maître et le cas qu'il faisait de son talent et de son mérite. Il était sans doute bien loin de penser, comme tant d'écrivains, que le peintre de Pérouse serait resté inconnu s'il n'avait eu l'honneur de l'avoir pour disciple. Cette incroyable assertion, que l'ignorance ou la mauvaise foi seule peuvent expliquer, ne saurait être trop vivement combattue. On sait, en effet, que le Pérugin jouissait de son temps d'une grande réputation, qu'il eut de nombreux élèves, et que la délicatesse, la pureté, la douceur, la simplicité qui font le principal mérite de Raphaël, celui-ci en avait puisé le goût à son école. On sent et on voit jusque dans ses derniers ouvrages l'influence des principes de son maitre, qu'il n'abandonna jamais entièrement, non qu'il ne le pût, mais parce qu'il en reconnaissait l'excellence. Raphaël est la nature artistique la plus riche et la plus souple qui ait jamais existé. Comme notre grand Molière, il prenait son bien partout où il le trouvait, et, comme lui, s'en inspirait en se l'appropriant, sans cesser d'être original. C'est ainsi qu'après avoir vu à Florence tous les travaux d'art dont cette ville était peuplée, depuis les fresques de **Giotto** et de **Masaccio**, les tableaux de **Mantegna** et de **Fiesole**, jusqu'aux grandes inspirations de **Michel-Ange** et de **Léonard**, après avoir longuement conversé avec le **Frate** et **F. Francia**, Raphaël retint de tous ces maitres ce qui convenait le mieux à son talent et se composa ainsi, à l'aide de ses merveilleuses facultés, une manière qui les résume tous, sans en rappeler aucun en particulier. C'est là le propre des grands génies dans l'art comme dans la littérature.

Raphaël dut aux sublimes peintures du Vatican son immense réputation. Elles attirèrent sur lui les honneurs et la fortune. Sa bonté, sa douceur, son affabilité lui concilièrent l'affection générale, et, lorsqu'on le rencontrait dans les rues de Rome se dirigeant vers le Vatican, suivi d'un nombreux cortége d'élèves, on aurait dit un prince se rendant à une assemblée de rois. On tenait sa personne et son génie en si grande considération et en si grande estime que le pape Léon X, successeur de Jules II, lui confia la décoration des travaux de l'église Saint-Pierre, après la mort de Bramante, et que le cardinal de Bibiena fit tout ce qu'il put pour lui faire épouser sa nièce. Mais le grand artiste était alors vivement épris d'une belle fille du peuple connue sous le nom de la Fornarina, et il ajournait toujours son mariage avec la nièce du cardinal. Il espérait, d'ailleurs, en être dispensé en recevant lui-même bientôt la barrette de cardinal qui lui avait été promise par Léon X.

Ce grand peintre mourut à Rome à l'âge de 37 ans, le jour du vendredi saint 6 avril 1520. Les biographes ne s'accordent pas au sujet de sa mort; chacun l'explique à sa manière, et il devient de jour en jour plus difficile d'en découvrir la véritable cause. Après avoir assuré l'avenir de la Fornarina, Raphaël partagea sa fortune entre ses parents d'Urbin et ses deux plus chers élèves, **Jules Romain** et **François Penni** dit le **Fattore**. En présence de l'immensité de son œuvre et des progrès croissants de son génie, on se demande ce qui serait advenu s'il lui eût été donné de parcourir une carrière aussi longue que celle de Michel-Ange ou de Léonard de Vinci.

Raphaël fut le chef d'une école composée d'artistes qui presque tous pouvaient passer pour des maîtres. On distingue parmi les principaux : **Jules Romain** et le **Fattore**, ses héritiers, **Perino del Vaga**, **Jean** d'Udine, **Polydore de Caravage**, **Maturino** de Florence, **Pellegrino** de Modène, **Benvenuto di Garafolo**, **Timoteo della**

**Vitte , Bartolomeo Ramenghi** dit **Bagnacavallo, Vincent de san Geminiano, Raphaël del Colle, Gaudenzio Ferrari,** et quantité d'autres.


**58** *Tête de Damaris, noble dame athénienne.*

Toile. — H. 0ᵐ 49. — L. 0ᵐ 40.

Elle est vue de profil, le regard fixé en haut et la bouche entr'ouverte ; ses cheveux sont enroulés sur le sommet de la tête.


Cette figure se retrouve dans un grand carton de Raphaël : *Saint Paul prêchant dans l'Aréopage,* carton qui faisait partie d'une série de dessins originaux du grand artiste, reproduits en tapisseries à Arras, sous la direction de **Bernard Van Orley** et de **Michel Coxcie,** ses élèves. Les tapisseries font encore aujourd'hui un des beaux ornements du Vatican. De la collection des vingt-cinq cartons de Raphaël, il n'en existe plus maintenant que sept qui sont conservés en Angleterre au château de Hampton-Court. On a publié à Londres des photographies qui en donnent une reproduction très fidèle et dans lesquelles on pourra vérifier ce que nous avançons. Dans le carton de la Prédication de saint Paul à Athènes, la figure de Damaris est identiquement pareille à celle qui fait le sujet de cet article : preuve évidente, selon nous, de l'authenticité de notre peinture, et qui nous a engagé à lui restituer la dénomination sous laquelle cette tête est connue dans la grande composition de Raphaël. Damaris, le regard fixé vers saint Paul, est assise derrière Denis l'aréopagite, qui assistait à la prédication, se convertit comme elle au christianisme et devint le premier évéque d'Athènes.

Le beau type de cette tête se reproduit avec quelques modifications dans le tableau de *la Transfiguration.* Or, on sait que la mère du possédé, agenouillée au premier plan du chef-d'œuvre, est faite d'après la Fornarina ; d'où l'on peut conclure que notre tableau en est une première étude et qu'elle aura servi à Raphaël pour le carton de *saint Paul* comme plus tard pour *la Transfiguration.*

Cette précieuse peinture, connue pour être du bon temps de Raphaël, a été donnée en 1803 par le Gouvernement au musée de Toulouse. —

Quelques avaries anciennes ont malheureusement nécessité une restauration qui n'a pas réussi, et qui, dans plusieurs parties, a dénaturé le maître.


**RAPHAEL** (*d'après* RAFFAELLO SANZIO), *par* **Carle Maratte.**

## 39 *L'Incendie de Borgo-Vecchio, à Rome.*

Toile. — H. 1<sup>m</sup> 00. — L. 1<sup>m</sup> 46.

L'original de ce tableau est peint à fresque dans la salle du Vatican appelée *di Torre Borgia.*

Cette copie appartenait à l'Académie de Peinture avant d'être placée au Musée.

### (Autre copie par le même.)

## 40 *Le Parnasse.*

Toile. — H. 1<sup>m</sup> 00. — L. 1<sup>m</sup> 46.

L'original de ce tableau est peint à fresque dans la salle du Vatican appelée *della Segnatura.*

Cette copie appartenait à l'Académie de Peinture avant d'être placée au Musée.

## RAPHAEL (*d'après* Raffaello Sanzio).

## 41 *La Vierge à la chaise.*

Toile, forme ronde. — Diamètre 0<sup>m</sup> 69.

L'original de ce tableau, qui a fait partie du musée Napoléon, est retourné à Florence, où il se trouve dans le palais Pitti, salon de Mars.

Cette copie a été envoyée par le Gouvernement en 1817.

## ROSA DE TIVOLI (PHILIPP-PETER ROOS *dit*), peintre-graveur, né à Francfort-sur-le-Mein en 1655, mort à Rome en 1705.

Rien ne décèle dans les ouvrages de cet artiste son origine allemande ; tout y retrace, au contraire, la fougue d'exécution de l'école italienne à laquelle ils appartiennent par le caractère. Ce caractère est tellement prononcé, tellement en rapport avec le génie des artistes de cette école, qu'ils ont servi de guide à tous les peintres italiens qui, depuis Rosa de Tivoli, se sont adonnés au paysage pastoral. C'est donc à tort qu'on les classe quelquefois dans l'école allemande ; ils en ont si peu le cachet, comme je viens de le dire, que, dans presque toutes les collections, on les expose instinctivement avec les italiens. Quoi qu'il en soit, Rosa de Tivoli, étant né allemand et ayant appris son art chez

son père **Henri Roos**, pourrait être revendiqué avec quelque
raison par ses compatriotes. Ainsi donc, pour ne pas soulever de discussion à ce sujet, on le placera dans l'une ou l'autre école, suivant
les nécessités du classement.

Le tableau qui nous suggère ces réflexions ne donne qu'une bien
faible idée du talent du maitre, parce qu'il a poussé au noir dans
beaucoup de parties.

# 42 *Animaux dans la campagne de Rome.*

### Toile. — H. 0ᵐ 65. — L. 0ᵐ 80.

Un taureau d'une forte espèce est debout sur un
mamelon qui s'élève au milieu de la composition et
vers lequel s'avance un pâtre conduisant trois moutons. Un quatrième mouton est isolé de ceux-ci. Dans
le fond, on aperçoit des fabriques, et tout-à-fait au
loin des montagnes azurées.

**ROSSELLI** ( Matteo ), *né à Florence le 10 août
1578, mort le 18 janvier 1650.* (Ecole florentine.)

La famille des Rosselli, dit M. Villot, a eu pendant plus de quatre
siècles une suite non interrompue de huit à neuf générations d'artistes qui ont produit treize peintres. **Rosselli Cosimo** le vieux,
maitre d'**André del Sarte**, et **Matteo**, arrière petit-fils d'un
frère de Cosimo, furent les plus renommés. Ce dernier qui nous occupe
en ce moment, et qui a passé une grande partie de sa vie à peindre des
ouvrages publics pour sa ville natale, est peu connu hors de Florence.
Cependant, par une bonne fortune toute particulière, le musée de
Toulouse et celui du Louvre à Paris possèdent chacun un tableau de
Matteo Rosselli. Ces deux toiles paraissent avoir été achetées vers la fin
du règne de Louis XIII ou dans le commencement de celui de Louis XIV.
La date de 1630, tracée sur le *Triomphe de David* du musée du Louvre, servira d'indication pour rechercher l'époque exacte de l'entrée
des deux tableaux dans les anciennes collections. Le catalogue de Lépicié, publié en 1752, les indique comme étant placés alors dans la
chapelle du château de Saint-Germain-en-Laye. Il est donc probable
qu'ils n'auront pas été séparés avant le moment où le *Triomphe de
Judith* a été envoyé au musée de Toulouse.
Matteo Rosselli a été considéré comme un des bons maîtres de son
temps. Il fut d'abord disciple de **Pagani**, et ensuite du **Passi-
gnano**, mais il étudia plus particulièrement à Florence et à Rome
les ouvrages des anciens. Il acquit une grande réputation dans l'art de
l'enseignement par la sagacité avec laquelle il savait démêler les dispositions de ses élèves et leur donner la direction qui leur était propre.
Telle fut la cause qui produisit dans son école, ainsi que dans celle des
**Carraches**, presque autant de styles divers qu'il y eut d'élèves.

On cite parmi les principaux : **Giovanni de San-Giovanni**, grand peintre à fresque, **Francesco Furino, Gio-Battista Vanni, Baldassare Volterrano, Lorenzo Lippi, Stefano della Bella, &., &.**

## 45  *Triomphe de Judith.*

Toile. — H. 2<sup>m</sup> 30. — L. 2<sup>m</sup> 92.

Après avoir tué Holopherne, Judith rentre à Béthulie, accompagnée de sa servante. Celle-ci porte dans une corbeille la tête du général assyrien, dont l'épée est tenue par une autre femme qui la montre triomphalement. Ozias, prince du peuple, s'avance à la rencontre de l'héroïne et exprime toute l'admiration que lui inspire le récit de sa brillante action. L'attitude de Judith est digne, réservée, et empreinte d'une touchante modestie. On la voit, conformément au texte de l'Ecriture, parée de ses plus riches ajustements, de manière à relever encore sa beauté naturelle. Elle porte une magnifique robe rouge brodée de dessins en soie noire et jaune, une plume rouge qui se balance avec grâce dans sa chevelure, un collier de perles à son cou, de riches boucles d'oreilles, et des brodequins dorés montant à mi-jambes. Ozias, revêtu du costume de grand-prêtre, est suivi d'un lévite et des anciens du peuple. Dans la suite de Judith, on remarque une jeune fille habillée de jaune qui soulève une draperie voilant la tête d'Holopherne. Ce spectacle paraît effrayer un jeune garçon placé derrière elle.

Ancien cabinet du Roi, et, plus tard, dans la chapelle du château de Saint-Germain-en-Laye.

Envoyé par le Gouvernement en 1803.


**SALVATOR** *ou* **SALVATOR-ROSA,** *peintre, graveur, poète et musicien, né au village de la Renella, près Naples, le 20 juin 1615 ; mort à Rome le 15 mars 1673. (Ecole napolitaine.)*

Sans jamais avoir rien emprunté du style des autres, Salvator s'abandonna tout entier à l'impulsion de son génie créateur qui s'empara de toutes les parties de la peinture : l'histoire, le paysage, la marine et les batailles.

Pour découvrir des motifs d'étude en rapport avec ses sensations et ses goûts, il parcourut le pays des Abbruzzes, dont la nature sauvage et abrupte s'harmonisait avec ses sentiments de tristesse et lui inspirait des compositions remplies de feu et d'enthousiasme. Il interprétait la nature sous de nouveaux aspects, répondant aux émotions les plus attendrissantes du cœur et de l'âme; la tristesse de ses sites vous frappait de terreur. Ces masses de rochers, dont les escarpements déchirés s'élèvent à des hauteurs prodigieuses, semblent défier les plus hardis de s'y aventurer, en les menaçant de les ensevelir dans leur chute. Il ajoutait encore au lugubre de ses compositions par l'air sombre et farouche de ses personnages.

Les marines de Salvator, soit qu'elles paraissent agitées par les fougueux aquilons, soit qu'elles présentent une superficie calme et paisible, offrent l'idée d'un gouffre immense qui en impose à l'imagination. Tout ce qu'enfante ce génie extraordinaire porte un caractère qui lui est particulier.

Salvator excellait dans les batailles et cherchait à y déployer toutes ses qualités distinctives : l'enthousiasme, la sombre énergie de caractère, et surtout la vigueur, la hardiesse et la facilité de l'exécution. On y voit la fureur poussée à l'excès, des combattants se prendre corps à corps et se porter des coups effroyables, tandis que d'autres sont enveloppés pêle-mêle, hommes et chevaux, dans des tourbillons de poussière et de fumée. Les figures sont d'une réalité effrayante; on les sent frémir, trembler de colère et pousser des hurlements furieux.

Moins favorisé par son génie lorsqu'il aborde la peinture d'histoire, Salvator laisse percer un côté trivial, non-seulement dans la forme, mais encore dans le dessin qui est outré et dans l'expression qui s'éloigne de la vérité. Il n'en conserve pas moins dans ses figures, tout aussi bien que dans ses paysages, une vigueur de couleur, une énergie de brosse et une puissance d'effet qui se font admirer dans tous ses ouvrages. On dit proverbialement dans les arts : « Voilà une touche à la Salvator; c'est d'une énergie à lutter avec Salvator ! »

Dans sa jeunesse, réduit, pour vivre, à exposer ses tableaux sur la place publique à Naples, il en expédia, en tous genres, une si grande quantité qu'on les vendait à vil prix. Le célèbre **Lanfranc**, étonné du style de ses compositions et de la vigueur de ses peintures, lui en acheta plusieurs pour l'encourager. Il le mit ensuite dans l'atelier de **Ribera** et plus tard dans celui d'**Aniello Falcone**. Flatté du suffrage de cet habile homme, le jeune Salvator prit un nouveau goût pour son art et produisit avec une rapidité qui finit par lui procurer de l'aisance.

De tous les artistes italiens, Salvator est celui qui s'est le plus distingué par ses poésies. Il est surtout connu par ses satyres pleines de sel et de verve. Son esprit caustique le rendait propre à ce genre, mais il lui attira aussi quelques chagrins et le fit exclure de l'Académie de Rome : injustice qui n'aurait été humiliante que pour ses auteurs s'il n'avait pas eu la faiblesse d'y être sensible.

## 44. *Neptune menaçant les vents.*

Toile. — H. 0<sup>m</sup> 98. — L. 0<sup>m</sup> 73.

Le dieu de la mer, vu à mi-corps, et armé de son trident, regarde d'un air menaçant et courroucé les vents qui agitent déjà ses longs cheveux blancs, soulèvent sa barbe limoneuse, et semblent vouloir, sans son ordre, troubler le calme de son empire.

Salvator ne dément pas ici la fougue habituelle de son exécution : il serait difficile de rencontrer une autre figure qui donnât une meilleure idée du talent de ce maître, car elle semble peinte dans un moment d'exaltation.

Envoyé par le Gouvernement en 1803.

**SOLIMENA** (Francesco) *dit* l'Abbé CICCIO, *né à Nocera de Pagani le 4 octobre 1657, mort à Naples le 5 avril 1747. (Ecole napolitaine.)*

Son père était peintre et fut son premier maître ; il passa ensuite à Naples, dans l'atelier de **Francesco di Maria**, qu'il abandonna pour fréquenter l'Académie de **Giacomo del Pô**, où il s'appliqua sans relâche à étudier les ouvrages des grands maîtres, du **Guide**, de **Lanfranco**, du **Cortona**, et du **Preti** dit le **Calabrèse**, dont les ouvrages ont un grand rapport avec les siens. On peut louer en lui une certaine universalité de génie, dont il fit preuve en s'adonnant à tous les genres : le portrait, l'histoire, le paysage, les animaux, les fruits. A quelque genre qu'il s'appliquât, il paraissait né pour s'y distinguer. Ayant vécu jusqu'à 90 ans, il ne quitta pour ainsi dire ses pinceaux qu'en cessant de vivre. Il répandit ses ouvrages dans toute l'Europe, presqu'à l'égal de **Giordano**, dont il fut à la fois le rival et l'ami. Si ce peintre eût vécu dans un temps où le goût eût été plus épuré, on pourrait conclure de ses grandes dispositions naturelles qu'il serait arrivé à une célébrité encore mieux méritée.

Ses tableaux de la sacristie de Saint Paul à Naples, ses peintures dans les arceaux des chapelles de l'église des Apôtres, la chapelle de Saint Philippe à l'église de l'Oratoire, peuvent être regardées comme des chefs-d'œuvre. Ses principaux élèves furent **Sebastiano Conca, Francesco de Mura, Niccolo Maria Rossi, Sipione Capella, Giuseppe Bonito, Andrea dell'Asta**, et le comte **Ferdinando San-Felice**, napolitain.

## 45  *Portrait de femme.*

Toile. — H. 1<sup>m</sup> 29. — L. 1<sup>m</sup> 00.

C'est celui d'une femme au maintien noble et dégagé, vu debout et à mi-jambes, dans un costume fort pittoresque. Elle appuie sa main droite sur une table couverte d'un tapis jaune et ramène de la main gauche son vêtement sur sa poitrine. Sa tête est coiffée d'un mouchoir ajusté en forme de turban. Sur la table, on remarque une tasse de métal déposée dans un plateau à côté d'une boucle d'oreille. Derrière la table, un vase élevé sur un piédestal se détache sur un grand rideau bleu. Au fond, on aperçoit un édifice dans la campagne.

Ce portrait, d'une touche large et moëlleuse, ne manque pas de vérité de ton.

Envoyé par le gouvernement en 1803.

**TEMPESTI ou TEMPESTA** (Antonio), *né à Florence en 1545, mort dans la même ville en 1620.* (Ecole florentine.)

Les exemples qu'il eut sous les yeux dans l'école de son habile maître **Jean Stradan**, le portèrent à se consacrer d'abord à peindre des animaux : ce qui sans doute lui fit prendre le goût de représenter des chevaux et plus tard des batailles. C'est le genre qu'il adopta par prédilection. Il a même gravé un grand nombre d'estampes dont les sujets nous offrent des combats de cavalerie, des chasses et des cavalcades. Le peu d'importance de la petite composition que possède le Musée ne nous permet pas de nous étendre davantage sur le mérite de ce peintre.

## 46  *Combat de cavalerie.*

Toile. — H. 0<sup>m</sup> 34. — L. 0<sup>m</sup> 60.

Un corps de cavalerie s'élance à l'attaque d'un pont qui défend le passage d'une rivière. C'est là seulement que le combat se livre avec acharnement; il se développe au loin dans la campagne.

Cabinet de M. de Breteuil, évêque de Montauban.

**TITIEN** (*d'après* **Tiziano Vecellio** *dit le*).

## 47 *L'image de la vie humaine ou les quatre âges de l'homme.*

Toile.— H. 1<sup>m</sup> 17. — L. 1<sup>m</sup> 58.

Sandraert fait mention de l'original de cette peinture dans la vie du Titien. Il fut vendu à Christine, reine de Suède, mille ducats d'or, et passa ensuite dans la galerie du duc d'Orléans.

Cette copie a été donnée par Louis XV à l'Académie de Peinture de Toulouse, d'où elle est passée au Musée.

**VANNI** (IL CAVALIERE FRANCESCO), *peintre, né à Sienne en 1563 ; mort à Sienne, le 15 octobre 1609.* (Ecole siennoise.)

Il étudia d'abord à Bologne, dans l'école de **Bartolomeo Passarotti**, et à Rome il fréquenta l'atelier de **Giovanni de Vecchi**. Il visita ensuite plusieurs villes de Lombardie et s'inspira à Parme des tableaux du **Corrège**. La douceur de son caractère le fit incliner vers le genre de ce maître, et c'est peut-être par goût naturel plutôt que par une imitation déterminée qu'il penchait pour la manière du **Barroche**. D'un génie fertile, il composait avec facilité et peignait avec amour. L'aisance qu'il s'était procurée par ses travaux lui fournissait les moyens d'acheter quelquefois à ses confrères les ouvrages dont ils ne trouvaient pas le placement. Le **Guide** fut un de ceux avec lesquels il était le plus intimement lié, et il eut la satisfaction de pouvoir lui être utile.

Vanni s'est assurément inspiré des ouvrages du Barroche, qu'il nous rappelle par le goût de sa composition, la disposition des figures et l'arrangement des draperies. Il lui a aussi emprunté la grâce et le moëlleux, mais son pinceau est plus empâté. Quant à sa couleur, quoiqu'elle se rapproche aussi de celle de ce maître, on la trouve cependant d'ordinaire plus chaude et plus vigoureuse. Il dessinait bien et sa manière est large et facile. Il peignit pour Saint-Pierre de Rome, par ordre de Clément VIII, un grand tableau représentant *Simon le Magicien*, ouvrage très apprécié.

Ses élèves sont : **Rutilio-Manetti, Astolfo-Petraz-zi, Ferrari da Faenza** et ses deux fils **Raffaello** et **Michel Vanni**.

## 48 *La Vierge, l'Enfant et deux Anges.*

Toile. —H. 0<sup>m</sup> 77. —L. 0<sup>m</sup> 56.

La Vierge, vue jusqu'aux genoux, vêtue d'une robe

rouge d'où s'échappent des manches jaunes, et sur
laquelle est jeté un manteau bleu doublé de vert,
soutient l'enfant assis sur un coussin en tapisserie,
bordé d'un galon d'or à glands. Le Fils de Dieu a la
main droite élevée pour bénir. De chaque côté de la
Vierge, se tient un ange en adoration. Elle est tournée de trois-quarts, et porte sur la tête une étoffe
blanche disposée en forme de turban.

Envoyé par le Gouvernement en 1812.

## VANVITELLI ou VAN WITEL (GAS- PARE) *dit* DAGLI OCCHIALI, *né à Utrecht en 1647, mort en 1736. (Ecole romaine.)*

Le véritable nom de cet artiste est Van Witel, et, quoique né dans
les Pays-Bas, il est considéré comme appartenant à l'école italienne.
On pourrait même l'appeler le peintre de la Rome moderne. Il a
représenté avec beaucoup de précision un grand nombre de vues de
Rome et d'autres villes d'Italie. Ses tableaux reproduisent principalement les plus magnifiques monuments de la capitale des arts, ses
places publiques et ses principales rues. Il a peint aussi des maisons
de plaisance et de grands édifices, ouvrages très appréciés des peintres
et des architectes. Il fut d'une grande exactitude dans les proportions,
gai et brillant dans le coloris; il laisse à désirer un peu plus d'esprit,
et une plus grande variété dans ses fonds ou dans sa perspective aé-
rienne, qui offre presque toujours des teintes d'un bleu pâle ou rompu
par quelque petit nuage peu étudié.

## 49     *Vue de la place Saint-Pierre, à Rome.*

Toile. — H. 0ᵐ 48. — L. 0ᵐ 93.

La vue en est prise vis-à-vis la façade de l'église
Saint-Pierre, au-dessus de laquelle s'élève la fameuse
coupole, et, un peu à droite, les bâtiments du Vatican. Le portique, à quatre rangs de colonnes, qui
paraît rejoindre le portail, entoure une grande partie
de la place et semble l'encadrer. Dans le milieu, on
voit un obélisque que Caius César, surnommé Cali-
gula, fit transporter d'Héliopolis à Rome. Sur les côtés,
sont deux magnifiques fontaines, d'où jaillit une forte
nappe d'eau qui tombe d'abord dans un grand bassin

rond, et retombe ensuite dans un second bassin de forme octogone.

La place carrée, irrégulière, qui se trouve devant l'église, est bordée de deux grandes galeries couvertes. Au milieu de cette place, s'élève un magnifique escalier de marbre divisé en trois rampes, par où l'on monte à la basilique. Des soldats faisant l'exercice, plusieurs carrosses des princes de l'Eglise, des moines, des gens de toutes les conditions animent cette place, l'une des plus grandes du monde.

Signé : *G. V. W.*

Envoyé en 1812 par le Gouvernement.

**VERRIO** (Antonio), *plus connu en France sous le nom d'***Antoine Verrius**, *né à Lecce, dans la province d'Otrante, en 1636, mort à Londres en 1707.* (Ecole napolitaine.)

Les différents rédacteurs des livrets du Musée, depuis le conservateur Lucas, en 1806, ont tous déclaré qu'on ne savait rien de certain, ni sur la patrie, ni sur la mort de Verrio, qui florissait à Toulouse dans la seconde moitié du xvii° siècle.

Verrio était napolitain. Il apprit les règles de son art dans son pays, et alla ensuite se former à Venise à l'école des grands maitres vénitiens. De retour à Naples, vers 1660, il décora plusieurs maisons particulières et différentes églises ; puis, peignit le plafond de la pharmacie du collége des Jésuites — cette composition représente *Jésus-Christ guérissant les malades.* — Elle est remarquable par de belles poses, des expressions naturelles, un coloris frais, et d'une grande vérité. L'auteur y figure dans le personnage d'un aveugle conduit par son chien. Elle est signée et porte la date de 1661.

Verrio, d'une humeur un peu aventureuse, parcourut ensuite toute l'Italie pour se mettre en rapport avec les artistes renommés. Il passa de là en France, et s'arrêta à Toulouse où il séjourna plusieurs années et exécuta divers travaux, parmi lesquels on compte les tableaux du *Mariage de la Vierge,* pour l'église des Carmes-Déchaussés, et du *Saint Félix de Cantalice,* pour le monastère des Capucins. Ces deux tableaux n'ont jamais quitté Toulouse et figurent maintenant au Musée sous les n°⁵ 50 et 51.

Il peignit aussi et décora quelques châteaux des grandes familles de cette époque. Celui du président de Riquet, à Bonrepos, était orné de *l'Histoire de Psyché et de toutes les Vertus ;* et, dans le salon du château du marquis de Pins, l'artiste avait représenté divers épisodes du poème de *la Jérusalem délivrée.* Nous avons vu à Toulouse, il y a deux ou trois ans, un des panneaux de ce salon que de prétendus connaisseurs attribuaient à **Alexandre Véronèse** à cause du monogramme A.V. qu'il portait.

De Toulouse, Verrio se rendit en Angleterre. — On prétend que le président de Riquet fut obligé de le renvoyer à cause de son inconduite. — Cette supposition est toute gratuite ; le fait n'est rapporté par aucun biographe, tandis qu'au contraire tous s'accordent à dire qu'il fut appelé à Londres par le roi Charles II qui avait admiré plusieurs de ses tableaux chez lord Burlington. Le roi lui donna d'abord la direction des dessins pour la manufacture de tapisseries de Mortlack, et lui confia plus tard la décoration du château de Windsor, où il commença par peindre une *Victoire navale* qui fut placée dans la salle à manger. Le prince fut si satisfait des travaux de l'artiste qu'il lui fit remettre en peu de temps, disent les biographes, quarante mille reichsthalers, c'est-à-dire plus de deux cent mille francs, et le nomma intendant de ses jardins. Verrio jouit de la même considération et de la même estime sous les règnes de Jacques II et de Guillaume III, qui l'occupèrent successivement. A Windsor, il représenta le sujet de la *Cène*, et, à l'hôpital de Christ-Church, le portrait du roi et de ses courtisans. Il peignit aussi pour l'hôpital Bartolomeo. Plusieurs hauts personnages eurent recours à lui, lord Exeter principalement, pour ses châteaux de Burleigh et de Chatswort que Verrio décora de peintures excellentes, entre autres, d'un *Mars* et d'une *Vénus*, ainsi que d'un *Bacchus sur son tonneau*. Son chef-d'œuvre, l'*Incrédulité de saint Thomas*, était à l'autel de la chapelle de cette dernière résidence. Les travaux de Hampton-Court laissèrent beaucoup à désirer ; ils étaient traités avec tant d'abandon et de négligence qu'on eût dit qu'il les faisait à regret. Cela ne serait pas étonnant de la part d'un esprit aussi bizarre et aussi original que celui de notre artiste, qui d'ailleurs était déjà vieux et dont la vue s'affaiblissait. Il vivait, quoique ayant gagné beaucoup d'argent, d'une pension de 200 p. f. que lui faisait la reine Anne lorsqu'il mourut en 1707.

A l'imitation de Dante et sans autre façon, Verrio plaçait ses amis et ses ennemis dans ses tableaux, quelque étrangers qu'ils fussent au sujet. C'est ainsi que, dans les peintures de la chapelle de Saint-Georges à Windsor, il représenta le comte Antoine de Shaftsbury, ancien cromweliste, lançant des libelles, et que, pour se venger de son hôtesse miss Marriot, il la peignit dans un de ses tableaux sous la figure d'une furie. Le *Bacchus* de lord Exeter était le portrait frappant d'un de ses amis, et les malades qui entourent le Christ dans une de ses compositions offrent les traits de personnages bien connus de l'époque. C'est sans doute pour cela, tout autant que pour avoir été le premier à combattre le mauvais goût des artistes anglais, que Dallaway l'a surnommé **la Guerre**. Walpole et Weyermann racontent sur lui des anecdotes intéressantes. Verrio n'a jamais changé de nom ; seulement, et à l'exemple de bien d'autres peintres, il a souvent latinisé le sien et signé Verrius.

On ne lui a pas connu d'élèves.

## 50 *Mariage de la Vierge.*

Toile. — H. 3<sup>m</sup> 57. — L. 2<sup>m</sup> 43.

Dans l'intérieur du temple, le grand-prêtre, revêtu de ses habits pontificaux, consacre l'union de Joseph et de Marie, en leur plaçant religieusement les mains l'une dans l'autre. Les assistants, au nombre de quinze, considèrent cette cérémonie avec recueillement; l'un d'eux porte un lis en fleur. Pour arriver au lieu où se passe cette scène, il faut monter deux marches formant le premier plan; sur la première, une femme assise tient entre ses bras son enfant endormi sur ses genoux; sur la seconde, une autre femme à genoux est vue de dos. Des anges jouant avec des fleurs, planent dans le haut de la composition. La voûte de l'édifice et les colonnes qui le soutiennent sont en partie masquées par un grand rideau rouge qui sert à repousser l'architecture de couleur blanchâtre.

Le tableau est grassement peint en pleine *pâte* et d'une couleur claire et agréable qui rappelle un peu celle de **Pietre de Cortone**; c'est probablement ce qui a fait supposer aux rédacteurs des catalogues de Toulouse que Verrio était son élève, car aucun auteur ancien ne s'explique à cet égard. On prétend qu'il exécuta ce tableau en huit jours, et que les moines de l'ordre des Carmes-Déchaussés ne voulaient pas lui payer le prix convenu, vu le peu de temps que l'artiste avait employé à son travail. Mais le tableau ayant été déclaré bon, ils furent obligés de s'exécuter.

Signé : ANTO<sup>s</sup>. VERRIVS . F.

Provient du maître-autel de l'église des Pères des Carmes-Déchaussés, aujourd'hui paroisse Saint-Exupère. Bernard Dupuy-Dugrez, dans son *Traité sur la Peinture*, Toulouse 1699, donne une description détaillée de ce tableau.

## 51 *Apparition de la Vierge à saint Félix de Cantalice.*

Toile. — H. 2<sup>m</sup> 14. — L. — 1<sup>m</sup> 73.

Assise sur les nuages qui l'ont apportée vers la terre,

la sainte Vierge tient encore le lange blanc sur lequel reposait son divin fils, qu'elle vient d'abandonner aux caresses de saint Félix de Cantalice. Ses regards, pleins d'une expression indéfinissable de bonheur, accompagnent tous les mouvements du pieux cénobite. Celui-ci, agenouillé aux pieds de la reine des anges, élève dans ses bras l'enfant Jésus, et, rapprochant sa tête de la sienne, semble abîmé dans les douceurs de cette expansion divine. Dix anges forment le cortége de Marie ; quatre jouent avec une branche de lys, et un cinquième soutient une couronne de fleurs au-dessus de la tête du saint. On remarque à terre sa besace de frère quêteur, et, sous les nuages qui portent Marie, une étoffe rouge damassée brodée d'une croix en or.

Provient du monastère des Capucins, aujourd'hui Ecole d'Artillerie.

# PEINTRES INCONNUS DES ÉCOLES D'ITALIE.

---

## XVe SIÈCLE.

### 52 *La Vierge*.

Bois. — H. 0ᵐ 48. — L. 0ᵐ 35.

La mère de Dieu est debout, les bras croisés sur la poitrine et les yeux levés au ciel. — Elle a la tête couverte d'une espèce de voile blanc, et est enveloppée dans un manteau bleu bordé d'un galon d'or.

Peint sur fond doré et gaufré.

Cabinet de M. le chevalier Du Mège.

### 53 *Le Christ en croix*.

Bois. — H. 1ᵐ 11. — L. — 0ᵐ 73.

La sainte Vierge dans l'attitude de la contemplation, saint Jean dans celle du recueillement et sainte Madeleine à genoux, entourent tous trois la croix sur laquelle est attaché Jésus-Christ. — Cette croix se détache en relief sur le fond du tableau. Dans le haut du ciel, à gauche, une tête de chérubin représente l'Esprit des lumières, et une autre, à droite, figure l'Esprit des ténèbres. Au pied de la croix, l'artiste a peint une tête de mort.

Cabinet de M. le chevalier Du Mège.

**54**  *Tableau divisé en quatre comparti-*
*ments, représentant chacun un sujet*
*différent.*

Chaque compartiment a de H. 0ᵐ 37. — L. 0ᵐ 32. Bois.

Le panneau supérieur de gauche nous montre saint
François d'Assise, fondateur de l'ordre des Frères Mi-
neurs. Il est reconnaissable à ses stigmates, et contemple un séraphin crucifié qui lui apparut autrefois en
vision.

Au-dessous est représentée sainte Brigitte en prière.

Le panneau supérieur de droite représente sainte
Claire en prière devant le Saint-Sacrement et l'image
de la sainte Vierge.

Enfin, au-dessous de ce dernier, on voit saint Jérôme
en prière et se frappant la poitrine devant l'image de
la croix.

Cabinet de M. le chevalier Du Mège.


## XVIᵉ SIÈCLE.


**55**  *La Sainte Famille.*

Bois. — H. 1ᵐ 05. — L. 0ᵐ 72.

La Vierge, vêtue d'une robe rose, recouverte en
partie d'un manteau gris-verdâtre, soutient sur ses
genoux l'enfant Jésus, entièrement nu. Saint Jean, placé
devant sainte Elisabeth se retourne vers la Vierge. Dans
le fond, on aperçoit saint Joseph.

On a cru longtemps, disent les auteurs des anciens livrets, que ce
tableau avait été peint par **Andrea del Sarto**; mais, en
l'examinant attentivement, on a reconnu qu'il n'était pas de ce peintre.
On aurait pu même ajouter que c'est une bien faible imitation.


**56**  *Repos de la Sainte Famille.*

Cuivre. — H. 0ᵐ 29. — L. 0ᵐ 24.

La Vierge, assise au pied d'un grand arbre planté

sur un monticule, tient l'enfant Jésus sur ses genoux; saint Joseph lui présente une pomme.

Cette petite étude, traitée légèrement et avec esprit, rappelle l'école du **Titien**.


## 57  *Portrait d'un noble Vénitien.*

Toile, forme ronde ; diamètre, 1ᵐ 05.

Ce personnage, vêtu de noir, se présente debout, la tête nue et à mi-jambes; il tient un papier de la main droite qui repose sur une table couverte d'un tapis rouge à dessins.

Ecole du **Tintoret**.

Envoyé par le Gouvernement en 1803.


## XVIIᵉ SIÈCLE.

## 58  *Saint Jean-Baptiste.*

Toile. — H. 0ᵐ 88. — L. 0ᵐ 74.

La tête nue et le corps à moitié couvert d'une draperie rouge, il tient de la main gauche sa croix de roseau surmonté d'une banderolle et indique de la droite son mouton.

Morceau traité dans le goût des ouvrages de **Francesco Furini**.

## 59  *Saint François d'Assise.*

Toile. — H. 0ᵐ 71. — L. 0ᵐ 57.

Vêtu d'une robe de bure et la tête couverte de son capuchon, le saint considère une tête de mort qu'il tient dans la main gauche, et a la droite repliée sur sa poitrine. — Ses mains sont empreintes des précieux stigmates de Jésus-Christ.

Cette peinture appartient à l'école de **Ribera**.

Cabinet de M. de Cassand.

**60**   *La Vierge, l'enfant Jésus et le petit saint Jean.*

Toile. — H. 1<sup>m</sup> 22. — L. 0<sup>m</sup> 95.

La Vierge soutient entre ses bras l'enfant Jésus, debout sur une table de pierre. — Il a dans la main gauche la croix de roseau du petit saint Jean, qui reçoit sa bénédiction, les mains jointes et dans une attitude respectueuse.

Peint à l'imitation des ouvrages de **Jules Romain**.

Cabinet de M. de Breteuil.

## XVIII<sup>e</sup> SIÈCLE.

**61**   *Gibier et fruits.*

Toile. — H. 0<sup>m</sup> 46. — L. 0<sup>m</sup> 61.

Deux perdrix, une bécasse, deux grenades, dont une ouverte, et des raisins sont négligemment déposés à terre.

**62**   *Gibier et fruits.*

Toile. — H. 0<sup>m</sup> 46. — L. 0<sup>m</sup> 61.

Des amandes, des pêches, des figues, un bouvreuil et d'autres oiseaux forment un groupe qui fait pendant au précédent.

Cabinet de M. de Breteuil.

**63**   *La Vierge apparaissant à saint Bernard.*

Cuivre. — H. 0<sup>m</sup> 32. — L. 0<sup>m</sup> 25.

La Vierge, assise sur des nuages, apparaît avec l'enfant Jésus à saint Bernard qui est agenouillé dans l'intérieur d'un cloître. Derrière lui, on voit un religieux de son ordre également à genoux et en prières.

**Cabinet de M. de Breteuil.**

## 64   *Des fruits.*

Toile. — H. 0ᵐ 68. — L. 0ᵐ 54.

Un melon, des figues, des pêches, dont une ouverte, sont déposés sur une marche en pierre, devant un panier rempli de figues.

# ÉCOLE ESPAGNOLE.

**MURILLO** (Bartolome Esteban), *né à Séville le 1<sup>er</sup> janvier 1618, mort dans cette ville le 3 août 1682.*

Bartolome Esteban ayant montré très jeune de grandes dispositions pour la peinture, son père le plaça chez **Juan del Castillo**, son parent, qui peignait des tableaux représentant des foires et des marchés. Ce fut sans doute la cause qui le décida à s'adonner au même genre, et à composer des toiles qu'il vendait à la foire de Séville, d'où on les expédiait en Amérique et dans les Indes pour y être revendues en pacotille. Ce genre de travail lui donna une manière facile et une grande pratique, sans cependant lui faire négliger la couleur, que, par une disposition innée, il s'est toujours efforcé de rendre vraie et naturelle. C'est là ce que l'on a appelé sa première manière, manière très étudiée, mais aussi un peu sèche. **Pierre de Moya** étant passé, vers cette époque, à Séville, Murillo vit ses ouvrages, et fut si frappé de la douceur de leur style qu'il ne songea plus qu'à l'imiter. Bientôt après, le produit de ses travaux l'ayant mis en état de se rendre à Madrid, notre artiste partit pour cette ville, objet de ses vœux, et se présenta chez **Velasquez** son compatriote, qui le reçut avec la plus grande bienveillance et lui facilita les moyens de voir et d'étudier les chefs-d'œuvre contenus dans le palais de l'Escurial et les autres maisons royales.

L'étude assidue et réfléchie des tableaux du **Titien**, de **Paul Véronèse**, de **Rubens**, de **Van-Dyck**, de l'**Espagnolet**, jointe à ses dispositions naturelles, le rendit en peu de temps grand coloriste. Après trois ans d'une constante application, Murillo revint à Séville en 1645, riche des études qu'il avait faites et plus encore des conseils désintéressés de Velasquez. Aussi, lorsque après son retour on vit les tableaux qu'il venait de peindre pour le cloître de Saint-François, tous les artistes restèrent en admiration devant ce grand talent qui, par son cachet particulier, ne ressemblait à rien de ce que l'on voyait alors à Séville. Ce fut là sa seconde manière, dans laquelle il mit en pratique les préceptes de Velasquez.

Murillo eut bientôt une réputation supérieure à celle de tous les autres peintres de sa ville natale ; elle devint immense comme sa fortune. Grâce aux travaux nombreux et multipliés qui lui étaient confiés, il acquit une telle facilité qu'il sentit le désir de monter plus haut, d'agrandir son style par une manière de peindre plus large, plus vigoureuse, et cependant tellement suave et d'un si beau *flou*, pour me servir d'un vieux mot qu'on n'a pas encore remplacé, qu'il est impossible d'imaginer un pinceau plus séduisant et plus habile. Cette troisième manière de notre artiste enleva tous les suffrages. Mais, contrairement aux autres peintres, Murillo n'abandonna pas ses premières manières ; il les garda, les employa l'une après l'autre, les combina selon les convenances et les dispositions des sujets qu'il traitait. Au reste, c'est de ce temps que datent ses meilleurs ouvrages. Dès 1655, il avait peint *saint Léandre* et *saint Isidore*, vêtus de leurs habits pontificaux, figures plus grandes que nature. En 1656, avait paru son célèbre *saint Antoine de Padoue*, que l'on voyait dans la chapelle des Fonts Baptismaux à Séville. En 1665, il fit, aux frais du chanoine don Justin Neve, quatre tableaux qui l'élevèrent au premier rang.

En 1667 et 1668, Murillo dirigea les travaux de la salle capitulaire de la cathédrale et fit pour une coupole une superbe *Conception*. Mais l'époque la plus glorieuse pour lui, celle où il produisit ses œuvres les plus remarquables, fut la période de 1670 à 1680 (de 52 à 62 ans). C'est de ce temps que datent ses grands tableaux de la Charité, parmi lesquels figurent la *sainte Elisabeth* et l'*Enfant prodigue*, l'un des chefs-d'œuvre les plus classiques. Sa fameuse *Conception* est de la même époque, ainsi que le *saint Pierre*, l'*Enfant Jésus donnant du pain aux pauvres*, et les vingt-trois tableaux qui faisaient de l'église des Capucins de Séville l'un des plus beaux sanctuaires du monde.

Le 11 janvier 1660, ce grand peintre avait ouvert à Séville une académie de dessin où accourut de toute part une brillante jeunesse avide de travailler sous sa direction.

Appelé à Cadix en 1681 pour peindre au grand-autel des Capucins, les *Fiançailles de sainte Catherine*, Murillo, avant d'avoir terminé son œuvre, tomba du haut d'un échafaud et fut obligé de rentrer à Séville, où il mourut le 3 avril 1682 des suites de cette chute.

Murillo est l'une des plus riches natures artistiques qui aient paru, et l'Espagne se glorifie avec d'autant plus de raison de l'avoir vu naître, qu'il n'a jamais quitté son pays et que c'est là qu'il a conçu et exécuté ses brillantes compositions, dont le style et la vérité du coloris ne le cèdent qu'à la nature.

Ses élèves furent nombreux. On compte parmi les plus distingués :

**Antolinez, Villavicencio, Tobar, Meneses-Osorio, D. Alonzo Miguel,** Sébastien Gomez dit le Mulâtre de Murillo, **Laurenzo Quiros, Joachim-Joseph Cano.....**

## 65 *Saint Diego.*

Toile. — H. 1<sup>m</sup> 69. — L. 1<sup>m</sup> 81.

Didace ou Diego, en habit de cordelier, est représenté dans le jardin de son couvent. Après avoir cueilli quelques racines qu'il a déposées à terre, ainsi que l'outil aratoire dont il s'est servi pour les arracher, le saint s'arrête devant le signe de la Rédemption pour prier Jésus-Christ, qu'il voyait toujours dans sa Passion et dans l'Eucharistie. Le général de l'ordre de Saint-François auquel appartient saint Diego, suivi d'un autre religieux, entretient un cardinal des vertus austères, de l'humilité profonde et de la piété tout évangélique du vertueux franciscain. — Deux prélats, qui accompagnent l'évêque de Pampelune, paraissent impressionnés comme lui des paroles du révérend supérieur.

Quant à Diego, étranger à ce qui se passe autour de lui, les bras ouverts et ses regards exprimant le ravissement de la contemplation mystique, il est livré à tous les transports de l'extase. Dans le fond, on voit divers bâtiments du couvent. La tête du saint rayonne de béatitude; les visages des autres personnages ont tout autant d'expression et de vérité. La couleur et la justesse de l'effet local répondent parfaitement à la simplicité de la composition. Le beau modelé et la vigueur du coloris annoncent enfin la deuxième manière de Murillo, qui allait bientôt le conduire à celle du sublime et de l'idéal dans l'art.

De graves accidents étant survenus pendant le rentoilage, on a été obligé de recourir à une restauration qui a défloré ce tableau et a amolli le maître dans divers endroits.

Ce tableau, envoyé au Musée en 1846 par le gouvernement, provenait de la collection de M. Aguado, marquis de Las Marismas, qui était une des plus riches de la capitale en productions de l'école espagnole.

Avant de sortir d'Espagne, ce tableau faisait partie d'une suite de peintures exécutées par Murillo en 1645, à son retour à Séville, pour le cloître de Saint-François. Nous en avons parlé plus haut en rapportant la sensation produite par ces peintures à leur apparition. Quatre de ces compositions figuraient dans la galerie du maréchal Soult : elles portaient une légende en espagnol expliquant les sujets de chacune. — Ces inscriptions étaient identiques, quant au style et au caractère des lettres, à celle du tableau de Toulouse. Dans celui désigné sous le nom de *la Cuisine des Anges*, l'artiste avait placé son nom et la date de 1646 à la suite de la légende. Aujourd'hui, l'inscription du saint Diego se trouve dans un tel état que nous ne nous permettrons pas d'en hasarder une traduction : nous craindrions qu'elle ne fût point exacte.

# 2ᵐᵉ PARTIE.

## ÉCOLES

### FLAMANDE, HOLLANDAISE ET ALLEMANDE.

———

**AELST** (WILLEM VAN), *né à Delft en 1620, mort en 1679 ; élève d'***Everard Van Aelst**, *son oncle.* (Ecole hollandaise.)

Les succès obtenus par son oncle Everard pour des tableaux représentant des oiseaux, des armures et des instruments de guerre, les prix élevés qu'on attachait à ses ouvrages, décidèrent sans doute le jeune Willem à adopter le même genre, et il alla prendre des leçons chez son parent qu'il surpassa bientôt. Il peignit les fleurs, les fruits et les oiseaux avec beaucoup d'art. Sa couleur est belle et vraie, ses fleurs sont légères et pleines d'éclat, et ses fruits naturellement rendus ; ses oiseaux et ses insectes sont quelquefois poussés jusqu'à l'illusion. Dans sa jeunesse, il séjourna quatre ans en France et sept ans en Italie, où ses tableaux furent recherchés des grands seigneurs à cause du nouveau genre qu'il apportait dans cette terre du classique, et, avant toutes choses, pour leur précieux fini et leur délicatesse. Le grand-duc de Toscane lui témoigna sa satisfaction en lui remettant une médaille suspendue à une chaine d'or. Comblé de biens, il retourna dans son pays, où ses tableaux furent très appréciés et achetés à de hauts prix.

## 66  *Vase de fleurs.*

Bois. — H. 0ᵐ 45. — L. 0ᵐ 33.

Des roses, des boules de neige, une tulipe, une anémone, une renoncule et une églantine où s'attache une demoiselle, sont disposées dans un vase en verre bleu, monté sur un pied ciselé en cuivre doré. Une chenille grise, mouchetée, rampe au pied de ce vase placé sur une table de marbre.

Ce tableau, quoique supérieur aux autres ouvrages du même maître qui se trouvent dans la collection, ne saurait être cependant rangé au nombre de ses meilleures productions. Il est signé : W. V. *aelst*, 1651.

Cabinet de M. de Breteuil.

## 67 *Autre vase de fleurs.*

Toile. — H. 0ᵐ 56. — L. 0ᵐ 44.

Des églantines, des grenades, des pavots, des liserons bleus, du jasmin, une anémone et du chèvre-feuille sont rassemblés dans un vase de verre monté comme le précédent sur un pied doré et posé également sur une table de marbre. Un papillon exprime le suc nourricier de l'une de ces fleurs.

Cabinet de M. de Breteuil.

## 68 *Des fruits.*

Bois. — H. 0ᵐ 44. — L. 0ᵐ 33.

Des groseilles, des fraises, des prunes, un bouquet de pêches sauvages sur lequel repose un petit oiseau garnissent le dessus d'une table en marbre à moitié couverte d'un tapis bleu à franges d'or.

Cabinet de M. de Breteuil.

## 69 *Des fruits.*

Toile. — H. 0ᵐ 37. — L. 0ᵐ 47.

Deux grenades, dont une ouverte, un gros citron, des pommes, des raisins blancs et noirs forment un groupe déposé sur une table de pierre à demi couverte d'un tapis vert.

Plus grassement peint que les précédents, mais d'une exécution moins soignée. Signé : W. V. *aelst*, 1645.

Cabinet de M. de Breteuil.

## BLOEMAERT (*d'après* Abraham).

## 70 *Le joueur de musette.*

Toile. — H. 0ᵐ 95. — L. 0ᵐ 80.

C'est un jeune pâtre assis au pied d'un gros arbre, la tête coiffée d'un chapeau de paille à larges rebords, qui s'apprête à jouer de son instrument et regarde devant lui d'un air goguenard. Une gourde est suspendue par une ficelle à son accoutrement pittoresque. A ses pieds on voit la tête d'un gros chien, et, dans la campagne, trois chèvres et un mouton auprès d'une cabane.

Cabinet de M. de Cambolas.

## BLOEMEN (PIERRE VAN), *surnommé* STANDAERT, *né à Anvers en 1649, mort en 1719.* (Ecole flamande.)

On ignore quel fut son maître, mais on sait qu'il fit à Rome un long séjour avec son frère surnommé l'**Orizzonte**, et ses ouvrages ne permettent pas de douter qu'il n'ait fait ses études en Italie. C'est alors qu'il aura vu les batailles du **Bourguignon** avec lequel il semble s'identifier dans ce genre de composition. Mais il cherche bien plutôt encore à se rapprocher de **Wouwermans**, qu'il rappelle à toutes les époques de son talent, autant qu'on peut comparer l'exécution large, facile et empâtée des Flamands avec la touche précieuse, suave et d'un rendu si parfait des Hollandais. Il n'est donc pas douteux qu'il n'ait étudié ce maitre avant de venir en Italie, où il apportait un parti pris sur la manière de peindre qu'il voulait adopter. Il dessinait les chevaux avec autant de talent que Wouwermans; et comme tous ses ouvrages se ressentent d'études sérieuses, dénotent une brillante facilité, et donnent, en outre, d'excellentes leçons sur la couleur ; ils sont généralement très appréciés et très recherchés par les artistes. Il avait choisi pour ses figures un costume qui lui appartient en propre : ce costume est élégant et de bon goût. Les pensées de cet artiste sont abondantes, et ses compositions variées à l'infini représentent des batailles, des caravanes, des marchés aux bestiaux, des fêtes de Rome et des paysages ornés de débris d'architecture, de bas-reliefs et de statues mutilées ; mais c'est surtout dans les scènes où il introduit des chevaux qu'il développe toute son habileté.

## 71 *Un manége.*

Toile. — H. 0ᵐ 70. — L. 0ᵐ 95.

Dans l'intérieur d'une ancienne cour érigée en manége, plusieurs cavaliers en costumes élégants, des gentilshommes sans doute, se sont réunis pour prendre des leçons d'équitation. Le professeur, vêtu d'une casaque rouge, une cravache à la main droite et dans la gauche un long fouet qu'il tient derrière le dos, semble faire des observations à un cavalier habillé de soie jaune, monté sur un cheval blanc à tous crins qu'il arrête pour prêter attention. Deux autres personnages descendus de cheval attendent leur tour de prendre la leçon. Trois autres enfin, assis sur un banc, dans le fond, en avant d'un escalier de pierre décoré de deux grandes statues, ont leurs chevaux à l'ombre d'un mur, sous la garde d'un palefrenier. Dans le coin à gauche, on remarque un chien qui s'apprête à ronger un os.

Signé d'un monogramme formé des lettres P. V. B.

Donné par M. le comte de Caraman à l'Académie de Peinture, d'où il est passé au musée.

## 72 *Circé soumettant à sa puissance les animaux de son île.*

Toile. — H. 0<sup>m</sup> 33. — L. 0<sup>m</sup> 44.

Dans la galerie basse d'un ancien monument en ruines, Circé, assise sur un siége supporté par un piédestal, étend sa puissante baguette sur un groupe d'animaux formé par un lion, un cheval, un bœuf, un bélier, une chèvre et un dromadaire, qui semblent fascinés et tremblants sous le charme de son action magique. Des parfums brûlent à côté d'elle dans un vase placé sur le piédestal.

Ovide rapporte que les compagnons d'Ulysse, débarquant dans l'île d'Oea, furent d'abord effrayés à la vue d'animaux de toute espèce; mais que ces animaux, même les plus féroces, s'étant approchés d'eux, leur firent des caresses et les accompagnèrent, humbles et soumis, jusqu'au palais de l'enchanteresse.

Avait été attribué à tort à Karel Du Jardin.

Collection de M. de Breteuil.

# 73  *Le trompette.*

Toile. — H. 0<sup>m</sup> 25. — L. 0<sup>m</sup> 32.

Un trompette monté sur un cheval blanc, un autre cavalier à côté de lui et deux chevaux tout sellés sont arrêtés près de deux tentes, devant lesquelles on a dressé une mangeoire. Un petit mendiant, le chapeau à la main, demande l'aumône au trompette pour une vieille femme assise à terre et tenant sur ses genoux un enfant au maillot.

Signé du monogramme P. V. B. et daté de 1706.

# 74  *Le maréchal ferrant.*

Toile. — H. 0<sup>m</sup> 25. — L. 0<sup>m</sup> 32.

Un maréchal, assisté de deux aides, est occupé à ferrer un cheval blanc que deux cavaliers arrêtés devant sa porte lui ont amené. Dans le coin, à droite, un âne est debout auprès d'une vache couchée.

Signé du monogramme P, V. B. et daté de 1706.

Collection de M. de Breteuil.

**BREUGHEL** (Johann), *dit de* VELOURS, *né à Bruxelles en 1569 ou en 1575, mort en 1625 selon les uns, et, suivant d'autres historiens, en 1642 ; élève de son père* **Peter Breughel** *dit le* **Vieux.** (Ecole flamande.)

Jusqu'à la fin du siècle dernier, les tableaux de Jean Breughel, recherchés comme des chefs-d'œuvre inappréciables, étaient couverts d'or par les amateurs ; aujourd'hui, on s'informe à peine s'il en existe dans une collection. Entre l'exagération et les caprices de la mode, il est un terme moyen qu'il faut saisir et qui conduit à la vérité. Si on tient compte à un artiste de la fidélité dans la reproduction de toutes les richesses de la nature, si l'on estime tout ce qu'un pinceau léger et spirituel peut créer de plus précieux, on accordera alors un mérite incontestable aux productions de cet habile peintre. Il faisait les fonds de paysage dans les tableaux de **Rubens**, de **Van Balen** et de **F. Franck**, et ornait de figures les ouvrages de **Van Kessel, Steenwyck, Momper** et **Peter**

**Neeffs**. Il est fâcheux que ses tableaux aient poussé au bleu ou au vert, en perdant avec leur glacis leur harmonie primitive. Malgré cela, il n'en est pas moins vrai qu'on les confond aujourd'hui avec ceux de ses imitateurs. Les deux qui suivent pourraient être de cette catégorie.

## 75 *Paysage.*

Cuivre. — H. 0ᵐ 13. — L. 0ᵐ 18.

Un homme monté sur un cheval blanc, suivi d'un autre cheval chargé de paniers, chemine au bord d'une rivière, au-delà de laquelle se voit un pays montagneux et boisé.

Collection de M. de Breteuil.

## 76 *Paysage*, (pendant du précédent).

H. 0ᵐ 13. — L. 0ᵐ 18.

Une villageoise conduisant quatre vaches cause avec un pauvre, auprès d'un bouquet de grands arbres. Dans l'éloignement, on découvre un pays parsemé de quelques habitations et arrosé par une rivière.

Collection de M. de Breteuil.

**BRIL** (Matthieu), *né à Anvers en 1550, mort à Rome en 1584.* (Ecole flamande.)

Ce peintre se rendit, fort jeune encore, en Italie et fut employé par Grégoire XIII au Vatican, où il peignit de beaux paysages à fresque et à l'huile. Il enseigna la peinture à son frère **Paul** qui l'aida dans ses travaux et ne tarda pas à lui être très supérieur.

## 77 *Paysage.*

Cuivre, forme ronde ; diamètre : 0ᵐ 37.

Dans un site montagneux et d'un aspect très pittoresque s'élève, à gauche, une grande masse de rochers garnie d'arbres et d'arbrisseaux. Derrière ces rochers, s'échappe un torrent dont les eaux tombent en cascade et viennent alimenter un moulin qui occupe le second plan. Cinq ou six petites figures sont disséminées sur le terrain du premier plan.

**BRIL** (Paul), *peintre et graveur, né à Anvers en 1554, mort à Rome en 1626.* (Ecole flamande.)

Paul Bril, attiré par les grands succès de son frère Matthieu, quitta secrètement la maison paternelle, s'arrêta à Lyon afin d'aviser à gagner de quoi continuer sa route, et arriva à Rome où il se mit sous la direction de son frère qu'il éclipsa bientôt par son talent. Sentant que ses leçons n'étaient point conformes à ses goûts ni à son organisation, il se mit à étudier les paysages du **Titien**; dès-lors il n'eut plus d'autre maître et il le devint bientôt lui-même.

Paul Bril fut, de son temps, le premier peintre de son genre et un de ceux qui ont fait faire à l'art du paysage le plus de progrès. Cependant ses tableaux sont tombés dans un discrédit non mérité, moins à cause de l'inconstance de la mode que parce qu'on lui attribue les ouvrages de ses élèves et de ses nombreux imitateurs, dont aucun n'approche de son mérite. Dès qu'il eut réformé sa première manière d'après celle du Titien, et qu'il se fut lié avec **Ann. Carrache** qui se plaisait à orner ses tableaux de figures, il se fortifia dans cette exécution savante qu'on retrouve dans ses grands tableaux du Vatican aussi bien que dans ses autres ouvrages. Sa manière de peindre devint légère et spirituelle. Sa couleur, à laquelle on reproche aujourd'hui avec quelque raison d'être d'un vert cru, surtout dans les arbres, était alors vigoureuse et attrayante; le bleu trop ardent de ses lointains était d'un ton clair et vrai. Mais, en admettant même que ses tons aient changé, ces inconvénients dus au temps ne sont-ils pas amplement rachetés par toutes les qualités qui font le grand compositeur?

Après la mort de Matthieu, Paul Bril eut la pension que le pape accordait à son frère, dont il continua les entreprises. Il peignait à l'huile et à la fresque, et abordait avec un égal succès le paysage idéal, les vues, et ce qu'on peut appeler le *paysage topographique.* Le plus considérable de tous ses ouvrages se voit dans le grand salon du Pape; il a 68 pieds de long.

# 78 *Paysage,* — Vénus et l'Amour.

Toile. — H. 1ᵐ 44. — L. 1ᵐ 96.

Vénus, guidée par l'Amour, parcourt les bois à la recherche d'Adonis. Elle vient de l'apercevoir au moment où il attaque un sanglier. Effrayée du danger qu'il court, la déesse descend précipitamment de son char, que traînent deux cygnes, et, soutenue sur des

nuages, elle s'élance pour rejoindre le chasseur témé-
raire. La scène se passe au milieu d'une forêt traversée par une nappe d'eau limpide et transparente.

Envoyé par le Gouvernement en 1803.


**CASKIEL** ou **KASKIELS** (artiste qui n'est
cité dans aucune biographie) *travaillait vers 1650.*
(Ecole flamande.)

Malgré des recherches déjà anciennes et souvent répétées, nous
n'avons pu nous procurer jusqu'à ce jour aucun renseignement précis
sur ce peintre. Nous avons cependant rencontré de lui maintes et
maintes fois des perspectives de villes maritimes ou des points de vue
de villes traversées par des fleuves. Nous avons connu même des vues
de Paris, prises de la Seine, en face le Pont-Neuf, vis-à-vis la tour
de Nesle, ou même aux environs de l'île Louviers. Toutes ces compositions sont animées d'une multitude de petites figures dans le goût
de **Pierre Bout** et de **Schoevaerts**, mais dans des proportions si petites qu'elles lui permettaient de les multiplier à l'infini.
  Quelque détériorés que soient les deux tableaux suivants, ils donnent une idée du genre de talent de Kaskiels.


## 79    *Vue d'une ville maritime.*

Toile. — H. 0ᵐ 27. — L. 0ᵐ 40.

Elle est située au bord d'un fleuve qui se jette dans
la mer à quelque distance de là. Les monuments, l'architecture des maisons et l'aspect des rues indiquent
le XVIIᵉ siècle. Une quantité innombrable de figurines
encombrent les quais et font l'effet d'une foule immense. Des navires et des barques chargés de passagers animent le port.


## 80    *Autre ville maritime,* (pendant du
précédent).

Toile. — H. 0ᵐ 27. — L. 0ᵐ 40.

Celle-ci nous paraît représenter un port situé plus
près de la mer. La vue n'est pas moins animée que
celle du précédent; elle offre une multitude de figures

tout aussi considérable, et les bâtiments qui sont dans
le port lui donnent un aspect encore plus marchand.

Collection du cardinal de Bernis.


## CORNÉLIS DE HARLEM (CORNILLE *dit*),
*né à Harlem en 1562, mort en 1638 ; élève de* **Pierre
Aertsen**, *de* **François Porbus** *père, et de*
**Gilles Coignet**. (École hollandaise.)


**Van Mander**, le plus ancien et le plus judicieux des artistes
flamands qui se soient occupés d'écrire la vie des peintres, dit, en
parlant de Cornélis, qu'il n'aurait jamais cru trouver un peintre de
cette force dans la ville de Harlem. Houbraken, son continuateur
comme historien, mais écrivain plus passionné, avait coutume, lorsqu'il voulait relever le mérite d'un peintre, de le comparer à Cornélis.
Moins d'éloges eussent suffi certainement pour ouvrir à ses ouvrages
l'entrée des musées publics et lui assurer une place distinguée dans
l'histoire de l'art. Il a beaucoup produit, et cependant quelque nombreux que soient ses tableaux, petits ou grands, ils sont peu com-
muns. Ce peintre excellait dans le portrait ; toutefois, il avait une
préférence marquée pour les tableaux d'histoire ; et, bien qu'il n'eut
pas vu l'antique, il ne laissa pas que d'introduire le nu dans ses compositions. On pourrait désirer, il est vrai, plus d'idéal dans les formes,
plus d'élégance dans son dessin, qui, cependant, n'est pas maniéré
comme celui de la plupart de ses compatriotes de la même époque ;
toutes ses figures semblent peintes d'après nature.


## 81  *L'Age d'or.*

Bois. — H. 1ᵐ 20. — L. 1ᵐ 57.

L'artiste a voulu représenter dans cette composition
l'âge heureux où, le printemps étant perpétuel et la
terre prodiguant à l'envi et gratuitement tous ses trésors, les hommes vivaient sans souci comme sans
préoccupation des besoins de la vie, et se livraient à
tous les charmes de cette douce existence.

On y voit, en effet, des hommes et des femmes à
peine vêtus s'abandonner sous de frais ombrages à
tous les plaisirs de la vie champêtre. Pendant que les
uns, réunis en cercle au centre et à gauche du tableau, chantent leur bonheur, accompagnés par une
mandoline, un violon et un violoncelle, les autres, à

droite, mangent et boivent, diversement groupés autour d'une table bien garnie. Sur le devant de cette table, au premier plan, une femme assise sur le genou d'un homme tenant à la main une coupe de verre vide, l'enlace de ses bras. Au centre et au second plan, deux femmes vont déposer sur la table, l'une une amphore, l'autre un plat de pâtisserie. Tout-à-fait au fond, à l'horizon, on voit la mer, et sur la plage un certain nombre de figurines qui vont et viennent pendant qu'apparaît dans le lointain un petit navire, annonçant peut-être l'arrivée du siècle d'argent. Une draperie fixée à deux arbres est suspendue, comme décoration, au-dessus des principaux personnages.

Signé du monogramme de l'artiste, formé des lettres C. H., et daté de 1616.

Ce tableau provient de l'ancienne galerie ducale de Brunswick à Salzthalum. Il était placé dans la première galerie et inscrit sous le n° 188 du catalogue publié en 1776 par C. N. Eberlein.

Envoyé par le Gouvernement en 1812.


**CRAYER** (GASPARD DE), *né à Anvers en 1585, mort en 1669 ; élève de* **Raphaël Coxcie**. (Ecole flamande.)

« *Crayer! Crayer!...* lui disait un jour **Rubens** en le visitant et en examinant ses travaux, *jamais aucun peintre ne vous surpassera.* » Cet éloge du grand peintre flamand indique mieux la place que Crayer doit occuper dans l'art, et donne une idée plus exacte de son talent que tout ce que pourrait dire le biographe le mieux versé dans l'appréciation des peintres. On sait, d'ailleurs, qu'il était ami intime de Rubens et de **Van Dyck**, et que ces deux maîtres de l'art tenaient ses talents en grande estime.

Il apprit la peinture à Bruxelles chez Raphaël Coxcie, peintre médiocre, quoique fils du fameux **Michel Coxcie**, l'élève de **Raphaël**. Crayer avait déjà surpassé de beaucoup son maître avant de quitter son école. Prenant alors pour guide les tableaux qui souriaient le plus à son imagination et qui lui paraissaient le plus en rapport avec son goût pour la couleur et avec son aptitude à manier la brosse, il chercha seul à suppléer à ce qui manquait à ses études et à perfectionner ses dispositions naturelles. Si donc Crayer devint un peintre très habile sans avoir fréquenté les écoles renommées et sans avoir étudié les grands maîtres d'Italie, il est à présumer qu'il serait devenu encore supérieur si ces éléments d'instruction ne lui eussent pas fait défaut. Les bons maîtres et les bons principes ne font pas toujours les grands artistes, mais ils contribuent puissamment à les former en développant leurs facultés natives.

A l'opposé de Rubens et de Van Dyck, qui pendant toute leur vie recherchèrent les honneurs et la fortune, Crayer, au moment où Philippe IV, roi d'Espagne et le cardinal Infant, gouverneur des Pays-Bas, cherchaient à l'attacher définitivement à leurs personnes en augmentant ses charges et ses pensions, Crayer, lui, ne songeait qu'au repos nécessaire aux arts, et, se confiant à son ami et élève **Jean Van Cleef**, faisait louer une maison spacieuse à Gand et s'y retirait, abandonnant la cour, les pensions et les emplois dont on voulait le gratifier. Il travailla ensuite tout à son aise à décorer les églises de Flandre et de Brabant. Sa bonne et robuste santé lui permit de s'occuper jusque dans un âge très avancé, puisqu'on trouva encore chez lui un tableau non achevé lorsque la mort vint le surprendre à 84 ou 87 ans.

Ses ouvrages se rapprochent quelquefois de Rubens, plus souvent de Van Dyck. Ils sont cependant parfois d'un mérite inégal. Il faut donc étudier Crayer dans ses tableaux réussis; dans ceux-là, il compte parmi les premiers peintres qui ont illustré la Flandre, immédiatement après Rubens et Van Dyck.

## 82 *Job sur le fumier.*

### Toile.— H. 2ᵐ 63. — L. 1ᵐ 91.

Job, dépouillé de ses vêtements, mais couvert à la ceinture d'une draperie blanche, est assis, les mains jointes, sur un tas de fumier. Ses yeux sont élevés vers le ciel, et tous ses traits expriment une résignation calme et une entière soumission aux volontés de Dieu, qui, dans ses malheurs comme dans sa prospérité, a toujours été l'objet de ses actions de grâces. Bien loin de montrer la même soumission, sa femme, debout à côté de lui, une main sur la hanche, semble le railler de sa foi, l'insulte et l'accable des reproches les plus durs. Trois de ses amis, Eliphaz, Baldad et Sophar, venus pour le consoler, se sont assis près de lui; deux compatissent réellement à sa douleur, tandis que le troisième commence à le soupçonner d'avoir mérité les maux que Dieu lui envoie. — Dans le fond, à droite, on aperçoit les ruines de la maison sous laquelle ses enfants sont ensevelis, et, dans le haut, deux esprits malins qui ont incendié ses moissons et incité à dérober ou à faire périr ses troupeaux.

Le style de cette peinture est simple et naturel; on

voit que l'artiste est habitué à n'introduire dans ses
compositions aucun personnage étranger au sujet. La
couleur est excellente et la belle fonte des teintes en
rehausse la beauté; mais, ce qui est au-dessus de tout
éloge, c'est l'expression des figures, qui rend d'une
manière touchante les sentiments de chacune d'elles
en particulier.

Ce tableau est signé et daté de 1649, époque à laquelle Crayer,
ayant abandonné la cour pour se vouer exclusivement à son art, était
dans toute la force de son talent. Il décorait autrefois une chapelle de
l'église cathédrale de Saint-Bavond à Gand. (*Voyage pittoresque
de Flandre et du Brabant*, par Descamps, p. 219.) Cité également dans
le *Voyage philosophique et pittoresque*, par George Forster, t. II,
p. 216. — Gravé par Van Roy.

Envoyé par le Gouvernement en 1803.


**DYCK** (Anton Van), *né à Anvers en 1599, mort à
Londres en 1641, élève de* **Van-Balen** *et de* **Rubens.** (Ecole flamande.)

Issu d'une famille d'artisans d'Anvers, Van-Dyck, après deux années
d'études chez **Henrick Van-Balen**, entra dans l'école de
**Rubens**, où ses progrès furent si rapides que le maître le fit bientôt
participer à ses propres travaux. Il passa cinq ans dans l'atelier de ce
grand peintre, et fut reçu grand-maître de la confrérie de Saint Luc,
en 1618, à l'âge de 19 ans. A cette époque, Van-Dick avait déjà exécuté un certain nombre de tableaux remarquables. Etant parti pour
l'Italie, il s'arrêta d'abord à Gênes où il passa quelque temps à achever
des portraits que Rubens son maître n'avait pu terminer lors de
son passage dans cette ville, quelques années auparavant. De là, il se
rendit à Rome, à Florence, à Bologne, à Venise, étudiant et admirant
partout les chefs-d'œuvre des grands maîtres qui l'avaient précédé.
C'est durant ce voyage que Van-Dyck ennoblit son style, perfectionna
sa couleur et acquit les qualités qui en ont fait un des premiers portraitistes du monde. De Venise, notre artiste revint à Rome, où il passa
encore huit mois et qu'il quitta enfin pour retourner à Gênes. Bientôt
naquirent sous ses habiles pinceaux cette quantité de magnifiques
ouvrages qui, à Gênes, à Palerme et dans d'autres villes d'Italie,
attestèrent la supériorité de son talent et lui valurent une grande
renommée.

De retour à Anvers, après une absence de trois ans et demie,
c'est-à-dire, vers la fin de septembre 1625, Van-Dyck ne tarda pas
à se faire admirer dans une grande composition représentant *Saint
Augustin en extase*. Puis, il exécuta un *Christ en croix*, que les chanoines de Courtray lui commandèrent pour le maître-autel de leur
collégiale. Loin d'avoir éprouvé des difficultés au sujet de ce tableau
ainsi que Descamps et Watelet l'ont avancé, il est prouvé, au con-

traire, que cet ouvrage fut livré et reçu à la satisfaction de tous, et qu'il a été reconnu de tout temps comme l'un des chefs-d'œuvre du maître. La jalousie de ses anciens compagnons d'études lui ayant causé des désagréments auxquels il fut très-sensible, Van-Dyck, pour s'y soustraire, se rendit à La Haye où il peignit le prince d'Orange, toute sa famille, les grands de la cour, et même des étrangers.

Il passa de là en Angleterre; mais, n'ayant pas trouvé l'occasion de mettre son talent en évidence ni de se faire présenter au roi, notre artiste, rebuté par cet insuccès, retourna à Anvers, où il produisit pendant six années consécutives tant d'ouvrages remarquables que Charles I<sup>er</sup>, véritable ami des arts, en étant informé, lui fit proposer de revenir à Londres. Cette fois, Van-Dick y trouva honneurs et richesses; le roi le créa chevalier, le nomma son premier peintre, et lui assura une pension considérable. Tout le monde rendait hommage à son mérite, et ses anciens condisciples eux-mêmes, faisant taire leurs mauvais sentiments, l'élevèrent à la dignité de doyen de l'Académie de Saint-Luc.

En se fixant en Angleterre, Van-Dyck renonça tout-à-fait à peindre l'histoire, non pas, comme on l'a prétendu, d'après les conseils de Rubens, mais parce que, surchargé de portraits, il ne lui restait pas assez de temps pour s'occuper d'autres travaux. Ce sont donc les circonstances seules qui l'ont enlevé au genre historique, car l'on sait qu'il fit plusieurs voyages à Paris pour obtenir les peintures de la galerie du Louvre, et il n'y renonça qu'en apprenant que **le Poussin** était venu de Rome exprès pour cette entreprise. Il avait également le vaste dessein de peindre dans le palais de Wintehal à Londres l'histoire de l'Ordre de la Jarretière. Van-Dyck gagna en Angleterre des sommes fabuleuses; cependant il ne put s'y enrichir. Il menait un train de grand seigneur, avait toujours sa table et sa bourse à la disposition de ses amis. Il épousa la fille de lord Ruthven, comte de Gorée, aussi intéressante par sa beauté que par les malheurs de son père qui tenait à une illustre famille d'Écosse. Il en eut une fille qui mourut fort jeune. Lui-même mourut de consomption, n'ayant pas encore quarante-deux ans. Malgré ses profusions, sa veuve recueillit une somme considérable des débris de sa fortune.

Si dans ses compositions historiques Van-Dyck n'est pas placé au même rang que Rubens, sa gloire est si étroitement liée à la sienne qu'on confond souvent leurs ouvrages; et, comme parfois l'élève égale le maître, il doit, ce nous semble, prendre place immédiatement après lui; car, tout bien considéré, Van-Dyck surpasse Rubens dans la délicatesse des teintes et la belle fonte des couleurs. Comme peintre de portraits, on ne peut lui refuser le premier rang après le **Titien** : encore le Titien ne conserve-t-il cette supériorité que pour les têtes. Van-Dyck l'emporte par la vérité des poses et la perfection des accessoires. Sans aucun effort, ses têtes sont en relief et sortent de la toile, le sang circule partout dans les chairs; les yeux ont un tel degré de vie qu'ils vous fascinent; on se sent presque disposé à adresser la parole à ses personnages. En un mot, il montre dans ce genre de peinture un tel degré de supériorité que quelques écrivains n'ont pas craint de le proclamer le roi du portrait.

Ses élèves sont : **Hanneman** de La Haye, **Bertrand Fouchier** de Berg-op-Zoom, **Benedetto Castiglione**. Mais **Pierre Lely** est peut-être celui qui a le mieux rendu sa manière.

## 85 *Miracle opéré à Toulouse par saint Antoine de Padoue.*

Toile. — H. 3ᵐ 20. — L. 1ᵐ 85.

Saint Antoine de Padoue, enseignant la théologie à Toulouse, eut une discussion avec Boinbille, hérétique obstiné qui niait la réalité du sacrement de l'Eucharistie et demandait un miracle pour y croire. Le saint, afin de mieux le confondre, opéra ce miracle sur l'âne même de l'hérétique en le forçant à adorer le Saint-Sacrement de l'autel.

C'est le moment où le pieux Franciscain, debout auprès d'un chêne et vêtu de l'habit de son ordre, tient à la main une hostie devant laquelle l'âne se prosterne, refusant de prendre l'avoine que le serviteur de Boinbille criblait à côté de lui. Ce serviteur est à genoux près de l'âne, et, tout étonné de ce qui se passe, il se tourne vers Boinbille et les deux personnes qui l'accompagnent, semblant les prendre en témoignage de ce surprenant miracle. L'attitude de Boinbille, qui étend les deux mains vers saint Antoine, annonce qu'il abjure son hérésie. Ces figures se détachent sur le ciel d'un paysage pittoresque, quoique d'une grande simplicité.

Ce tableau se voyait à l'église des Récollets à Malines. ( *Voyage pittoresque de la Flandre et du Brabant*, par Descamps, p. 120.)

Envoyé par le Gouvernement en 1803.

## 84 *Le Christ aux Anges.*

Toile. — H. 1ᵐ 35. — L. 1ᵐ 04.

Jésus est exposé en croix sur le sommet du Calvaire. Sa figure calme est pleine de douceur ; c'est l'entière résignation de l'Homme-Dieu aux volontés de son Père. Le ciel et la terre se couvrent de ténèbres, le soleil s'éclipse, tout semble protester contre le crime des hommes. A la faveur d'une pieuse fiction, l'imagination de l'artiste s'est plu, dans cette scène mystique, à représenter des Anges descendus du ciel pour recueillir dans des calices le sang qui coule des plaies du Rédempteur du monde.

Gravé par Hollard.

Envoyé par le Gouvernement en 1803.

## DYCK. (Ecole d'**Anton Van**.)

### 85 *Achille reconnu par Ulysse à la cour de Lycomède.*

Toile. — H. 0ᵐ 87. — L. 1ᵐ 05.

Calchas, le célèbre oracle des Grecs, leur ayant indiqué le lieu où Achille se tenait caché sous des habits de fille, Ulysse, déguisé en marchand, s'introduit auprès des dames de la cour de Lycomède, sous prétexte de leur offrir de riches parures. Le rusé roi d'Ithaque avait placé à dessein des armes parmi ces bijoux : il reconnaît de suite le fils de Thétis à l'empressement qu'il met à se saisir d'une épée et à la sortir du fourreau. Les suivantes de Déidamie sont occupées à faire choix des frivoles objets étalés sous leurs yeux. La princesse, debout sur des degrés et vêtue d'une robe blanche, jette un regard inquiet sur Achille, et semble pressentir un départ que l'adroit marchand n'aura pas de peine à obtenir dès qu'il lui aura fait connaître la volonté des Grecs.

Envoyé par le Gouvernement en 1803.

**FERGUSON** *ou* N. FERGUISUM, *né à la Haye, en 1665, mort à Toulouse en 1730.* (Ecole hollandaise.)

Ferguson vint s'établir à Toulouse, vers 1690, avec **Vander Kabel**, son compatriote. Il aimait à peindre des paysages, et, dans ces paysages, des ruines, des débris de tombeaux et des bas-reliefs en marbre blanc, dessinés dans le goût antique. Il représentait aussi des intérieurs de tabagie, des scènes de voleurs, et quelquefois de petits sujets tirés de l'histoire ou de la fable ; mais lorsque ses figures dépassaient une certaine proportion, elles n'étaient plus touchées avec le même esprit. D'une conduite dissipée, ce peintre passa sa vie dans les cabarets, qui devinrent ses ateliers, et il finit par mourir à l'hôpital, âgé de 65 ans. Il laissa à Toulouse un grand nombre de tableaux, répandus aujourd'hui dans toutes les villes du Midi. Les Livrets des expositions de l'Académie royale de Peinture, de 1751 à 1791, en mentionnent plus de deux cents. Peu soucieux de la conservation de ses ouvrages, Ferguson employait la momie sans aucun ménagement : imprévoyance qui a été cause que quelques-uns ont poussé au noir. Les deux que nous allons décrire sont du nombre.

## 86    *Les joueurs de dés.*

Toile. — H. 0<sup>m</sup> 52. — L. 0<sup>m</sup> 72.

Deux joueurs sont assis devant un tonneau, sur lequel on a placé une planche en guise de table. L'un jette les dés, tandis que son adversaire attend son tour. Deux personnages debout auprès des joueurs examinent le coup. Dans le fond, trois autres personnages sont occupés à dépécer un mouton suspendu à une échelle.

## 87    *Scène de brigands.*

Toile. — H. 0<sup>m</sup> 38. — L. 0<sup>m</sup> 50.

Après avoir entraîné un voyageur dans leur repaire, des voleurs l'ont dépouillé de ses vêtements. L'un d'eux, le chef sans doute, tenant son masque devant sa figure, semble lui imposer une rançon pour sa liberté, tandis qu'un autre, vu de dos, le menace avec son fusil.

**FOUQUIÈRES** (Jacques), *né à Anvers en 1580, mort à Paris en 1659 ; élève de* **Josse Momper** *et de* **Breughel de Velours**. (Ecole flamande).

Ce peintre acquit assez de talent dans le paysage pour que **Rubens** l'employât à faire les fonds de ses tableaux. Il travailla aussi à Bruxelles, et l'Electeur palatin, l'ayant mandé en Allemagne pour décorer son palais, le récompensa généreusement. Il fit ensuite le voyage d'Italie, et fut occupé à Rome et à Venise. Après un assez long séjour dans ces villes, Fouquières se rendit à Paris, en 1621, pour peindre les trumeaux de la galerie du Louvre. Louis XIII fut tellement satisfait de ses ouvrages qu'il l'ennoblit, et l'artiste en conçut un si grand sentiment d'orgueil qu'il ne peignit plus que l'épée au côté ; enfin il eut la folie de se fabriquer des ancêtres, et, pour ne pas déroger à sa haute naissance, il cessa de travailler et tomba dans une extrême pauvreté. Il mourut en 1659, dans sa 79ᵉ année.

# 88 *Paysage.*

### Toile. — H. 0ᵐ 31. — L. 0ᵐ 39.

Un bout de terrain garni de broussailles, sur lequel passe un homme portant un panier au bras, occupe le premier plan. Ce terrain est baigné par une rivière qui s'enfonce entre deux langues de terre plantées de grands arbres. Au-delà de la rivière, on aperçoit les toits de deux cabanes qui s'élèvent au-dessus d'un bois. Un ciel nuageux, frappé par quelques accidents de lumière, se reflète dans les eaux et produit un effet pittoresque.

On pourrait désirer un peu moins d'uniformité dans la touche.

# 89 *Autre paysage* (pendant du précédent).

### Toile. — H. 0ᵐ 31. — L. 0ᵐ 39.

Deux voyageurs sont arrêtés au pied d'un gros arbre placé sur un monticule qui occupe le premier plan. Au second plan, un autre monticule entièrement couvert d'arbres ne permet pas à la vue de s'étendre plus loin.

Il est du même faire que le précédent.

**FRANC FLORIS** (François Van VRIENDT, *dit*), *né à Anvers en 1520, mort en 1570.* (Ecole flamande.)

Il apprit d'abord la peinture et la sculpture chez **Claude Floris**, son oncle ; à l'âge de vingt ans, il entra dans l'école de **Lambert Lombard**, peintre érudit qui avait substitué, à Liège, le goût italien à la manière gothique. Floris partit ensuite pour Rome, où il étudia, d'après les antiques et les ouvrages de **Michel-**

**Ange**, avec un succès tel que, de retour dans sa patrie, il fut généralement surnommé le **Raphaël flamand**. Ce surnom, il le dut sans doute au grand style qu'il avait rapporté de Rome; sans cela, il eût été plus rationnel de le comparer à Michel-Ange. Il eut jusqu'à cent cinquante élèves.

## 90  *La Vierge et l'Enfant.*

Bois. — H. 0<sup>m</sup> 88. — L. 0<sup>m</sup> 48.

La Vierge, vue à mi-corps, est assise, ayant sur ses épaules un fichu de couleur claire; elle soutient sur ses genoux l'enfant Jésus vêtu d'une tunique blanche et portant à la main gauche une petite fleur d'églantier.

Ce tableau se ressent des études de la grande école d'Italie. Malheureusement, il manque au panneau plusieurs pouces de la partie gauche, ce qui le réduit à l'état de fragment.

### Les FRANCK.

L'histoire de la peinture fait mention de treize Franck, dont neuf appartiennent à la même famille. Il règne dans les ouvrages de ceux-ci une si grande analogie qu'on les confond presque toujours, et d'autant plus facilement qu'ils ont eu, en outre, beaucoup d'imitateurs.

**FRANCK** (FRANÇOIS), *dit* **le Vieux**, *né à Herentals, vers 1540, mort à Anvers en 1616; élève de* **Franc-Floris**. (École flamande.)

François Franck était le frère cadet de **Jérôme** et plus âgé qu'**Ambroise**. On l'appelle le Vieux pour le distinguer de son propre fils qui portait les mêmes noms. Il peignait comme ses frères en grand et en petit, et sa manière tient aussi de celle de son maître.

## 91  *Les cinq Sens.*

Bois. — H. 0<sup>m</sup> 65. — L. 0<sup>m</sup> 90.

Cinq jeunes femmes, rangées autour d'une table dressée sur la lisière d'une forêt, figurent l'allégorie. La première, en commençant par la droite, joue de la mandoline et caractérise l'ouïe; la seconde, debout, se regardant dans un miroir, symbolise la vue; la troisième, qui respire les parfums d'un bouquet, représente l'odorat; le toucher est désigné par l'oiseau qui becquette le doigt de la quatrième; tandis que la dernière, en portant un mets à sa bouche, indique le goût. Devant chacune de ces femmes, sont déposés sur la table les objets propres à exciter le sens qu'elles représentent, tels que cahiers de musique, fleurs, fruits et mets succulents. A droite, s'étend une prairie où paissent plusieurs vaches; et plus loin, du même côté, on aperçoit un château auprès d'un petit lac. Sur le premier plan, deux amphores sont posées à terre devant la table.

Acheté en 1804 par la direction du musée à M. Robert, libraire.

**FRANCK** (François), *dit* **le Jeune**, *né à Anvers en 1580, mort dans la même ville en 1642; élève de son père* **François Franck** *dit le* **Vieux.**

Quoique ce peintre ait vu l'Italie et qu'il ait étudié à Venise les grands coloristes, il a cependant conservé, aussi bien dans ses grands tableaux que dans ses petits ouvrages de chevalet, la manière de son père et de ses oncles; toutefois, il nous semble qu'il touchait ses petites figures avec plus d'esprit et de délicatesse.

## 92 *L'Onocentaure.*

Cuivre. — H. 0ᵐ 15. — L. 0ᵐ 30.

Tandis que trois savants, réunis dans un cabinet décoré de tableaux et de sculptures, s'occupent à faire des observations sur un globe, un monstre, moitié homme et moitié âne, brise à coups de bâton tous les objets de curiosité qui sont à sa portée.

Petite production peinte avec légèreté, d'un bon ton de couleur et vigoureuse d'effet.

Collection du cardinal de Bernis.

**FRANÇOIS** (Lucas), *né à Malines en 1615, travaillait à Paris en 1660, et revint à Malines, où il mourut.* (Ecole flamande.)

Deux peintres de Malines, le père et le fils, ont porté les noms de **Lucas François** et non ceux de **François Lucas**, comme l'ont indiqué les catalogues du musée de Toulouse (1). En écrivant quelques lignes insignifiantes sur Lucas François le père, Descamps dit qu'il laissa deux fils dont il fera mention dans leur temps; mais il ne parle ensuite que de **Pierre François** et ne dit mot de l'élève de **Rubens**, l'auteur de notre tableau.

En définitive, nous pouvons certifier aujourd'hui qu'il y a eu trois peintres du nom de **François : Lucas François** père, peintre de la cour de France et du roi d'Espagne, **Lucas François** fils, élève de son père et de Rubens, et **Pierre François** l'aîné, élève de son père et de **Gérard Seghers**. Celui-ci est mort en 1654, à l'âge de 48 ans.

Lucas François, qui fait l'objet de cet article, a été renommé comme peintre d'histoire et de portraits; mais les renseignements ne s'étendent pas plus loin. On sait seulement que P. Van Schuppen a gravé, d'après lui, le portrait de M^{gr} Villain, archevêque de Tournay. on cite encore, d'après lui, le portrait de son père ou le sien propre et celui de son frère Pierre, gravés tous deux par C. Waumans. — Il y avait autrefois un grand nombre de tableaux de L. François chez les amateurs et surtout dans les églises de Malines : à Sainte-Catherine, à l'église paroissiale de Saint-Jean, aux Carmes-Déchaussés, aux Jésuites, au grand Béguinage, à l'église des Religieuses, nommée Lelindaël, Vallée de Lys (de l'ordre de Prémontré), à l'abbaye de Saint-Martin de Tournay, etc., etc..... Nous ne savons pas, toutefois, si ces tableaux sont tous de Lucas François père ou de Lucas François fils; nous pensons qu'il doit y en avoir de ces deux artistes (2).

## 93   *Un chrétien amené devant la statue de Jupiter.*

Toile. — H. 3^m 93. — L. 3^m 05.

Entièrement dépouillé de ses vêtements et attaché par une corde passée sous ses bras, un jeune guerrier chrétien est traîné par deux bourreaux sur les marches du péristyle d'un temple, jusqu'au pied de la statue de Jupiter. L'un d'eux, vu de dos, le tire violemment par la corde, tandis que l'autre le soulève par un bras et par les cheveux. Placé derrière lui, le grand-prêtre de Jupiter lui pose une main sur l'épaule, et, montrant de l'autre la statue, l'exhorte à sacrifier

---

(1) Cette transformation du prénom en nom de famille était une grave erreur et nous a occasionné de longues et de nombreuses recherches, parce que c'était la première fois que nous avions à parler de cet élève de Rubens.

(2) On devrait prendre des renseignements précis à Malines sur cette famille de peintres, et sur les qualités et le mérite de leurs œuvres.

au faux dieu. La victime, épuisée, mais ferme dans sa foi, s'affaisse sur ses genoux, et, pleine de résignation et de confiance, jette un regard touchant vers le ciel, où elle aperçoit déjà la couronne et les palmes que des anges lui apportent. A côté du grand-prêtre, un acolyte porte un vase où brûlent des parfums et se tourne vers un jeune garçon qui élève une cassette au-dessus de sa tête. Au bas et au centre de la composition, un jeune Nègre tient en laisse un gros chien qui aboie contre le chrétien, dont la cuirasse, le manteau de pélerin et le bourdon sont déposés à terre. A gauche, un guerrier revêtu d'une armure couverte en partie par une peau de tigre, le pied posé sur le fût d'une colonne renversée et la main appuyée sur un long bâton, paraît présider à cette scène. Derrière lui, sont un soldat debout et un autre à cheval portant un étendard qui cache une partie de la statue de Jupiter, élevée sur un piédestal entre les colonnes du sanctuaire.

Il serait difficile de rencontrer une autre composition qui, comme aspect, jouât davantage la manière de Rubens. D'un bout à l'autre de cette toile, l'artiste se ressent des études faites dans l'école du grand maître flamand, dont il présente même de visibles réminiscences dans les bourreaux, les soldats, et surtout les anges. La figure du saint tient de Van Dyck, et nous croyons que l'auteur s'est inspiré d'un saint Sébastien bien connu de ce peintre. Quoi qu'il en soit, cette production occupera toujours une place distinguée dans un musée public, et se soutiendra dignement à côté des bons tableaux de la grande école flamande.

Envoyé par le Gouvernement en 1812.

**GILLEMANS** (JEAN-PIERRE), *né en 1643, mort vers 1715.* (Ecole flamande.)

**EYCKENS** (PIERRE), *dit le* **Vieux**, *né vers 1650 à Anvers, mort inconnue.* (Ecole flamande.)

**RYSBRAECK** (PIERRE), *né vers 1650, à Anvers, mort inconnue; élève de* **F. Milet**. (Ecole flamande.)

Les peintres flamands et hollandais ont souvent associé leurs pinceaux pour donner plus de vie et de charme à certaines compositions qui exigeaient le concours de talents différents. Nous en voyons un curieux exemple dans ces deux tableaux, dont les fruits sont peints par Gillemans, les enfants par Eyckens, et le paysage par Rysbraeck.

Gillemans réduisait à de très petites proportions tous les objets qu'il représentait, et son habileté en ce genre lui acquit une certaine réputation. Plusieurs peintres eurent recours à lui, et c'est ainsi qu'il orna de fruits et de fleurs des tableaux de **Maas, Rore, Eyckens, Rysbraeck**, et d'autres artistes de son temps. Il vint à Amsterdam en 1713, avec l'intention de s'y fixer; mais, malheureusement, cette même année il tomba dans un canal, par un épais brouillard, et depuis cet accident il resta dans un état maladif et ne produisit plus.

Eyckens excellait à peindre des camayeux et des bas-reliefs pour les peintres de fleurs. Il produisit aussi de grands tableaux qui le firent nommer directeur de l'Académie d'Anvers en 1689.

Rysbraeck, quoique peintre de paysages, fut aussi directeur de la même Académie en 1713.

## 94   *Des Amours tressant une couronne de fruits.*

Toile. — H. 0<sup>m</sup> 69. — L. 0<sup>m</sup> 87.

Dans un parc décoré de beaux monuments et au pied d'une urne antique, cinq petits Amours sont occupés à former une couronne, composée de raisins de plusieurs nuances, de prunes, de pêches, de figues et de fruits de diverses espèces, parmi lesquels on distingue deux melons d'eau.

## 95   Pendant du précédent.

Toile. — H. 0<sup>m</sup> 69. — L. 0<sup>m</sup> 87.

Cette composition, disposée à peu près comme la précédente, représente cinq Amours qui ont fixé l'extrémité d'une guirlande de fruits à la branche d'un tronc d'arbre, près d'un monument orné d'un bas-relief figurant le sujet de *Pan et Syrinx*. A droite et au fond, la vue se porte sur une ville.

**JANSSENS** (Abraham), *né vers 1570, mort en 1631. (Ecole flamande.)*

On ne connaît pas précisément l'époque de la naissance de Janssens;

on sait seulement qu'il est né à Anvers, comme Rubens; qu'il fut
son contemporain, et qu'il chercha constamment toutes les occasions
de lui être hostile. Sa jalousie contre le grand maître flamand et sa
prétention de l'égaler développèrent ses talents et lui firent produire
quelques tableaux fort remarquables. Mais bientôt son orgueil ne con-
naissant plus de bornes, il poussa l'aveuglement au point de lui proposer un défi en peinture. Rubens fit répondre à Janssens qu'il accep-
terait ce défi quand celui-ci se montrerait par ses ouvrages digne de
se mesurer avec lui. Pour n'avoir pas été écrasé sous le poids de sa
vanité et de sa folie, il dut faire preuve d'un grand talent; et,
réellement, ses tableaux d'histoire et d'église furent goûtés par les
amateurs de son temps au point que plusieurs poussèrent l'engoue-
ment jusqu'à l'élever au-dessus de Rubens. La flatterie le perdit. Il
mit le comble à sa démence en épousant une femme jeune et jolie
qui ne lui apporta d'autre bien qu'un penchant à la dissipation et à
la prodigalité. Il saisit alors toutes les occasions de plaisir, perdant
ainsi le temps qu'il aurait pu consacrer à son art, fréquenta les guin-
guettes, et finit par tomber dans la misère, sans cependant que son
talent déclinât visiblement.

Aujourd'hui la gloire de Rubens est restée intacte; elle a toujours grandi, tandis que l'on connait à peine le nom de Janssens par
quelques tableaux très disséminés. Loin de nous la pensée de rabaisser son talent, mais la faute n'en est qu'à lui s'il n'a pas tenu ce qu'il
promettait. Nous avons vu de Janssens des tableaux supérieurs à
celui dont nous avons à parler, supérieurs par leurs compositions
magistrales, par la force du coloris et l'énergie de l'exécution. Cependant cette composition rentre dans les effets qu'il se plaisait à
représenter, et, sous ce rapport, elle est encore très intéressante pour
un musée.


## 96  *Le Couronnement d'épines.*

Toile. — H. 1<sup>m</sup> 85. — L. 1<sup>m</sup> 54.

Après avoir outragé le Christ, lui avoir lié les poignets avec une corde, et mis par dérision un roseau
dans la main en guise de sceptre, deux bourreaux
viennent de l'asseoir sur une espèce d'escabeau. Armés de bâtons, ils appuient fortement sur la couronne
d'épines qu'ils ont placée sur sa tête, s'efforçant d'en
faire pénétrer les pointes aiguës dans le crâne. Un soldat, agenouillé devant lui, pose une main sur son
genou, et, de l'autre, fait un signe moqueur. Il lui
rend d'imposteurs hommages, prononçant sans doute
les paroles : « *Salut au roi des Juifs.* » Cette scène est
éclairée par une torche que tient, derrière le soldat,

un petit garçon vêtu de jaune et coiffé d'une toque ornée de plumes jaunes et rouges.

L'heureuse combinaison de la lumière produit un effet d'une grande illusion.

Envoyé par le Gouvernement en 1812.


**JORDAENS** (Jacques), *né à Anvers en 1593, mort dans la même ville en 1678 ; élève d'**Adam Van Noort** et de **Rubens**. (Ecole flamande.)*

Le grand nombre de belles estampes, gravées d'après les ouvrages de cet artiste, a suffi pour faire connaître ses compositions. Il fut l'un des plus grands coloristes de l'école flamande, et, après Rubens, l'un des peintres les plus féconds. En raison du peu d'importance du tableau du Musée, qui n'est qu'un fragment, nous ne croyons pas devoir nous étendre davantage sur le mérite de cet artiste.


**97**  *Une Naïade et un Fleuve.*

Toile. — H. 0ᵐ 73. — L. 0ᵐ 91.

Ils se sont retirés à l'abri d'un rocher et assis sur un tertre élevé, d'où leurs regards plongent au-dessous d'eux sur un objet qui semble captiver vivement leur attention. La nymphe est appuyée nonchalamment sur l'épaule du fleuve et retourne la tête de côté en l'inclinant en avant.


**KABEL** (Adrien VANDER), *né à Ryswick, près de La Haye, en 1631, mort à Lyon en 1695 ; élève de **Van Goyen**. (Ecole flamande.)*

Dans les paysages, les bambochades, les animaux, les marines, les scènes de paysans et autres sujets semblables, Vander Kabel est un véritable Protée qui saisit tous les genres et imite tous les maîtres. On confond ses paysages pastoraux avec ceux de **Benedette de Castiglione**; s'il s'exerce jusqu'à s'inspirer du style des paysages du **Carrache**, de **Mola** ou de **Salvator Rosa**, il monte alors son coloris de ton et imite de près ces maîtres. Quand il représente des joueurs en plein vent, de robustes pâtres de la campagne de Rome ou des scènes de cabaret, il égale presque **Jean Miel**. Ses ports de mer ont quelquefois de l'analogie avec ceux de **Claude Lorrain**, et peuvent être classés parmi les bons tableaux en ce genre. A en juger par ses compositions, la disposition de ses figures et leur accoutrement, on croirait que ce peintre est toujours resté en Italie. Cependant, en examinant ses ouvrages avec attention, on n'y retrouve ni la couleur locale, ni le vrai type italien. On sait d'ailleurs que Vander Kabel, venu à Toulouse avec son ami **Ferguson**, laissa ce dernier dans cette ville et se rendit à Lyon, où il demeura jusqu'à sa mort, arrivée en 1695. — Il a gravé à l'eau forte six paysages et deux pièces capitales : un *saint Bruno* et un *saint Jérôme* dans des paysages en hauteur.

## 98 *Le jeu de la morra.*

Toile. — H. 0ᵐ 59. — L. 0ᵐ 70.

Cinq paysans italiens se sont abrités à l'ombre d'un mur pour jouer à la mourre. La partie est engagée entre deux des plus pressés, qui se sont assis à terre devant les autres; deux sont restés debout, mais ils paraissent s'intéresser à la partie; le dernier est assis contre un tronc d'arbre scié à sa base. A droite, on remarque un âne couché sur l'herbe; plus loin, un pâtre conduisant un troupeau de moutons et suivi d'un cheval chargé de paniers. A gauche, dans le coin du tableau, on voit un chien qui dort; et plus loin, du même côté, un cheval blanc dessellé.

Collection du cardinal de Bernis.

## 99 *Scène villageoise.*

Toile. — H. 0ᵐ 59. — L. 0ᵐ 70.

En dehors d'une auberge de campagne, trois voyageurs et une femme sont assis à une table dressée au bas du perron de la maison. Un autre voyageur, debout derrière eux, chante, en contemplant avec une figure épanouie une fiasque d'Orvietto qu'il tient en l'air, pendant que l'aubergiste, qui descend l'escalier, lui apporte un plat chargé de viande. A côté de ce groupe, tout-à-fait à droite, on voit un cheval bai attaché au mur du perron. A gauche du tableau, un homme et une femme dansent *la saltarelle*, au son d'un hautbois. Un cheval blanc et un cheval alezan

sont arrêtés au bas de l'escalier. Un panier, des as-
siettes et diverses poteries sont épars sur le terrain.

Collection du cardinal de Bernis.


**KALF** (Guillaume), *né à Amsterdam, vers 1630,
mort en 1693; élève de* **Henri Pot**. (Ecole hollandaise.)


Des intérieurs de cuisines ou de chambres rustiques avec leurs
meubles et ustensiles et tous les accessoires qui s'y rattachent, tels
sont les sujets qui ont exclusivement excercé les talents de ce peintre.
Cependant, tout restreint que soit ce genre, il y excelle si complète-
ment et chaque objet sous son pinceau y brille de tant de vérité, que,
malgré le faible intérêt qu'inspirent naturellement de semblables compositions, les siennes, quand elles sont bien conservées, occupent une
place distinguée dans les cabinets. Les artistes les recherchent avec
empressement à cause des grands principes de couleur, d'harmonie et
de clair-obscur qu'on peut y puiser. Quelquefois il introduisait une ou
deux figures dans ses tableaux, mais, le plus souvent alors, il avait
soin de les placer dans l'ombre, comme s'il eût craint que leur présence ne nuisit aux détails dont il se montre jaloux.


## 100    *Intérieur de cuisine.*

Toile. — H. 0ᵐ 33. L. 0ᵐ 41.

Un chaudron, un arrosoir, des bottes d'oignons, du
céleri, des concombres, une écumoire dans un plat en
métal, sont déposés à terre auprès d'un baquet à lessive
et devant une table de cuisine, sur laquelle on voit un
gigot, un plat en métal, un couteau et un panier rempli d'artichauts. Dans le fond de la salle, la cuisinière,
debout devant la cheminée, surveille son pot-au-feu.

Cabinet de M. de Breteuil.


**KOEBERGER** (Venceslaus), *né à Anvers, vers
1550, mort à Bruxelles; élève de* **Martin de Vos**.
(Ecole flamande.)

Devenu amoureux de la fille de son maître, qui ne répondit pas à
sa passion, il chercha dans les voyages des distractions à son chagrin et partit pour l'Italie. Arrivé à Rome, il commença par étudier
tout ce qu'il trouva à sa convenance; il se rendit ensuite à Naples, où

la fille d'un peintre flamand nommé **Franc**, effaça le souvenir de
la fille de Martin de Vos, et, plus heureux cette fois, il fut aimé et
il l'épousa. Il avait trouvé le bonheur en Italie, et il ne pensait plus à
quitter ce beau pays lorsque, sa réputation s'étant répandue jusque
dans sa patrie, on lui écrivit plusieurs fois d'Anvers pour l'engager à
revenir. On fut même si satisfait d'un tableau qu'il envoya à la confrérie de Saint-Sébastien de cette ville, qu'on redoubla d'instances pour
qu'il se rendit aux vœux de ses concitoyens. Koeberger retourna à
Anvers; mais, bientôt après, il alla s'établir à Bruxelles, où il fut
nommé peintre de l'Archiduc, qui lui donna la conduite des embellis-
sements de son château, et lui fit construire plusieurs églises qu'il orna
de ses compositions.

# 101    *Le Christ présenté au peuple.*

### Bois. — H. 1ᵐ 30. — L. 1ᵐ 66.

Calme, digne, résigné, la tête inclinée et les yeux
baissés, Jésus-Christ, les poignets attachés avec une
corde, est pour la seconde fois présenté au peuple par
Pilate. Placé debout à côté de lui, coiffé d'un turban
et couvert d'un riche manteau, le gouverneur semble
répondre aux vociférations des Juifs par ces paroles de
l'Écriture : *Mais quel mal a-t-il fait? Je ne trouve rien
en lui qui mérite la mort. Ainsi je vais le faire fouetter
et puis je le renverrai.* On voit, en effet, à gauche, un
homme s'empresser de passer, dans un anneau fixé à
un pilier en pierre, le bout de la corde nouée autour
des mains du Sauveur; à droite, deux autres hommes, nus jusqu'à la ceinture, s'occupent à lier un faisceau de verges. Derrière eux, un homme et une femme
semblent compâtir au sort de Jésus. Du côté opposé,
derrière le Christ, on aperçoit deux figures de soldats
dont l'un est coiffé d'un casque et l'autre d'un bonnet
à fourrure surmonté d'une aigrette.

Il serait difficile de rendre cet instant de la Passion
de Notre-Seigneur avec plus de sentiment et de vérité.
Le dessin est correct et pris dans la nature. Le coloris
montre déjà plus de force et d'harmonie que celui des
peintres qui ont précédé Koeberger. L'exécution, en
général, fait pressentir l'approche de la grande époque
de l'école flamande.

Provient de l'ancienne galerie ducale de Brunswick, à Salzthalum, où il était placé dans la première galerie, et décrit sous le n° 22 du catalogue de N. Eberlein.

Envoyé par le Gouvernement en 1812.

## LAIRESSE (GÉRARD DE), *né à Liége en 1640, mort à Amsterdam en 1711; élève de son père* Renier de Lairesse. (Ecole hollandaise.)

La Hollande n'a pas vu naître de plus grand génie que Lairesse. Ses compositions, où brillent à la fois la profondeur du savoir et celle de la pensée, prouvent que, s'il avait beaucoup reçu de la nature, il avait aussi beaucoup demandé à la science. En effet, à une grande connaissance de l'histoire et de la mythologie il joignait un esprit embelli par la lecture des poètes : de là cette richesse et ce faste qu'il déploie dans ses ouvrages et qui le distinguent de tous les autres peintres de son école ; de là aussi les ingénieuses allégories qu'on y remarque, les idées poétiques qui les embellissent, et auxquelles il doit le surnom glorieux de *Poussin hollandais*.

Elevé à Liége dans le temps que **Flemael** y florissait, quoiqu'on ne dise pas qu'il ait été son disciple, tout porte à croire cependant qu'il se forma sur les ouvrages de ce maître, ouvrages avec lesquels les siens ont de si grands rapports. Il paraîtrait encore qu'il consulta les estampes d'après les tableaux du **Poussin** et de **Pietro Testa**, et qu'il puisa dans ce dernier son goût pour l'allégorie. Il se rendit fort jeune en Hollande et se fixa à Amsterdam, où il exécuta un nombre prodigieux de tableaux et de dessins, et grava à l'eau forte une œuvre considérable. Son talent se prêtait à traiter tous les genres avec la même facilité ; mais il affectionnait particulièrement les sujets historiques, ses connaissances approfondies en architecture lui permettant d'y introduire des palais et des monuments, dans lesquels il déployait la plus grande somptuosité. Si l'on est frappé dans ses tableaux de la richesse des costumes, de celle des meubles, et surtout de la variété infinie des marbres, des ornements et des métaux, on ne l'est pas moins de la beauté de son architecture, qui se présente toujours sous un aspect d'une grandeur imposante. Le ton de sa couleur est modeste et tranquille, et sa touche possède tout l'agrément qui résulte de sa facilité.

Un seul voyage en Italie eût suffi assurément pour donner un plus grand caractère à son dessin, pour rendre ses figures plus nobles et plus sveltes, et lui acquérir cette belle simplicité qui est ordinairement le fruit de l'étude des grands maîtres. A ce prix, nous n'en doutons pas, Lairesse eût figuré parmi les plus grands peintres de toutes les écoles.

Frappé d'une complète cécité à l'âge de cinquante ans, il ouvrit chez lui, en faveur des artistes, un cours de Conférences qui ont été recueillies par son fils et publiées en deux volumes in-4°, avec planches. Les préceptes et les observations qu'on y trouve font encore aujourd'hui de cet ouvrage le meilleur Traité de Peinture que puissent consulter ceux qui se consacrent à cet art.

## 102  *Conversion de saint Paul.*

Toile. — H. 4<sup>m</sup> 50. — L. 2<sup>m</sup> 62.

Arrivé auprès de la ville de Damas, où il se rendait, accompagné d'une escorte dévouée, pour arrêter
les chrétiens, Saul fut tout-à-coup environné d'une
lumière du ciel qui le renversa de cheval et le frappa
de cécité, tandis qu'une voix lui disait : *Saul, Saul,
pourquoi me persécutez-vous?*... Saul est étendu à terre,
soutenu par un de ses compagnons; tremblant, anéanti, les yeux fermés, il s'écrie : *Seigneur, que voulez-
vous que je fasse?* Son cheval, qui se cabre, est retenu
par un soldat de l'escorte. Un autre soldat, frappé
d'épouvante, lève son épée vers le ciel, se couvre la
tête de son bouclier et tombe à la renverse contre le
cheval. A gauche, au premier plan, un guerrier, sous
l'impression de l'apparition lumineuse, se cache le
visage comme pour se dérober à son éclat. Derrière
lui, trois autres soldats sont également saisis de stupé-
faction. Dans le ciel, deux anges en adoration de chaque côté du Christ, deux autres sonnant de la trompette et deux chérubins forment comme un glorieux
cortége autour du Fils de Dieu.

Envoyé par le Gouvernement en 1812.

## 105  *Le Christ en croix.*

Toile. — H. 1<sup>m</sup> 86. — L. 1<sup>m</sup> 10.

Le Christ, vu presque de profil, la tête affaissée sur
la poitrine, est attaché à la croix, au pied de laquelle
la Madeleine, agenouillée, cache sa figure dans un
mouchoir pour dérober sa douleur. Assise à côté d'elle,
la Vierge, enveloppée d'un ample manteau bleu et les
mains jointes sur la poitrine, élève vers son fils des
regards où se peint une douleur concentrée bien plus
effrayante qu'une douleur qui éclate. Derrière elle,
saint Jean debout, un bras étendu et l'autre replié sur
son cœur, admire la grandeur du sacrifice. Ces figu-

res, frappées par un vif éclat de lumière, se détachent en clair sur un ciel entièrement couvert de ténèbres.

Envoyé par le Gouvernement en 1803.


**MARCELLIS** (Otho), *né en 1613, mort à Amsterdam en 1673.* (École hollandaise.)

En quittant sa patrie, il entra au service de la reine Anne d'Autriche, mère de Louis XIV, qui le rétribua très généreusement. Il se rendit ensuite à la cour du grand-duc de Toscane, où il fut tout aussi largement récompensé. Ses tableaux ont été également recherchés à Naples et à Rome, où il séjourna quelque temps. La Bande académique l'avait surnommé *le Furet*, parce qu'on le voyait toujours à la recherche des reptiles, des insectes, des papillons et des plus belles plantes. De retour à Amsterdam, ses ouvrages eurent le même succès qu'en Italie et furent payés de grands prix. — Les tableaux de Marcellis réprésentent ordinairement de belles plantes, dans lesquelles il entremêlait des chenilles, des papillons, des araignées et toute sorte d'insectes. Souvent il fait grimper des lézards à de vieux troncs d'arbres autour desquels il enlace aussi des serpents et des couleuvres; D'autres fois, ces reptiles rampent sur le terrain et attaquent d'autres animaux. Tout est rendu avec la plus grande vérité et une perfection inimitable.

## 104 *Un serpent, une grenouille et des papillons.*

Toile. — H. 0ᵐ 61. — L. 0ᵐ 49.

Au pied d'un rocher, devant lequel s'élèvent deux troncs d'arbres entourés de lierre, une grenouille, posée sur un lit de mousse, saisit un papillon par une aile au moment où un serpent, placé au-dessus et la gueule ouverte, commence à exercer sur elle sa puissance fascinatrice. Plusieurs papillons de nuances variées voltigent autour de ces animaux ou reposent sur les feuilles du lierre. A gauche, une échappée de vue sur les collines.

Signé : Otho Marcellis.

Provient de l'ancienne galerie ducale de Brunswick, à Salzthalum, où il était placé dans la deuxième galerie. — Décrit sous le n° 28 du catalogue Eberlein, publié en 1776.

Envoyé par le Gouvernement en 1812.

**MEULEN** ( Antoine-François Van der ), *né à Bruxelles en 1634, mort à Paris en 1690.* (Ecole flamande.)

Les parents de Van der Meulen, quoique jouissant d'une belle aisance, se prêtèrent volontiers à son goût pour la peinture et le placèrent chez **Pierre Snayers**, peintre de batailles. L'élève égala son maitre avant même de quitter son atelier. Il posssédait déjà cette touche légère et facile, cette couleur claire et transparente qui ont distingué ses ouvrages à toutes les époques de sa vie. Le célèbre **Lebrun** en vit quelques-uns qui avaient été envoyés en France, et il en parla aussitôt à Colbert comme d'une découverte capable de flatter l'orgueil de Louis XIV dans ses projets de faire représenter les principaux évènements de son règne. Non-seulement Colbert acheta à Van der Meulen les tableaux recommandés par Lebrun, mais encore il le fit venir à Paris, lui assigna une pension de 6,000 fr., indépendamment du prix de ses ouvrages, et un logement aux Gobelins. Reconnaissons donc que Van der Meulen était digne de ces honneurs; le Génie des batailles semble l'avoir inspiré et avoir dirigé lui-même ses pinceaux. Les immortels ouvrages de ce peintre ne sont point une pure création de son imagination, de capricieuses fantaisies d'un rêve d'artiste; ce sont tout autant de pages que l'histoire réclame, et qui, faites pour rappeler soit de grands évènements, soit des faits d'armes isolés, sont retracées avec une fidélité qui ne permet pas de douter qu'il n'en ait été lui-même témoin.

D'après cet exposé, on voit que toutes les études de Van der Meulen ont été faites d'après nature. Effectivement, c'est en suivant Louis XIV sur les champs de bataille de la Flandre, du Rhin, de la Franche-Comté, qu'il devint le traducteur véridique de chacun des glorieux évènements de ce grand règne. Aussi ses compositions sont-elles comme autant de réunions de portraits d'une parfaite ressemblance, où l'on reconnait toujours les principaux personnages qui y figurent. Chaque objet, sous son pinceau, a droit à la même exactitude; tout y est scrupuleusement observé, même à l'égard du costume. Ses figures, vêtues à la mode du temps, sont si bien disposées, il sait en tirer un parti si avantageux, qu'elles produisent toujours un grand effet. Il dessinait sur les lieux mêmes les villes fortifiées avec les campagnes qui les environnaient, les sièges, les combats, les campements, les haltes, les défilés, les fourrages, tout l'attirail qui suit une armée, tout ce qui pouvait servir à l'éclaircissement d'un fait, aider à caractériser une action, ou donner une idée fidèle des localités.

Mais ce n'est pas uniquement sous le rapport de la vérité historique que les ouvrages de Van der Meulen font une vive impression, ils frappent tout autant par leur savante composition, par une couleur claire et suave qui est très-flatteuse, par une force d'expression et de sentiment qui saisit profondément l'âme du spectateur. Le dessin de ses figures laisse peu à désirer, il est plein de finesse dans le trait et de souplesse dans les contours; mais, dans les chevaux, il est parfait. Personne n'a su aussi bien que Van der Meulen donner à ce noble animal l'allure altière, la grâce, les beaux mouvements et la fougueuse ardeur qu'il déploie dans les combats ; il nous le montre même affaissé par l'épuisement et la fatigue, ou tristement abattu par la honte d'une défaite. Enfin, voulant rapidement faire apprécier le talent de ce grand artiste, nous dirons que, de tous les peintres de batailles, il est celui qui en donne l'idée la plus vraie, que ses tableaux sont autant de modèles à consulter, et que, par conséquent, il est un des plus grands maîtres dans son genre. — Ses élèves sont : les deux **Martin**, **Jean-Baptiste Le Comte**, **Duru**, **Boudewyns** et **Bonnart**.

## 105 *Arrivée de Louis XIV devant Cambrai* (juin 1677.)

Toile. — H. 2ᵐ 20. — L. 3ᵐ 26.

Louis XIV, monté sur un cheval blanc et suivi d'un brillant et nombreux état-major, donne l'ordre à l'un de ses lieutenants, habillé de rouge et montant un cheval bai, de faire occuper la plaine par la cavalerie, afin de pouvoir commencer les travaux d'approche contre la ville de Cambrai, vivement attaquée déjà sur un autre point, ainsi que l'indique la fumée qui s'élève à l'horizon. On voit, en effet, les soldats sortir des tentes qui occupent la gauche du tableau, se former en divers détachements, et se diriger dans la plaine du côté de la ville. A droite, au pied de grands arbres, des cavaliers rejoignent le groupe de chefs qui, placés au centre de la composition et la tête découverte en présence du roi, semblent attendre ses ordres. A l'horizon, on aperçoit la ville de Cambrai, dont on distingue tous les monuments, et, en avant, dans une vaste plaine, nombre de petits détachements et de cavaliers isolés qui courent dans tous les sens jusqu'à l'approche des glacis. Dans le groupe des cavaliers qui entourent le monarque, il y a certainement des portraits de personnages historiques que quelques recherches amèneraient bientôt à reconnaître et à nommer.

Envoyé par le Gouvernement en 1812.

**MIREVELD** ou **MIEREVELT** ( MICHEL-JEAN), *né à Delft en 1568, mort dans la même ville en 1641.* (Ecole hollandaise.)

Mireveld commença par manier le burin sous **Jérôme Wierx**, et il fit des progrès si rapides qu'à l'âge de 12 ans, il publia plusieurs planches d'après ses propres compositions. Mais il abandonna bientôt la gravure pour entrer dans l'atelier de **Blockland**, dont il imita parfaitement la manière. Sa réputation fut si grande, que Charles Ier chercha à l'attirer à sa cour ; mais il préféra rester dans sa patrie, où il peignit les plus illustres Hollandais de son temps, les princes et les princesses de la maison de Nassau et ceux de la cour du duc Albert.

Mireveld est d'autant plus digne d'être loué pour son talent, qu'il eut le mérite de précéder tous les grands peintres de portraits qui illustrèrent les écoles des Pays-Bas. Aucun maitre ne fut plus fécond, et, si l'on doit s'en tenir au dire des historiens, le nombre de ses portraits dépasserait celui de dix mille. Exagération à part, il est certain qu'aujourd'hui encore on en rencontre dans toutes les collections, et qu'ils sont, comme autrefois, fort recherchés des artistes, qui les regardent avec raison comme d'excellentes études du vrai. La nature n'y est pas embellie, mais on y retrouve toutes les qualités du coloriste. Dans ses beaux ouvrages, son pinceau est plein de douceur et de suavité, ses têtes sont très étudiées ; rien de mieux rendu que le satin noir qu'il aimait à reproduire dans les étoffes, rien de plus parfait que la chevelure, de plus achevé que le travail des poils de la barbe et des sourcils. Il forma d'excellents élèves.

## 106 *Portrait d'homme.*

Bois. — H. 0{m} 65. — L. 0{m} 55.

Il est vu en buste, la tête tournée de trois quarts et à gauche. Ses cheveux courts, ses moustaches relevées et sa touffe de barbe sont d'un gris presque blanc. Son vêtement consiste en un pourpoint de soie noire surmonté d'une large fraise tuyautée.

Envoyé par le Gouvernement en 1812.

**NEYTS** (A. EGIDIUS), *né à Anvers ; naissance et mort inconnues.* (Ecole flamande.)

Nous nous rappelons parfaitement avoir vu autrefois dans la galerie de Dresde, et, depuis, dans divers cabinets d'amateurs, des tableaux de Neyts offrant tous la plus parfaite analogie avec celui du Musée, tant sous le rapport de la composition que sous celui de l'exécution. On voyait du même peintre, dans une chambre de la Bourse d'Anvers, un tableau représentant l'école de l'académie où les peintres et les sculpteurs travaillent d'après le modèle vivant. Les tableaux de Dresde sont datés et signés de 1681. Gérard Hoët cite un paysage plein de fraîcheur qui fut vendu après le décès de la douairière de Proli, en 1762; mais ce que nous avons vu de plus parfait figurait, il y a deux ans, dans le cabinet d'un amateur de Bordeaux.

## 107  *Paysage montagneux.*

Bois. — H. 0<sup>m</sup> 29. — L. 0<sup>m</sup> 20.

Dans un site rocheux, un pâtre assis à gauche, au pied de grands arbres garde quelques chêvres. Au second plan, un cavalier, portant un faucon sur le poing, est précédé d'un autre chasseur en habit bleu et suivi de plusieurs chiens.

Collection de M. de Breteuil.

**NIEULANT** (Guillaume Van), *né à Anvers en 1584, mort à Amsterdam en 1635 ; élève de* **Roland Savery** *et de* **Paul Bril**. (Ecole flamande.)

Il passa trois années à Rome, sous la direction de Paul Bril, et peignit d'abord des paysages dans le goût de ce maître; mais, de retour dans sa patrie, il changea de genre et représenta des sujets bibliques embellis par tout ce que Rome offrait de plus magnifique et de mieux conservé parmi les monuments antiques.

## 108  *Vue du temple de Minerva-Medica.*

Cuivre. — H. 0<sup>m</sup> 16. — L. 0<sup>m</sup> 22.

Par un de ces caprices si fréquents aux paysagistes qui étudient à Rome, Nieulant a supposé ce temple au bord du Tibre. Il a animé le bout de terrain de devant d'une douzaine de figurines, et le fleuve par plusieurs petites barques amarrées au rivage.

Cabinet de M. de Breteuil.

**POORTER** (Willem Van), *peintre de Harlem, florissait de 1630 à 1650*. (Ecole hollandaise.)

Quoique les historiens ne disent rien sur ce peintre, il est certain qu'il a été élève de **Rembrandt** et qu'il a fréquenté son atelier du temps de **Gérard Dou** et de **Van Hoogstraaten**. Ses ouvrages ont, en effet, une certaine analogie avec ceux de la première manière de ces maitres, tant sous le rapport de la composition que sous celui de la disposition des lumières. Poorter, étant devenu conseiller à la cour de justice, ne s'occupa plus de peinture qu'à ses moments de loisir et vendit ses tableaux fort cher. On connaissait de lui en Allemagne, dans la galerie de Dresde : *Esther devant Assuérus* (signé de 1645); et dans celle de Salzthalum, le même sujet autrement conçu et une composition allégorique. Houbraken et Descamps citent une *Reine de Saba* comme un de ses meilleurs ouvrages.

## 109 *Lucrèce travaillant avec ses femmes.*

Bois. — H. 0ᵐ 44. — L. 0ᵐ 54.

Assise au milieu de ses femmes, la célèbre Romaine leur donne l'exemple du travail en exécutant elle-même, au moyen d'un métier qu'elle tient sur ses genoux, une tapisserie, qu'une jeune personne placée à côté d'elle examine avec une vive attention. Cette jeune personne paraît tenir les fils légers qui servent à la confection de l'ouvrage et qu'une vieille femme accroupie auprès d'elle lui fait passer, en les prenant dans un panier. Debout près d'une table, derrière le siége de Lucrèce, une femme, tenant un livre à la main, se retourne et regarde machinalement devant elle. Deux autres femmes, assises sur le devant de la composition, et portant, la première, une robe rouge, et la seconde une robe de couleur foncée, sont occupées à des travaux d'aiguille. — On voit, à droite, dans le fond, un grand lit à rideaux fermés, et, à gauche, dans le vestibule de la salle, le mari de Lucrèce, Collatin, faisant admirer cette scène aux deux fils du roi Tarquin le Superbe.

Signé : W. POORTER F. T. 1633. ( Le W est enlacé avec le P.)

Collection de M. de Breteuil.


**QUELLINUS** (Erasme), *né à Anvers en 1607, mort en 1678.* (Ecole flamande.)

Cet artiste avait cultivé les sciences dans sa jeunesse et fut pendant quelques années professeur de philosophie. Lié avec **Rubens** en

qualité de savant, le goût des arts l'emporta sur celui des lettres et il
se fit l'élève de son ami. Son dessin ne manque pas de correction ;
sa touche est ferme et vigoureuse, et son coloris approche de celui de
son illustre maître. Il savait bien la perspective et ornait ses compositions d'architecture et de paysages. La plupart de ses tableaux décoraient autrefois les églises d'Anvers.

## 110 *Martyre de saint Laurent.*

Bois. — H. 0ᵐ 62. — L. 0ᵐ 79.

Malgré les tourments qu'il endure sur un brasier ardent, saint Laurent n'est occupé que de la couronne
du martyre apportée par un ange qui apparaît dans
le ciel. Tout absorbé dans la pensée des récompenses
célestes, il ne daigne même pas tourner la tête vers
les ministres du culte païen, dont l'un lui indique la
statue d'un faux dieu. Le proconsul romain, assis sur
un trône décoré d'une draperie, vêtu d'un manteau
rouge passé sur une tunique rose, tient à la main un
bâton hérissé d'épines. Les bourreaux chargés du supplice de saint Laurent redoublent de rage à la vue de
son héroïque résignation : l'un d'eux, l'ayant saisi par
les cheveux et par une jambe, le pousse sur le gril, en
même temps qu'un autre le tire par une chaîne et arra-
che une draperie blanche qui le couvrait à la ceinture.

Ce tableau, ainsi que le suivant, était placé autrefois au-dessus des
stalles du chœur de l'église paroissiale Sainte-Catherine, à Malines.
*Voyage de la Flandre et du Brabant*, par Descamps, p. 118.)

Envoyé par le Gouvernement en 1803.

## 111 *Sainte Catherine, vierge et martyre.*

Bois. — H. 0ᵐ 63. — L. 0ᵐ 79.

Vêtue d'une robe blanche, ses jambes recouvertes
d'une draperie rose, et portant au cou l'empreinte du
couteau qui a tranché ses jours, sainte Catherine,
dont les traits respirent encore la candeur, est transportée sur le mont Sinaï par des anges qui remplissent leur mission avec une attention respectueuse et
délicate.

Le cadavre d'une jeune fille ayant été trouvé sur le mont Sinaï dans un état de parfaite conservation, les chrétiens de ce pays le considérèrent comme celui d'une martyre et lui donnèrent le nom de *Aicatharina*, c'est-à-dire, *pure et sans tache*. Par une pieuse fiction, le peintre a supposé le corps de sainte Catherine transporté par des anges sur le mont Sinaï.

Même provenance que le précédent.

Envoyé par le Gouvernement en 1803.

**RUBENS** (PETER-PAUL), *né à Cologne le 29 juin 1577, mort à Anvers le 30 mai 1640 ; élève d'***Adam Van Noort** *et d'***Otto Venius**.(Chef de l'école flamande.)

Pierre-Paul Rubens naquit à Cologne, où Jean Rubens son père, docteur ès-lois et ancien échevin d'Anvers, s'était réfugié, victime des persécutions religieuses de son pays. Jean étant mort en 1587, Marie Pypelinex, sa veuve, retourna à Anvers, où elle plaça Pierre-Paul, son septième et dernier enfant, en qualité de page chez Marguerite de Ligne, veuve du comte de Lalaing. Elle voulait se ménager des protections pour rentrer dans ses biens qui avaient été confisqués ; et, en effet, elle parvint à en récupérer une grande partie. Le jeune Rubens, qui s'était déjà distingué au collége des Jésuites de Cologne et dont la vive intelligence se développait dans toutes les branches de l'art, se fatigua bientôt de la vie oisive qu'il menait chez la comtesse de Lalaing : il sollicita et obtint la permission de se livrer à la peinture, vers laquelle il se sentait entraîné par un penchant irrésistible. On le plaça d'abord chez Adam **Van Noort**, chez qui il resta quatre années ; mais, ne pouvant supporter plus longtemps le caractère peu sociable de ce maître, il le quitta et entra chez **Otto Venius**, peintre habile et esprit éclairé. Il fut redevable à ce dernier de se former un goût gracieux emprunté au Corrège, d'étudier la science des allégories, de développer son amour inné des lettres et ses vastes connaissances dans tous les genres d'érudition. Ses rapides progrès en peinture le firent recevoir, en 1598, franc-maître de l'Académie de Saint-Luc. Le 19 mai 1600, il partit pour l'Italie, muni d'une lettre de recommandation de l'archiduc Albert, gouverneur des Pays-Bas pour le duc de Mantoue, Vincent de Gonzague. Il s'arrêta d'abord à Venise, où il étudia les chefs-d'œuvre du **Titien** et de **Paul Véronèse**. Le duc de Mantoue ne tarda pas à reconnaître le grand mérite de Rubens, et l'attacha à son service en qualité de gentilhomme et de peintre de sa cour. Cette position honorable lui attira une grande considération, et lui donna la facilité de continuer ses études à Venise, à Rome et à Gênes. Au commencement de 1608, après avoir retenu Rubens pendant huit années à sa cour, le duc le chargea d'une mission diplomatique auprès de Philippe III, roi d'Espagne. Notre artiste

profita encore de cette occasion pour voir et étudier tous les trésors
artistiques que les successeurs de Charles-Quint possédaient dans les
musées et les résidences royales. De retour à Mantoue, il fut envoyé
par le duc à Rome pour y copier les plus fameux tableaux des grands
maitres. Ces copies sont si belles, disent les anciens biographes,
qu'elles paraissent de seconds originaux. Il quitta enfin la ville éternelle pour se rendre à Florence, à Bologne, à Milan, à Gênes, où il
séjourna quelque temps et où il reçut la nouvelle de la maladie de sa
mère. Le grand artiste, dont la tendresse filiale égalait le génie, partit sur-le-champ pour Anvers; mais, quelque diligence qu'il fît, il
arriva trop tard pour rendre les derniers devoirs à celle qui lui avait
donné l'être. Dans son affliction, il repoussa toutes les consolations
humaines et s'enferma pendant quatre mois dans l'abbaye de Saint-
Michel, où avait été déposé le corps de sa mère. Après un court séjour à Anvers, Rubens se disposait à retourner à Mantoue, lorsque
l'archiduc Albert et l'infante Isabelle, pour le fixer auprès d'eux, lui
conférèrent la croix d'Or et le titre de chambellan, avec une pension
considérable. Ils furent d'ailleurs secondés, dit-on, par son amour
pour Isabelle Brandt, fille d'un riche sénateur d'Anvers, qu'il épousa
le 13 octobre 1609. Rubens, jouissant déjà de grandes richesses, se fit
bâtir un véritable palais, qu'il décora avec un luxe, une magnificence
inouïs, et où il menait une vie princière. Si grande que fut alors sa
renommée, tout concourait encore à l'accroître. Le baron de Vicq,
ambassadeur de l'archiduc Albert et de l'infante Isabelle à la cour de
France, avait proposé Rubens à Marie de Médicis pour l'exécution des
travaux de la galerie du Luxembourg. La proposition ayant été accep-
tée, le grand artiste vint à Paris en 1621, peignit vingt-et-une esquisses représentant les principaux évènements de la vie de la reine,
et retourna à Anvers pour exécuter les tableaux en grand, avec l'aide
de ses meilleurs élèves. Il revint à Paris en 1625, pour présider à la
mise en place de ses belles et vastes compositions. C'est dans cette
circonstance qu'il fit les portraits de la reine Marie de Médicis, de
François de Médicis son père, et de Jeanne d'Autriche sa mère. L'année suivante, Rubens perdit sa femme, Isabelle Brandt, qui lui laissa
deux fils. Vers cette époque, notre peintre, toujours fin diplomate,
céda au duc de Buckingham, qui lui en avait témoigné le désir, une
partie de la belle collection de tableaux, statues et objets d'art qu'il
avait réunis dans sa riche maison d'Anvers. Cette condescendance envers le favori de Charles Ier porta bientôt ses fruits, car elle ne contribua pas peu à le faire réussir dans l'importante négociation que Philippe IV d'Espagne lui avait confiée auprès du roi d'Angleterre. Il fut
comblé de titres, d'honneurs et de présents par les deux souverains.

De retour en Flandre en 1630, Rubens épousa en secondes noces la
belle et séduisante Hélène Forman, dont il a si souvent retracé le
portrait, et qui lui servit encore plus souvent de modèle pour ses têtes
de femme. Elle lui donna deux fils et trois filles. En 1631, il fut élu
doyen de l'académie d'Anvers, et en 1633 il entreprit une négociation
en Hollande, que l'opiniâtreté du prince d'Orange fit avorter. Chargé
d'instruire Marie de Médicis et Gaston d'Orléans, qui s'étaient retirés
à Bruxelles, des intentions de l'infante Isabelle et de celles de la cour
d'Espagne, il s'acquitta avec autant de tact que d'habileté de cette
mission délicate. Au milieu de cette auréole d'honneurs, de gloire et

de richesses, cet homme illustre, sentant venir avant l'âge les infir-
mités de la vieillesse, se retira peu à peu du monde et se renferma
dans sa belle maison, où il ne peignit plus que des tableaux de chevalet. Il laisssa en mourant la réputation de premier peintre de son
époque et fut qualifié de prince de l'Ecole flamande.

Rubens était un homme universel et complet. La nature lui avait
prodigué ses dons les plus précieux : la beauté de la taille et des
traits, la physionomie noble et douce, le regard agréable, le son de
voix flatteur. Egalement versé dans les belles-lettres, l'histoire, la
fable, les langues anciennes et modernes, il possédait une grande érudition et une éloquence naturelle et douce qui expliquent ses missions
et ses succès diplomatiques. Il peignait tous les genres : l'histoire, le
portrait, le paysage, les fruits, les fleurs, les animaux, et dans tous
il se montrait supérieur. Toutes ses compositions, créées d'inspiration, sont riches d'idées et d'allégories : aussi l'ordonnance en est-elle
magnifique, et le mouvement qui les anime est tel qu'il vous laisse
toujours saisi d'étonnement et d'admiration. Aucun peintre n'a eu
l'art de donner plus de force et de vérité à ses expressions ni de rendre plus sensibles toutes les passions de l'âme. Si l'on ne retrouve pas
dans ses œuvres la profondeur des pensées et la sagesse du **Pou-
sin**, l'étude et la science approfondie des **Carraches**, la douce
inspiration et l'élévation de style de **Raphaël**, on y voit toujours
une merveilleuse fécondité d'invention, une richesse d'idées inépui-
sable et une fougue d'exécution qui se joue des plus grandes difficultés.

Rubens enfantait ses chefs-d'œuvre avec l'impétuosité d'un torrent
qui déborde ; jamais d'hésitation ni de demi-parti. Souvent même la
fougue de son génie activait tellement son exécution qu'elle l'entraina
plus d'une fois dans des écarts de dessin, qu'il se garda bien de
redresser de peur de refroidir sa verve et de nuire par là, soit à l'effet
général, soit au prestige, à la vérité de son coloris. Cependant il était
grand dessinateur, car, quoiqu'il ait laissé de côté les beautés idéales
de l'antique, il a su représenter la nature puissante et musculeuse
qu'il avait sous les yeux avec cette connaissance profonde des formes
et des mouvements du corps humain qui annonce l'anatomiste consommé. Son dessin est toujours savant, rapide et plein de sentiment.
Comme un des plus grands coloristes qui aient existé, sa réputation
est parfaitement établie ; l'opinion publique varie d'autant moins sur
ce point que la vérité du coloris séduit plus universellement, et
que la plupart des hommes sont appelés à en juger sans connaissances spéciales, sans études préalables. Son nom est si célèbre, si
universellement connu, qu'il y aurait une sorte de témérité à continuer son éloge. Que pourrions-nous dire d'ailleurs que ses immortels
travaux ne disent depuis plus de deux siècles à l'Europe entière ?
Son œuvre est si immense que tous les musées, toutes les collections importantes possèdent de ses ouvrages, et que plus de *douze
cents* gravures en reproduisent les merveilles aux yeux du plus modeste comme du plus riche amateur.

A tant de gloire, ce grand peintre joignit celle de former une foule
d'élèves à qui il sut communiquer assez du feu sacré qui l'inspirait
pour les bien pénétrer des grands principes du coloris et pouvoir
ensuite les associer à ses immenses travaux. Aucun d'eux pourtant
n'égala le maitre ; mais tous, devenus artistes habiles, contribuèrent

avec plus ou moins d'éclat à la célébrité de l'Ecole flamande. Parmi les principaux, il suffira de citer : **Antoine Van Dyck, Jacques Jordaens, Théodore Van Thulden, Abraham Van Diepenbeck, Pieter Van Mol, Corneille Schut, Jean Van Hoeck, Justus Van Egmont, Simon de Vos, Francis Wouters, Erasme Quellinus, Lucas François, David Teniers** père et fils, etc., etc......

## 112 *Le Christ en croix entre les deux larrons.*

### Bois. — H. 3ᵐ 95. — L. 1ᵐ 90.

Cloué sur la croix, les bras rapprochés et tendus par le poids du corps qui s'affaisse, le Sauveur du monde, prêt à rendre le dernier soupir, jette vers le ciel un regard empreint d'une immense douleur et d'une résignation infinie. Sa tête est à demi-renversée en arrière, et la contraction de ses traits exprime les plus atroces souffrances. L'expression de cette figure est sublime. La Madeleine, agenouillée au pied de la croix qu'elle enlace de ses deux mains, ne peut détacher ses yeux baignés de larmes de son Maître bien-aimé. La touchante douleur de son amour divin se peint dans tous ses traits. L'affliction de la Vierge est tout aussi navrante ; debout derrière saint Jean qui cache ses pleurs dans son manteau, elle lève les bras vers son Fils, et semble, par ce geste désespéré, vouloir retenir le souffle qui va lui échapper. Comme contraste à cette scène de désolation, le peintre a placé au premier plan, à droite, deux guerriers revêtus d'armures qui considèrent le Christ avec des regards annonçant moins de compassion que de curiosité. Le bon larron tourne la tête vers le divin Sauveur, plein de confiance en ses promesses, tandis que, dans ses efforts pour se détacher de la croix, le mauvais larron a fait rompre le clou qui lui retenait le pied droit ; mais ses forces sont épuisées et sa tête retombe sans mouvement sur son épaule.

Ce tableau est traité d'une manière toute pittoresque par le coloris, la franchise de la touche, et une harmonie d'effet supérieurement entendue. L'exécution dénote un savoir-faire technique d'une hardiesse et d'une fermeté qui n'appartiennent qu'à Rubens. Les lumières sont d'un empâtement robuste et solide, et les ombres si transparentes qu'elles effleurent à peine l'ébauche, conservée à dessein pour en tirer parti au profit de l'art. Les muscles du torse, des bras et des jambes du Christ sont exprimés avec force et sans exagération. Les attitudes des deux larrons, qui prêtent à des raccourcis hardis, sont rendues avec une grande vérité. La manière de procéder du maître, qui consistait à appliquer ses teintes presque pures l'une à côté de l'autre, et à n'en faire le mélange que par un léger travail de la brosse, est surtout très remarquable ici dans les têtes du Christ et de la Madeleine. Il semble que son pinceau était aussi rapide à exécuter que son imagination à concevoir. Toujours plein de sa pensée qui ne lui échappait jamais, il peignait d'un seul jet, et avec une telle facilité qu'il conservait le même feu et le même enthousiasme jusqu'à l'entier achèvement de son œuvre. Les tableaux peints ainsi d'inspiration sont les seuls qui révèlent entièrement Rubens, et l'œuvre dont nous parlons est du nombre.

Ce tableau, gravé par Bolswert, était placé au maître-autel de la chapelle de la Vierge dans l'église des Capucins à Anvers. (Voir le *Voyage pittoresque de Flandre et du Brabant,* par Descamps, p. 198.)

Envoyé par le Gouvernement en 1803.

**RUBENS** (*d'après* **Peter Paul**), *par* **Largillière.**

**113** *La reine Thomyris faisant plonger la tête de Cyrus dans un vase rempli de sang.*

Toile. — H. 2ᵐ 60. — L. 1ᵐ 94.

L'original de ce tableau fait partie du musée du Louvre, et est ainsi décrit dans le catalogue de M. Villot, sous le nº 433 de l'école flamande : « A droite, sous un « dais de velours rouge, Thomyris, en robe de satin

« brodé d'or, en manteau royal doublé d'hermine, le
« sceptre à la main, est assise sur un trône exhaussé
« de cinq marches couvertes d'un tapis. Au pied du
« trône, deux femmes jeunes et une vieille dont on
« ne voit que la tête et une main posée sur l'épaule
« de l'une d'elles. A gauche, un soldat, le bras nu, va
« plonger la tête de Cyrus dans un bassin d'or ciselé,
« et un petit chien lèche le sang tombé sur le tapis.
« Un homme, vêtu d'une robe cramoisie, la tête coiffée
« d'un bonnet de fourrure et les mains derrière le dos,
« regarde la tête de Cyrus. Un ministre se tient auprès
« de la reine, et deux soldats sont debout par der-
« rière. Dans le fond, deux colonnes torses et le ciel. »

Largillière a moins cherché, dans cette copie, à rendre la manière de Rubens et son mode de procéder
qu'à saisir l'aspect du tableau et à produire un ouvrage
qu'il pût avouer.

Cette copie fut donnée par Louis XV à l'Académie royale de Peinture de Toulouse, d'où elle est venue au Musée.

## RUBENS (*d'après* P.-P.), *par* Henri Van Balen.

## 114 *L'Adoration des Mages.*

Cuivre. — H. 0ᵐ 55. — L. 0ᵐ 41.

Les trois rois mages, suivis d'un cortége nombreux,
viennent se prosterner devant l'enfant Jésus, que la
Vierge soutient sur la crèche, assis sur un coussin.

Cabinet de M. de Thézan.

## RUBENS (*d'après* P.-P.), *par un peintre français inconnu.*

## 115 *La Vierge, l'Enfant et saint Jean.*

Toile. — H. 1ᵐ 07. — L. 1ᵐ 05.

L'enfant Jésus, assis sur une draperie blanche et
soutenu par sa mère, joue avec la banderolle que lui

présente le petit saint Jean, étendu à côté de lui sur sa peau de mouton. Cette banderolle, attachée à la croix de roseau du jeune Précurseur, porte cette inscription : *Ecce agnus Dei.*

Donné par M. Bergeret à l'Académie royale de Peinture, d'où il a été extrait pour être placé au Musée.

## SEGHERS *ou* ZEEGERS (Gérard), *né à Anvers en 1589, mort en 1651.* (Ecole flamande.)

Dans son pays, Seghers étudia sous **Henri Van Balen** et **Abraham Janssens.** De même que **Honthorst,** il fut frappé, en arrivant à Rome, des ouvrages du **Caravage** ; et comme **Manfredi,** élève de ce dernier, y florissait alors, il s'attacha particulièrement à sa manière. De retour à Anvers, en 1608, il fut reçu franc-maître de l'académie de Saint-Luc ; plus tard, il se lia avec **Rubens,** dont il devint l'ami, le collaborateur, et probablement l'élève. Toujours est-il que, lorsqu'il voulut travailler dans le goût de ce maître, il en approcha tellement que, sans un certain degré d'empâtement qui lui est propre, il serait difficile de distinguer leurs ouvrages. Seghers se rendit plus tard à Madrid, où le roi, sur la recommandation du cardinal Zapata, lui confia divers travaux. Il les termina à la satisfaction du monarque, qui ne le vit partir qu'à regret. Revenu enfin dans sa ville natale, Seghers fut nommé doyen de l'académie de Saint-Luc, en 1647. — Les études variées qu'il fit dans ses voyages, et dans les diverses écoles qu'il fréquenta, lui acquirent une couleur chaude et vigoureuse, un dessin correct, et une belle entente du clair-obscur. Ces qualités, soutenues par des compositions bien pensées, lui amenèrent de nombreux travaux pour les églises d'Anvers et de Flandre.

## 116 *Adoration des Mages.*

Toile. — H. 2ᵐ 29. — L. 1ᵐ 80.

La Vierge, assise auprès de saint Joseph debout, soulève le lange qui couvrait l'enfant Jésus et le présente aux trois Mages venus pour l'adorer. Le plus âgé d'entre eux, vieillard vénérable à barbe blanche, couvert d'un riche manteau, est prosterné devant le Fils de Dieu dans une attitude pleine de ferveur et d'onction ; il est suivi d'un page portant son épée et son turban surmonté d'une couronne d'or. A côté de ce vieillard, un roi nègre, coiffé d'un turban blanc, et portant un vêtement de couleur claire, tient un encensoir à la

main. Le troisième mage, debout derrière le premier,
s'avance pour offrir un vase d'or ciselé, rempli de
myrrhe. A droite, dans le fond, on aperçoit deux autres personnages, dont l'un considère cette scène avec
curiosité. — Toutes ces figures sont éclairées par une
vive lumière émanant de l'enfant Jésus.

Envoyé par le Gouvernement en 1812.

## SIBRECHTS ou SIBERECHTS (Johan-<br>nes), *né à Anvers en 1630, mort en 1703.*

Quoique né en Flandre et dans la ville où l'on cultivait le plus
la peinture, Sibrechts s'attacha à étudier **Berchem** et **K. du
Jardin**, peintres hollandais. Il les imita si bien, au dire des
biographes, que l'on prenait la plupart de ses tableaux pour des
ouvrages de ces maîtres. En rapportant cette appréciation, nous
n'entendons nullement en accepter la responsabilité. Nous dirons
toutefois que Sibrechts eut un certain talent d'imitation, et que nous
avons vu de lui nombre de tableaux très agréablement composés. Sa
vie est peu connue; on sait seulement qu'il voyagea beaucoup; qu'il
parcourut l'Allemagne, la France, où il fit connaissance d'un duc
de Buckingham qui l'emmena en Angleterre. C'est là qu'il a laissé
une grande partie de ses ouvrages et qu'il est mort probablement,
en 1703.

## 117. *Scène pastorale.*

### Bois. — H. 0ᵐ 36. — L. 0ᵐ 41.

Un berger couvert d'une peau de mouton est assis
au bord d'un ruisseau, où son chien se désaltère; il
cause avec une villageoise qui est venue faire boire une
vache, sur laquelle elle s'appuie du bras gauche tandis
que de la main droite elle relève sa robe afin qu'elle
ne trempe pas dans l'eau. On voit, un peu plus loin,
une vache couchée en avant d'un taillis épais.

Ce tableau avait été faussement attribué à **Karel du Jardin**.

Cabinet de M. de Breteuil.

## SNAYERS (Pierre), *né à Anvers en 1593, mort<br>en 1670.* (Ecole flamande.)

On ne sait rien de son premier temps, sinon qu'il fut élève d'**Henri Van Balen**. Il traitait tous les genres, et ses talents furent

très estimés de **Rubens** et de **Van-Dyck**. Ce dernier peignit son portrait pour être placé parmi ceux des artistes célèbres de
son temps. L'archiduc Albert l'appela à Bruxelles, le nomma son
premier peintre, envoya en Espagne plusieurs de ses tableaux, qui
lui attirèrent de nombreuses commandes et lui acquirent une grande
réputation. Plus tard, sous le cardinal Infant, il fut encore nommé
premier peintre de la Cour. Ses principaux ouvrages sont en Espagne
et à la galerie de Vienne.

## 118 *Tête d'évêque.*

Toile. — H. 0m 90. — L. 0m 68.

Il est vu de trois quarts, la tête tournée à gauche et
le regard fixe devant lui. Il a le chef couvert d'une
mitre blanche ornée au bas d'une garniture de gros
rubis, et il porte une longue barbe brune qui se confond avec la couleur de son vêtement.

MM. Roucoule et Suau mentionnent cette tête comme représentant
le portrait de saint Sylvestre, le premier pape que l'on ait peint
avec la mitre. Sans vouloir contredire l'opinion des auteurs des anciens
catalogues, nous regardons cette tête comme un portrait de fantaisie, exécuté par Snayers pour être placé dans un sujet ayant trait
à la vie de saint Sylvestre, mort en 335, sous le règne de Constantin.

Envoyé par le Gouvernement en 1812.

**UDEN** (Lucas Van), *né à Anvers en 1595, mort en
1660 ou 1662. (Ecole flamande.)*

Il apprit son art chez son père, qu'il surpassa bientôt. **Rubens,
Van Dyck** et **Teniers** contribuèrent à sa réputation en
peignant des figures dans ses paysages. En revanche, il fit lui-même
des paysages dans les tableaux de ces peintres.

## 119 *Paysage.*

Cuivre. — H. 0m 15. — L. 0m 19.

Au-delà d'une rivière, sur laquelle vogue un bâtelet
conduit par deux rameurs, s'élève un côteau boisé et
meublé de plusieurs habitations rustiques.
Si petit qu'il soit, ce tableau indique, à ne pas s'y
méprendre, la touche facile, légère et spirituelle de
Van Uden.

Cabinet du cardinal de Bernis.

**VERBEEK** *ou* **VERBEECQ** (Pieter), *né vers 1600, mort inconnue.* (Ecole hollandaise.)

Bien que le nom de P. Verbeecq soit inscrit en toutes lettres sur le tableau que possède le Musée de Toulouse, les précédents livrets l'ont attribué, on ne sait pourquoi, à **Bonaventure Van Oberbeeck**, qui fut un peintre d'histoire très savant, très érudit et très habile, tandis que le plus grand mérite de Pierre Verbeecq est d'avoir été l'un des maîtres de **Philippe Wouwerman**.

Quoi qu'il en soit, P. Verbeecq paraît être né vers 1600. Gérard Hoët, dans la collection de ses catalogues de 1684 à 1768, cite douze tableaux de cet artiste, représentant des sujets de chasse, des chevaux et des paysages avec des animaux. Fuzli prétend qu'un demi-connaisseur prendrait ses tableaux pour des **Van Falens** ou des **Ph. Wouwerman**. Il eût été plus exact de dire que Wouwerman n'a jamais oublié les compositions de son maître.

## 120   *Un Cheval blanc.*

Bois. — H. 0m 30. — L. 0m 23.

Attaché par la bride à un anneau fixé au mur d'un portique sous lequel il est abrité, il porte une élégante selle d'amazone couverte de velours bleu, et se lèche une jambe de devant. Un chien endormi est à ses pieds.

Signé : *P. Veerbeecq.*

**VERELST** (Pieter), *né à Anvers en 1614, mort inconnue.*

Les productions de sa première manière accusent qu'il s'est inspiré à Anvers de la fraîcheur de coloris et de la facilité d'exécution de **Rubens**. Plus tard, les tableaux qu'il a exécutés à La Haye sont traités dans le goût des maîtres hollandais et se ressentent de l'influence que **Rembrandt** exerçait alors. Il avait si bien saisi les principes de cette Ecole qu'il fut nommé directeur de l'académie de La Haye en 1659. — On trouve des tableaux de ce maître dans les grands musées d'Allemagne, notamment dans ceux de Berlin, de Salzthalum et de Vienne. Ce dernier musée en contient un, comparable aux plus beaux **Van Ostade**, et qui a été gravé par S. Langer, sous le titre : *Les Liseurs de Gazette.*

## 121   *Tête de vieillard.*

Bois. — H. 0m 70. — L. 0m 54-

Il est représenté en buste, de trois quarts, la tête

tournée à droite; il porte une longue barbe blanche, épaisse et soyeuse, et des cheveux de la même couleur encore bien fournis. Son vêtement consiste en un surtout noir garni d'un collet à fourrure.

Ce tableau, de la première manière de Verelst, est peint dans le goût flamand.

Signé : P. VERELST. 1648. ( Le dernier chiffre est peu lisible) (1).

Provient de la galerie ducale de Brunswick, à Salzthalum, où il était placé dans la première galerie. — Décrit sous le n° 34 du catalogue Eberlein, 1776.

Envoyé par le Gouvernement en 1812.

(1) En présence de cette signature et de cette date, nous ne comprenons pas comment on avait pu attribuer le tableau à **Marie Verelst**, née en 1680, c'est-à-dire 32 ans après l'exécution de cette peinture.

# PEINTRES INCONNUS



## DES ÉCOLES

## ALLEMANDE, FLAMANDE ET HOLLANDAISE.

———

### XVᵉ SIÈCLE.

**122** *Histoire. de saint Jean-Baptiste.*

Tableau en trois compartiments, dont ceux de côté servaient autrefois de volets pour recouvrir le sujet principal. Compartiment du milieu : Bois. — H. 1ᵐ 52. — L. 1ᵐ 61. — Compartiments des côtés : Bois. H. 1ᵐ 52. — L. 0ᵐ 77.

1ᵉʳ Compartiment, à gauche : *Naissance de saint Jean.*

Deux femmes, dont l'une richement habillée porte dans ses bras un nouveau-né, demandent au prêtre Zacharie, assis à terre à côté d'elles, le nom qu'il veut donner à son enfant. Zacharie, frappé de mutisme pour avoir douté des promesses du Seigneur touchant la prochaine maternité de sa femme, écrit sur une bande de papier déroulé qu'il tient sur le genou : *Johannes est nomen ejus* — Jean est son nom. Un peu plus loin à gauche, on voit Zacharie, agenouillé devant le temple, un encensoir à la main, étonné de l'apparition d'un ange qui lui annonce que sa femme lui donnera bientôt un fils. Enfin, au fond, un peu à droite, on aperçoit la maison de Zacharie, d'où sa femme Elisabeth est sortie à la rencontre de la sainte Vierge et de saint Joseph qui viennent lui faire visite.

2ᵉ Compartiment, au centre : *Vie de saint Jean.*

Saint Jean-Baptiste, agenouillé au bord du Jourdain, auprès d'un grand arbre, donne le baptême à Jésus-Christ à demi-nu et immergé jusqu'à mi-jambes. Un ange, debout à côté de Jésus, tient son manteau. — A droite, au second plan, Jean annonce la venue du Messie à un certain nombre de personnes groupées devant lui ; un enfant est grimpé sur un arbre. Plus loin, vers la gauche, Jean adresse des reproches à Hérode et à Hérodiade qu'il rencontre sur leur chemin, et blâme sévèrement leur conduite. — Le fond est formé par un pays qu'arrose le Jourdain et où l'on remarque une ville auprès de pics élevés et escarpés. Dans le haut du ciel, apparaissent Dieu le Père et le Saint-Esprit.

3ᵉ Compartiment, à droite : *Mort de saint Jean.*

Le Précurseur a été décollé ; son cadavre est gisant sur le sol, les poignets liés avec une corde. Le bourreau, tenant encore le glaive d'une main, lève de l'autre la tête du supplicié et la regarde avec mépris avant de la déposer dans le plat que lui présente Salomé, fille d'Héroriade. — Dans le fond, où l'on aperçoit un parc boisé, Salomé danse devant Hérode, au son d'une mandoline, pour lui complaire et le disposer à lui accorder la mort de Jean, qu'Hérodiade sa mère lui fera demander. La droite du tableau est occupée par le palais de Machéro, dans lequel on voit, par une ouverture formée de deux arceaux, Hérode et ses amis assis autour d'une table sur laquelle est déposée la tête de Jean, dont Hérodiade pique la langue avec une épingle. Solomé est renversée sous la table, frappée sans doute par la vengeance céleste.

Dans son catalogue du Musée impérial du Louvre, M. Frédéric Villot a classé dans la catégorie des inconnus neuf tableaux de cette époque, qui ne présentent probablement aucun des caractères propres à pouvoir en faire reconnaître les auteurs avec certitude. Cette réserve, digne d'un juge consciencieux et sévère qui ne livre rien au hasard, a toute notre approbation. C'est pourquoi, ne nous rappelant pas assez les tableaux de l'ancienne école allemande que nous avons vus, étant jeune, dans les galeries de Boisseré et de Schleisheim, nous ne nous permettrons pas d'énoncer une opinion positive sur celui dont nous venons de faire la description, et que les livrets précédents du musée de Toulouse attribuent à **Martin Schoen**. — Ce qu'il y a de certain pour nous, c'est qu'on peut considérer ce tableau comme une production très remarquable d'un ancien peintre allemand, et qu'il figurerait avec avantage dans les galeries les mieux pourvues d'ouvrages des écoles primitives. Nous pensons même qu'un homme compétent qui ferait un voyage en Allemagne, notamment à Munich, pourrait sans difficulté éclaircir tous les doutes à ce sujet.

Ce tableau était placé autrefois au palais de justice de Toulouse, dans la chapelle du parlement.

## XVIᵉ SIÈCLE.

**125** *Descente de croix.*

Bois. — H. 1ᵐ 19. — L. 1ᵐ 00.

Nicodème et Joseph d'Arimathie, montés chacun sur une échelle appuyée aux bras de la croix, ont détaché le corps du Sauveur et le soutiennent, l'un, avec une draperie couleur orange-clair passée sous les bras, et l'autre, en le recevant sur son épaule. Un troisième disciple, debout au pied de la croix, le retient de ses mains par la hanche et par les pieds, encore cloués au bois fatal. — Saint Jean et les saintes femmes sont groupés à gauche de la croix, dans l'attitude de l'affliction. La Vierge, succombant à sa douleur en présence de cette scène, est soutenue par saint Jean, tandis que Madeleine à genoux tient un vase à parfums et porte une main à ses yeux en larmes. A côté d'elle, sont Salomé, mère de Jean, et Marie, mère de Jacques le Mineur ; la première est debout, et la seconde, agenouillée et coiffée d'une étoffe blanche.

Sur un galon d'or qui orne le bas de la robe du disciple, debout au pied de la croix, il y a plusieurs lettres gothiques dans de petits compartiments séparés, que les rédacteurs des catalogues du musée de Toulouse ont pris pour le monogramme de **Lucas Cranach**. Nous ne pouvons accepter cette opinion, et nous croyons que ces lettres sont tout simplement les initiales de quelque formule religieuse ou de quelque prière. Le monogramme de Lucas Cranach est invariablement indiqué par un serpent ou un dragon rampant et ailé ayant une couronne sur la tête et une bague dans la gueule, signes auxquels le peintre a joint quelquefois une L et un C entrelacés. Mais ce ne sont pas là les marques qui indiquent le mieux le défaut de rapport de cet ouvrage avec ceux de Cranach ; il en diffère bien plus par le style et la manière de peindre, qui n'ont pas plus d'analogie avec les productions si nombreuses et si connues de l'ancien maitre allemand qu'avec celles de ses imitateurs.

Ce tableau était autrefois an palais de justice de Toulouse, dans la chapelle du Parlement.

## 124  *Les quatre Évangélistes.*

Bois. — H. 0<sup>m</sup> 68.— L. 1<sup>m</sup> 05.

Assis autour d'une table, vus à mi-jambes, les quatre évangélistes sont occupés à rédiger leurs évangiles, ayant à côté d'eux les êtres symboliques qui les caractérisent. Ainsi on voit auprès de saint Marc la tête du lion, celle du bœuf à côté de saint Luc, l'aigle derrière saint Jean, et l'ange debout, les ailes déployées, auprès de saint Matthieu.

Ecole de **Franc-Floris**. — Nous avons déjà dit que ce peintre était mort en 1570 ; or, la plupart de ses élèves ont dû travailler dans les trente dernières années du XVI<sup>e</sup> siècle, raison qui nous a déterminé à classer ce tableau dans cette période de temps.

## 125  *Saint Pierre.*

Bois. — H. 1<sup>m</sup> 02. — L. 0<sup>m</sup> 74.

Vêtu d'une tunique grise sur laquelle se drape un manteau rouge, saint Pierre, ayant les clés du paradis à côté de lui, est représenté debout, à mi-corps, les mains croisées sur la poitrine, les yeux levés vers le ciel d'un air repentant. Dans le fond, à droite, on le voit au moment où il renie son maître, que des soldats conduisent devant Pilate.

Ecole de **Quentin Metsis**.

## XVIIᵉ SIÈCLE.

## 126　*Le Christ descendu de la croix; —* Triptyque.

**Bois. Milieu : H. 0ᵐ 88. — L. 0ᵐ 45. — Volets : H. 0ᵐ 88. — L. 0ᵐ 25.**

Jésus, déposé à terre sur un linceul, est soutenu sous les bras par Joseph d'Arimathie. A ses pieds, deux autres disciples sont en proie à la plus vive douleur. Dans le centre de la composition, saint Jean et Nicodème secourent la Vierge qui s'évanouit, et à côté d'elle, Madeleine, les mains élevées, contemple avec désespoir les restes inanimés de son maître bien-aimé. A gauche et à droite, sur les volets, sont représentés les donataires à genoux, en avant d'une colonnade dont la première colonne porte le blason armorié de ces personnages, avec la date de 1610.

Nous passerions sous silence cette production, fort insignifiante par elle-même, si nous n'avions à signaler aux amateurs un exemple fort singulier de la faiblesse de certains artistes qui, même aux plus grandes époques de l'art, sont restés en arrière de leur siècle. Ce tableau porte la date bien authentique de 1610, et néanmoins il a tellement les caractères d'une peinture primitive qu'on l'avait désigné, dans les précédents catalogues, comme remontant aux premiers âges de la peinture à l'huile. C'est une chose curieuse à consigner pour prouver combien il est aisé de se méprendre sur la date d'une œuvre en la jugeant à son simple aspect. Or, en 1610, depuis plus d'un siècle tous les grands peintres avaient paru, et l'école flamande était déjà parvenue à l'apogée de sa gloire, nommant avec orgueil l'illustre Rubens qui était alors âgé de 33 ans.

## 127　*Paysage.*

**Cuivre. — H. 0ᵐ 19. — L. 0ᵐ 18.**

Site rocheux parsemé de touffes d'arbres et arrosé par une rivière.

On ne saurait admettre que ce tableau puisse être attribué à **Claude Lorrain**, ainsi que l'ont fait observer les précédents livrets. C'est l'ouvrage d'un peintre allemand de l'école d'**Elzheimer**.

Cabinet de M. de Breteuil.

## 128  *Marine.*

Cuivre. — H. 0ᵐ 18. — L. 0ᵐ 30.

Vue prise devant un port dont on n'aperçoit qu'une partie de maison qui cache la moitié d'un beau navire. D'autres bâtiments sillonnent les eaux, qui sont un peu agitées. De petites figures animent le quai et remplissent des barques.

Petite production d'un bon ton de couleur et bien entendue d'effet. Les figures sont traitées dans le goût de **Schoewaerts**.

## 129  *Les blanchisseuses.*

Bois. — H. 0ᵐ 15. — L. 0ᵐ 22.

Deux blanchisseuses sont occupées à laver du linge à un lavoir établi dans une grotte. Deux petits enfants et un âne barbottent dans l'eau.

Genre de **Breenberg**.

## 130  *Port de mer.*

Cuivre. — H. 0ᵐ 23. — L. 0ᵐ 32.

Au milieu de la composition, s'élève un fort qui protége une ville située au bord de la mer et au pied d'une haute montagne se terminant en pain de sucre. Plusieurs navires et une petite barque traversent les eaux du port. A droite, au premier plan, une jetée, sur laquelle sont des personnages de distinction.

Genre de **Zeeman**.

## 131  *Pâturage.*

Cuivre. — H. 0ᵐ 21. — L. 0ᵐ 16.

Un berger, assis devant un hangar construit en planches, joue du flageolet, en surveillant trois brebis. Sur le devant, un petit chien boit à une mare d'eau.

Imitation de **Pinacker**.

Collection de M. de Breteuil.

## 152 *Paysage.*

Bois. — H. 0<sup>m</sup> 32. — L. 0<sup>m</sup> 53.

Un homme et une femme, assis sur l'herbe, se reposent au pied de deux grands arbres qui s'élèvent à gauche de la composition. Une rivière, sur laquelle voguent deux bâtelets, baigne, d'un côté, le premier plan, et de l'autre un pays boisé.

Ce paysage, attribué d'abord à **Salomon**, puis à **Jacques Ruysdaël**, ne ressemble en rien aux ouvrages de ces maitres ; il n'est même d'aucun de leurs élèves. Un ton de couleur monotone, une touche épinglée et mollasse, un aspect froid et sans effet, sont loin d'être les signes caractéristiques des Ruysdaël.

**Collection de M. de Breteuil.**

## 153 *Sainte Geneviève.*

Toile. — H. 0<sup>m</sup> 29. — L. 0<sup>m</sup> 47.

Debout, les bras croisés sur la poitrine et appuyée sur sa houlette, la sainte semble adresser une prière à l'Eternel, tout en gardant un troupeau de moutons et de chèvres, au milieu duquel sont deux vaches couchées.

Attribué à **Henri Roos**.

**Collection du cardinal de Bernis.**

## 154 *Des fruits.*

Bois. — H. 0<sup>m</sup> 32. — L. 0<sup>m</sup> 50.

Des raisins blancs et noirs, des pêches et des prunes dans un plat d'étain déposé sur une table, à côté d'une branche de cerisier.

Porte le monogramme I. F.

**Collection de M. de Cambolas.**

## 155  *La promenade.*

Toile. — H. 0^m 36. — L. 0^m 57.

Un cavalier et une amazone se sont arrêtés auprès
d'une fontaine pour faire boire leurs chevaux. A droite,
deux autres cavaliers, dont l'un, descendu de cheval,
rattache sa chaussure.

Genre de **Dirck Maas**.

Acheté par la direction du Musée en 1805.

## XVIIIe SIÈCLE.

## 156  *Pâturage.*

Bois. — H. 0^m 18. — L. 0^m 15.

Un pâtre frappe de sa houlette une vache, un jeune
veau et deux moutons qui sont couchés pour les obli-
ger à se dresser sur leurs pieds.

Genre de **Melchior Roos**, de Francfort.

Cabinet de M. de Breteuil.

## 157  *La main-chaude.*

Cuivre. — H. 0^m 16. — L. 0^m 13.

Une femme, assise sur un escabeau, était occupée
à filer lorsque quatre personnages, placés devant elle,
sont venus la distraire de son travail pour jouer sur
ses genoux à la main-chaude. Dans le but de dérouter
le patient, l'un des joueurs frappe avec un marteau.

Collection du cardinal de Bernis.

## 158  *Paysage,* (clair de lune).

Bois. — H. 0^m 22. — L. 0^m 29.

Les ruines d'un ancien temple s'élèvent devant un

massif d'arbres, au bord d'un fleuve dans lequel se reflète la lune.

## 139   *Portrait d'un peintre.*

Cuivre. — H. 0ᵐ 15. — L. 0ᵐ 12.

Coiffé d'une toque garnie de fourrure, il est vu à mi-corps, occupé à peindre le portrait d'une dame.

Ce tableau attribué à tort, dans les Notices précédentes, à **François Mieris**, nous paraît être l'ouvrage d'un peintre allemand.

# 3^me PARTIE.

## ÉCOLE FRANÇAISE ANCIENNE.

------

**BERTIN** (Nicolas), *né à Paris en 1667, mort dans la même ville en 1736.*

Sous la direction de **Jouvenet** et de **Bon Boullongne**, il fit des progrès si rapides qu'à l'âge de 18 ans il remporta le premier prix de peinture et fut envoyé à Rome, comme pensionnaire du roi. Il passa quatre ans dans la capitale de la chrétienté, et après avoir été en Lombardie, à l'exemple de son second maitre, pour y étudier le **Carrache** et le **Corrège**, il revint en France et fut reçu à l'Académie en 1703 pour un tableau représentant *Hercule qui délivre Prométhée*. Il fut élu professeur en 1705, et adjoint à recteur en 1733. Son ouvrage le plus important est le *Baptême de l'eunuque de la reine de Candace*, qui est encore aujourd'hui à Saint-Germain-des-Prés. Il peignait de préférence des tableaux de grandeur moyenne, c'est-à-dire des morceaux de cabinet.

## 140 *Jacob retourne dans la terre de Chanaan.*

Toile. — H. 0^m 95. — L. 1^m 26.

Jacob, monté sur un cheval blanc, marche en tête de sa famille. Lia, sa femme, et son fils aîné Ruben, également à cheval, sont à côté de lui, tandis que Rachel les suit de près, assise sur un âne et portant dans ses bras son fils Joseph encore au maillot. Un homme, debout auprès d'elle, place un jeune garçon sur la croupe de sa monture. Les autres membres de la famille et quelques serviteurs suivent à pied. Un jeune homme grimpe sur l'un des deux chameaux chargés de bagages. Cette caravane est précédée des nombreux troupeaux du patriarche, qui gravissent à gauche les premières pentes boisées de la montagne de Galaad.

Envoyé par le Gouvernement en 1803.


**BLANCHARD** (Jacques), *né à Paris en 1600, mort dans la même ville en 1638.*


**Nicolas Bollery**, son oncle maternel, peintre de Louis XIII, lui inspira le goût de la peinture et lui donna les premières leçons. A l'âge de 20 ans il partit pour l'Italie ; mais, s'étant arrêté à Lyon, il se mit sous la conduite d'**Horace Leblanc**, peintre alors en réputation. Il arriva enfin à Rome en 1624, y resta deux ans, et se rendit ensuite à Venise, où il trouva les tableaux de **Titien**, de **Tintoret** et de **Paul Véronèse** tellement en rapport avec son goût inné pour la couleur, qu'ils devinrent de sa part un sujet d'étude sérieuse et approfondie. Les Vénitiens eux-mêmes furent si charmés de sa couleur et de son pinceau qu'ils s'empressèrent de rechercher ses ouvrages. A Turin, le duc de Savoie l'employa assez longtemps à peindre les *Amours de Vénus et d'Adonis*, en huit sujets. A Lyon, Blanchard exécuta plusieurs morceaux qui donnèrent une haute idée de sa capacité. De retour à Paris, il eut un succès extraordinaire. On fut surpris de voir un coloriste dans l'Ecole Française, et cette qualité lui valut de son vivant le surnom de *Titien de la France*. C'était pousser un peu loin l'exagération. Mais ce qu'on ne saurait contester, c'est qu'il apportait de Venise un coloris clair, brillant, et un pinceau gracieux qui captivèrent les amateurs. Il peignit pour sa réception à l'Académie de Saint-Luc (l'Académie Royale ne fut établie qu'en 1648) un *Saint Jean dans l'île de Pathmos*, qui est un beau morceau ; et, en 1634, il exécuta une *Pentecôte*, tableau votif offert par la corporation des orfèvres à l'église Notre-Dame. Ces deux compositions, dont la dernière a été gravée par Regnasson, établirent sa réputation, et ses travaux à l'hôtel Bullion contribuèrent à l'accroître.

Ce peintre n'a pas eu le temps de faire beaucoup de grands ouvrages ; l'empressement avec lequel les amateurs recherchaient ses *Vierges* ne lui en laissa pas le loisir. Il a peint une quantité de vierges à mi-corps et de femmes nues, dont les têtes sont pleines d'une sorte d'afféterie que l'on prenait alors pour de la grâce ; mais elles manquent de noblesse et de variété, ayant toutes un air de famille qui annonce un génie peu observateur. — Son tempérament tout de feu et sa vivacité à peindre le consumèrent à la fleur de l'âge. Atteint d'une fluxion de poitrine, il mourut à Paris, âgé de 38 ans. — Il eut pour élève son fils **Gabriel**, qui soutint la réputation de son père et fut reçu académicien en 1663.

## 141 *La Purification de la Vierge.*
### Toile. — H. 3ᵐ 19. — L. 4ᵐ 05.

Dans le parvis du temple de Jérusalem, le vieillard Siméon, rempli d'une sainte allégresse à la vue de l'enfant Jésus, le prend des bras de la Vierge, debout auprès de lui dans une attitude de chaste modestie, et témoigne à Dieu sa reconnaissance en improvisant le cantique *Nunc dimittis*....... Un personnage agenouillé écarte les langes de l'enfant, et lui prend un pied comme pour le porter à ses lèvres. Derrière ce groupe, on voit à gauche un jeune homme, les mains levées et les yeux dirigés vers le ciel; à droite, la prophétesse Anne et saint Joseph ayant à la main la cage renfermant les colombes qu'il vient offrir au Seigneur; tout-à-fait dans le coin, de ce côté, une femme portant un enfant, et, au fond, deux grandes arcades par lesquelles on découvre la campagne et une autre partie du temple. Du côté opposé, dans l'ombre, est la porte du monument, sous laquelle on distingue deux personnages dont l'un tient une tablette, et auprès d'eux un jeune enfant portant un cierge allumé.

Signé : BLANCHARD.

Ce tableau a été peint par Blanchard pour la chapelle de Notre-Dame du Mont-Carmel, dans l'église des Carmes à Toulouse. Il est cité dans d'Argenville, t. IV, p. 53.

## BOULOGNE (Bon) *ou de* BOULLONGNE *dit l'Aîné, né à Paris en 1649, mort dans la même ville en 1717.*

Fils et élève de **Louis Boulogne,** il fut envoyé par Colbert comme pensionnaire du roi à Rome, sans avoir concouru pour le grand-prix de l'Académie. Il passa cinq ans dans cette ville, puis il alla en Lombardie pour étudier le **Corrège** et **Annibal Carrache,** s'appropriant avec une si merveilleuse facilité l'exécution des grands maîtres que, lorsqu'il l'a voulu, il en a fait des imitations qui trompaient les peintres eux-mêmes. De retour à Paris, il se fit recevoir à l'Académie en 1677, sur un tableau représentant *Hercule combattant les Centaures* (maintenant au musée du Louvre).

8

Il fut nommé adjoint à professeur en 1684 et professeur en 1692. Il peignit à fresque aux Invalides la chapelle de Saint-Jérôme et celle de Saint-Ambroise. On voyait aussi de lui, à Notre-Dame, le *Paralytique*, et dans le chœur des Chartreux la *Résurrection de Lazare*, ouvrage qui n'est pas indigne des premiers maîtres de l'École lombarde. Tout ce qu'il a fait porte un grand caractère.

## 142  *Départ des Tectosages.*

Toile. — H. 2ᵐ 62. — L. 3ᵐ 22.

Le *Bren* ou chef des Gaulois tectosages, monté sur un cheval blanc, la main droite appuyée sur son bâton de commandement et accompagné de ses lieutenants, vient de sortir d'une des portes de Toulouse, où sont encore engagés les porte-étendards et les nombreux soldats qui vont prendre part à son aventureuse expédition. A droite, à quelques pas devant lui, une femme, que son jeune enfant tient par la robe, tend les bras à un cavalier qui se penche pour recevoir un dernier adieu. Dans le coin de gauche, un vieillard embrasse avec émotion un soldat, dont la femme, assise derrière lui, verse d'abondantes larmes. Un jeune enfant, accoudé sur les genoux de cette femme, la considère avec un mélange d'étonnement et d'effroi. — Le fond est occupé par la porte et les remparts de Toulouse, au haut desquels on remarque, à droite, un druide se disposant à sacrifier à Hésus, le dieu des combats, un taureau que quelques hommes lui amènent. A côté de lui, une femme se penche en dehors du mur, et donne un paquet à un soldat qui étend la main pour le prendre.

Ce tableau, placé autrefois le quatrième à gauche dans la galerie de peinture du Capitole (aujourd'hui salle du Festin), est cité dans d'Argenville, t. IV, p. 251, comme un ouvrage du meilleur temps de Bon Boullongne.


**BOURDON** (Sébastien), *né à Montpellier en 1616, mort à Paris en 1671.*


Sébastien Bourdon doit être présenté comme le génie le plus fécond et le talent le plus facile qui ait paru en France. Son nom restera toujours l'un des plus célèbres dans les annales de notre École. —

Né à Montpellier en 1616, d'un père qui était peintre sur verre,
il en reçut dès sa plus tendre enfance quelques principes de dessin.
Un de ses oncles l'amena à Paris à l'âge de sept ans, et le plaça
chez un peintre très médiocre, où il n'aurait sans doute appris
que bien peu de chose, si son travail n'eût suffi à développer ses
heureuses dispositions naturelles. Sans ressource de ses parents,
— du moins tout le fait supposer, — il partit à quatorze ans pour
Bordeaux et peignit avec succès dans un château voisin un plafond
à fresque qui fut admiré. Cependant il ne trouva pas d'autre occu-
pation à Bordeaux et ne fut pas plus heureux à Toulouse. La misère
l'obligea de s'engager. L'officier sous les ordres duquel il servait,
reconnaissant qu'il avait trop de talent pour rester soldat, lui donna
bientôt son congé. Manquant de tout, mais soutenu par sa ferme
volonté, il arriva à Rome à l'âge de 18 ans. Réduit à travailler pour
un marchand de tableaux dont l'avidité égalait la facilité de Bourdon,
il fut obligé de profiter de sa merveilleuse organisation à s'assimiler
tous les genres et toutes les manières, et produisit un grand nombre
de pastiches des artistes en réputation, tels que le **Claude**, le
**Benedette**, **Pierre de Laar**, le **Poussin**, **André
Sacci**, **Parmesan**, **Jean Miel**, **Both**, etc., etc.....
Ces pastiches étaient si parfaitement imités que les maîtres eux-mêmes
s'y méprirent, et n'eurent que de l'admiration pour les œuvres de
notre artiste. Après un assez long séjour en Lombardie, où il s'attacha
à étudier la belle couleur du **Titien** et à en pénétrer les secrets, le
désir de revoir la France le ramena, jeune encore, à Paris.

On conçut tout d'abord les plus grandes espérances du talent de
Bourdon. A l'âge de 27 ans, en 1643, il produisit son magnifique
tableau du *Martyre de saint Pierre*, qui passe pour son chef-d'œuvre,
et qui a fait si longtemps l'admiration des artistes et des amateurs.
En 1648, il fut l'un des douze artistes qui fondèrent l'Académie royale
de Peinture et de Sculpture. Les guerres de la Fronde étant venues
subitement paralyser les arts en France, la reine Christine l'appela
en Suède et le nomma son premier peintre; mais le premier peintre
n'eut à faire que des portraits. L'abdication de la reine décida Bourdon
à revenir à Paris, où il fut nommé recteur de l'Académie en 1655.
C'est alors qu'il peignit de grandes machines pour les églises de la
capitale et pour différentes villes de France. Dans le même temps,
il entreprit la galerie de l'hôtel Bretonvilliers, ouvrage qu'il a le
plus travaillé, qui a fixé sa réputation, et dans lequel on pouvait
juger du génie de ce peintre par des traits d'histoire et des allégories
aussi ingénieuses que savantes. Cette immense galerie, longue d'environ
quarante mètres, représentait l'*Histoire de Phaëton*. A dater de son
retour de Suède, Bourdon ne quitta plus la capitale, sauf un voyage
qu'il fit dans sa ville natale. Il peignait un plafond dans les appartements des Tuileries lorsque la mort vint le frapper en 1671.

Doué d'une facilité prodigieuse, il avait un talent flexible qui se
prêtait à traiter les genres les plus opposés : paysages, batailles,
sujets d'histoire et de la fable, intérieurs de corps-de-garde, etc.,
etc... Bourdon est souvent si différent de lui-même que l'on serait
tenté de croire qu'il n'a pas eu de manière à lui, si on ne le reconnaissait toujours à la belle disposition de ses compositions, à son
goût exquis dans les ajustements, à sa touche fine et spirituelle.

Dans ses petits tableaux de chevalet, il a presque toujours approché
du coloris fin et argentin des meilleurs maitres des Ecoles flamande
et hollandaise.

## 143   *Martyre de saint André.*

Toile. — H. 3<sup>m</sup> 05. — L. 2<sup>m</sup> 60.

Dans le centre et un peu à gauche de la composition,
trois bourreaux procèdent au crucifiement de saint
André. Pendant que deux d'entre eux le soutiennent
contre la croix en X à laquelle il est déjà fixé par un
bras, le troisième attache solidement une de ses jambes
au bois fatal. Le saint, presque nu, n'oppose aucune
résistance. Plein de confiance et de résignation, il
attend, le regard fixé vers le ciel, la juste récompense
de ses œuvres. — Le bas du tableau est occupé, au
premier plan, par une jeune femme qui appuie une main
sur la tunique et le manteau du martyr, posés sur une
espèce de banc de menuisier; son jeune enfant, effrayé,
cherche à se réfugier dans ses bras. Dans le coin, à
gauche, un soldat, tenant sa pique à la main, est assis
sur son bouclier. Derrière lui, une femme, enveloppée
dans une draperie blanche, verse des larmes, tandis
que, plus loin, un jeune homme regarde avec curiosité.
Le proconsul romain, Egée, drapé dans un manteau
bleu, préside au supplice. Il est assis, à droite, à l'entrée
d'un temple, sur le devant duquel s'élève une statue
de Jupiter. Deux prêtres sont debout derrière son siège.
On voit, au troisième plan, plusieurs têtes de spectateurs, et, au fond, les monuments de la ville de
Patras.

Envoyé par le Gouvernement en 1803.


**CAZES** (Pierre-Jacques), *né à Paris en 1676, mort
dans la même ville en 1754.*


Considéré comme un des meilleurs élèves de **Bon Boullongne**, il fut élu à l'Académie sur le *Combat d'Hercule et d'Aché-
loüs*. Lorsqu'il mourut, en 1754, il remplissait les fonctions de chancelier. Il avait d'abord appris les éléments de son art chez **Feron**,

concierge de l'Académie, qui lui donnait à copier les dessins des professeurs; il entra ensuite dans l'atelier de **Houasse** le père, chez qui il resta trois ans; puis il fut admis dans celui de **Bon Boullongne**, où il acheva de se perfectionner. En 1699, il remporta le premier prix de peinture, dont le sujet était la *Vision de Jacob en Egypte;* mais un changement de ministère l'empêcha d'aller à Rome. Son maître même l'engagea à y renoncer et le fit recevoir à l'Académie, ainsi que nous l'avons dit plus haut. — A cette époque, les anciennes réputations qui avaient illustré le règne de Louis XIV commençaient à s'affaiblir, et rien ne faisait encore pressentir de nouveaux sujets pour les remplacer. Il fut donc aisé à Cazes d'acquérir une réputation supérieure à ses talents, et qui se fit, pour ainsi dire, d'elle-même, sans qu'il eût besoin de grands efforts pour la justifier. C'était un de ces artistes qui possèdent assez bien leur profession pour mériter généralement des éloges, parce qu'ils ont de la facilité à produire des ouvrages sans caractère donnant peu de prise à la critique. On doit le ranger parmi ces peintres qui, sans briller au premier rang, n'ont pas du moins dénaturé l'art par des systèmes dangereux.


# 144   *La Vierge et l'enfant Jésus.*

Toile. — H. 3<sup>m</sup> 36. — L. 1<sup>m</sup> 80.

Se reposant sur un banc de pierre au bas d'un piédestal surmonté d'un vase, la Vierge déploie le linge blanc qui recouvrait le corps de son divin Fils assis à côté d'elle. Dans le ciel, trois anges descendent sur un nuage. Au bas de la composition, on remarque deux marches en pierre et une espèce de paquet serré avec des courroies. Dans le fond, une construction avec un pont et une tour.

Signé : Cazes, 1733.

Ce tableau fut peint pour décorer le maitre-autel de la chapelle de sainte Marie Egyptienne, à Paris. — Cité dans d'Argenville, t. IV, p. 401.


**CHAMPAIGNE** (PHILIPPE DE), *né à Bruxelles en 1602, mort à Paris en 1674.*

Il ne suffit pas, pour classer un peintre dans telle ou telle école, d'indiquer le lieu de sa naissance ou d'apprendre de qui il a reçu les premiers principes de son art. Il faut, avant tout, que ses ouvrages présentent le caractère irrécusable de l'école qu'il a adoptée et qu'il y ait conformé son propre style. C'est pourquoi nous considérons Ph. de

Champaigne comme un peintre français, bien qu'il soit né à Bruxelles. Nous ne retrouvons, en effet, dans ses ouvrages aucune espèce d'analogie avec ceux de l'école flamande. Que l'on place un **Rubens,** un **Van Dyck** ou un **Crayer** à côté d'un Champaigne et l'on s'en convaincra facilement; tandis que, si on le met auprès d'un **Mignard** ou d'un **Stella,** on comprendra que nous l'ayons inscrit dans l'école française, par des raisons analogues à celles qui nous ont fait ranger **Van Vitelli** et **Orizonte** dans l'école italienne. Dès les premiers ouvrages de cet artiste, on reconnait qu'il a eu hâte de se soustraire à ces fautes grossières contre les convenances qu'on reproche aux flamands, et qu'il s'est formé sur le goût de l'école à laquelle il s'attachait, et dont il a pris jusqu'à la froideur du coloris.

Champaigne apprit son art chez des maîtres fort médiocres et se forma de lui-même. A l'âge de 16 ans, il était déjà renommé pour peindre des portraits et des paysages, qu'il traitait avec un grand goût. **Fouquières,** son compatriote, l'un des plus habiles paysagistes de son temps, se plut à lui apprendre les secrets de son art. Champaigne, ayant résolu de faire le voyage d'Italie, s'arrêta d'abord à Paris, où il rencontra le **Poussin** qui arrivait de Florence. Une certaine conformité de caractère, de mœurs et de goût lia bientôt les deux jeunes gens, et le Poussin présenta son ami à **Duchesne,** sous la conduite duquel il travaillait au Luxembourg, dans les appartements de la reine Marie de Médicis. La manière suave et gracieuse de notre artiste le fit bientôt remarquer et excita la jalousie de Duchesne, qui parvint à l'éloigner. A peine fut-il de retour à Bruxelles, que le surintendant lui annonça la mort de Duchesne, sa nomination à sa place, le titre de premier peintre de la reine, et son logement au Luxembourg. Marie de Médicis avait une telle admiration pour les ouvrages de Champaigne, qu'elle lui commanda beaucoup de tableaux pour ses appartements et ses oratoires. Il participa à tous les grands travaux qui s'exécutèrent alors à Paris dans les églises et les principaux monuments, et se trouva surchargé de tant d'ouvrage qu'il fut obligé de se faire aider par des artistes, même médiocres.

Ph. de Champaigne déploya une grande supériorité dans plusieurs genres de peinture, et ses portraits suffiraient seuls à sa gloire. Il a montré dans cette branche de l'art un talent qui rivalise avec celui de **Vander Helst** et se rapproche souvent de Van Dyck. Ses paysages, d'un style élevé et savamment composés, se ressentent de l'influence du Poussin; ils font regretter qu'il n'en ait pas produit un plus grand nombre et qu'il n'ait pas vu l'Italie. — Si les compositions de Champaigne n'éveillent point d'abord ces vives émotions qu'il n'est réservé qu'à l'œuvre de l'enthousiasme ou d'un génie supérieur de produire, en revanche de quelle vive satisfaction n'est-on point saisi en voyant les ouvrages d'un peintre où, comme dans un miroir, toutes les douces affections de son âme sont venues se refléter, où il a déposé en quelque sorte sa simplicité, sa sensibilité, sa candeur. Ces qualités et une rare sagesse de raisonnement président à la composition de ses sujets d'histoire, les groupes y sont parfaitement disposés, chaque figure est à sa place, et l'effet général en est bien entendu. Il dessinait avec correction, mais avec timidité, sans rechercher les grandes formes du beau idéal, ne prenant que son modèle pour guide.

Son exécution large et facile n'annonce aucune recherche de touche ;
il en est de même de son coloris plein de fraicheur et de suavité, qui
n'indique aucune de ces conventions de l'art arrêtées à l'avance. Pour
juger sans partialité les ouvrages de ce maitre, il ne faut pas se laisser aller à une première impression ; ils demandent à être examinés
dans tous leurs détails. L'on y découvre alors un assez grand nombre de belles qualités pour assigner à Ph. de Champaigne un rang
distingué dans l'histoire de l'art.

## 145   *La Vierge intercédant pour les âmes du purgatoire.*

Toile.— H. 3ᵐ 80. — L. 2ᵐ 51.

Le Christ, debout, à demi-couvert d'une draperie
bleue qui flotte derrière lui, soutient de la main gauche sa croix de Rédempteur et étend la main droite
vers la vierge Marie en signe d'acquiescement à sa
prière. La mère du Sauveur, vêtue d'une tunique
rouge-rosé, sur laquelle se drape un manteau bleu-
clair, a la tête couverte d'un voile gris retombant sur
les épaules et croisé sur le cou. Sa main droite, posée
sur son cœur, témoigne de sa compassion pour les
malheureux qui l'implorent ; de l'autre main elle indique un élu assisté de son ange gardien qui l'aide à
s'élever du purgatoire vers le séjour des bienheureux.
En bas de la composition, l'artiste a représenté ceux
qui, pleins de foi et d'espérance en la miséricorde divine, attendent avec confiance, dans ce séjour d'ex-
piation, que le temps de leur délivrance soit arrivé.
Saint Joseph est placé derrière la Vierge. Du côté
opposé, on remarque trois saints prélats en prières et
en adoration : ce sont certainement trois portraits.

Nous ne saurions trop recommander de se mettre en garde contre la
première impression que fait éprouver cette importante composition
de Ph. de Champaigne. En l'examinant attentivement, en l'étudiant
avec soin dans tous ses détails, on y trouvera l'exécution d'un praticien consommé, un dessin ferme et correct, un coloris vrai puisé dans
la nature : toutes qualités qui annoncent l'artiste consciencieux et
savant.

Ce tableau, qui a décoré jusqu'en 1793 la chapelle du château de
Pompignan, près Montauban, a été donné au Musée par l'héritier du
fameux Lefranc de Pompignan. L'ancien conseiller au Parlement de

Toulouse l'avait acheté lui-même, nous a-t-on assuré, aux Capucins de Lille en Flandre pour la somme de 30,000 fr.

## 146  *Jésus descendu de la croix.*

### Toile. — H. 1<sup>m</sup> 32. — L. 2<sup>m</sup> 00.

Le Christ est étendu sur son linceul; sa tête repose sur les genoux de sa Mère, assise au pied de la croix. La Vierge tient un mouchoir à la main; ses yeux, attachés sur les traits de son Fils, sont empreints d'une douleur morne et profonde. Marie-Madeleine embrasse avec amour les pieds du Sauveur. Saint Jean, fils de Zébédée, à genoux et les mains croisées l'une sur l'autre, lève au ciel des regards douloureux. Marie, épouse de Cléophas, se tourne vers le Sauveur, les yeux remplis de larmes.

Quoique moins important par sa composition que le précédent, ce tableau est très supérieur sous le rapport de l'art. La couleur plus vigoureuse, le faire plus libre et le fond tenu dans un ton sombre contribuent à produire plus d'effet.

Envoyé par le Gouvernement en 1803.

## 147  *Le crucifiement du Sauveur.*

### Toile. — H. 1<sup>m</sup> 15. — L. 1<sup>m</sup> 67.

Après avoir saisi Jésus, quatre bourreaux viennent de l'étendre sur la croix, à laquelle ils l'attachent par de longs clous qu'ils enfoncent à coups de marteau. La Vierge, saint Jean et les trois Maries arrivent sur le lieu du supplice. Du côté opposé, se tiennent quatre cavaliers et un enseigne portant une aigle devant une troupe de soldats romains. Dans le fond, on aperçoit la ville de Jérusalem. Sur le premier plan, on remarque à terre une tunique, une pioche, des cuirasses, des sandales, un panier, et un écriteau sur lequel on lit : *Jesus Nazarenus rex Judæorum.*

Les figures sont parfaitement dessinées et l'exécution est des plus soignées.

Envoyé par le Gouvernement en 1803.

## 148   *L'Annonciation.*

Toile. — H. 1<sup>m</sup> 20. — L. 1<sup>m</sup> 50.

La Vierge, les mains croisées sur la poitrine, est à genoux devant un prie-Dieu décoré d'un blason. Elle se retourne vers le messager céleste qui apparaît sur un nuage, tenant d'une main un lys, symbole de pureté, et indiquant de l'autre la présence du Saint-Esprit dans une gloire, au milieu de quatre têtes de chérubins. L'humble Marie baisse les yeux et écoute avec une modeste soumission les paroles de l'envoyé de Dieu. Un voile gris enveloppe sa tête, retombe sur les épaules, et se drape autour du cou.

Ce tableau n'est pas de la force des précédents; il pourrait bien avoir été préparé par un des artistes que Champaigne employait quand il était par trop surchargé de commandes.

Envoyé par le Gouvernement en 1803.

## 149   *Louis XIII donnant le collier de l'ordre du Saint-Esprit, à l'un des grands de sa cour* (14 mai 1633).

Toilé. — H. 2<sup>m</sup> 93. — L. 4<sup>m</sup> 00.

Au milieu de la composition et assis sur son trône, Louis XIII tient à la main une image représentant la cérémonie qui eut lieu sous Henri III, lors de l'institution de l'ordre des Chevaliers du Saint-Esprit. Il présente cette image au récipiendaire, à genoux devant lui sur un coussin de velours vert. Celui-ci prête serment en posant les mains sur ladite image que soutient un grand dignitaire de l'ordre, à la droite du roi. Le suivant tient le grand collier, formé du chiffre du roi et de fleurs de lys d'or. Le premier des deux officiers placés à gauche du monarque soutient devant lui un livre ouvert dans lequel il indique du doigt un passage, l'autre porte le manteau du récipiendaire. Le Saint-

Esprit, sous la forme d'une colombe, plane sur la tête de Louis XIII. Un autel, simplement décoré, s'élève à droite de la salle de réception, qui est entièrement tapissée de tentures bleues semées de lys d'or.

Sur le devant du tableau on lit cettte inscription : *Cérémonie faicte à Fontainebelleau en 1633. Représentée par P. de Champaigne.*

Cette composition, représentant la réception de Henri II, duc de Longueville, fut commandée par Louis XIII pour être placée dans l'église des Grands-Augustins, où elle est restée jusqu'en 1789. Les seigneurs de Bullion et de Bouthillier, qui y figuraient, en firent faire chacun une répétition à l'artiste pour décorer leurs hôtels à Paris.

Envoyé par le Gouvernement en 1812.

## CHAMPAIGNE (*Ecole de* PHILIPPE DE):

## 150    *Portrait d'un magistrat.*

Toile. — H. 0ᵐ 61. — L. 0ᵐ 60.

Vu en buste, ce personnage a les cheveux, les moustaches et la barbe gris; il est vêtu d'une robe rouge bordée d'hermine, sur laquelle retombe un grand col blanc et plat. C'est sans doute le portrait d'un juge.

## FAVANNE (HENRI), *né à Londres en 1668, mort à Paris en 1752.*

Ce peintre est né à Londres de parents français qui l'emmenèrent de bonne heure à Paris, où il entra dans l'atelier de **René Houasse.** En quittant son maître, il alla travailler en Angleterre et en Espagne, pays où il séjourna dix ans', durant lesquels il se perfectionna en étudiant d'après les tableaux de l'Escurial. Etant retourné à Paris, il fut reçu en 1704 à l'Académie, dont il devint recteur par la suite. Son travail le plus important se voyait au château de Chanteloup, près d'Amboise; il y avait représenté, au plafond du grand salon, le sujet de Phaëton; dans la galerie, l'histoire de Philippe V, roi d'Espagne; et, dans la chapelle, celle de la vierge Marie.

# 151  *Scène familière.*

Toile, forme ovale. — H. 0ᵐ 40. — L. 0ᵐ 34.

Deux femmes sont assises à une table, dans une cuisine, non loin d'une grande cheminée d'où s'échappe une épaisse fumée. Un jeune enfant, presque nu, joue avec la première, tandis qu'un soldat, debout et couvert d'un manteau rouge, cause avec la seconde. ·

Cabinet de M. de Breteuil.

**JOUVENET** (Jean), *né à Rouen en 1644, mort à Paris en 1717.*

Le goût de la peinture était héréditaire dans la famille de Jouvenet. On prétend que ses ancêtres étaient d'origine italienne, qu'ils vinrent se fixer à Lyon, puis à Rouen, et que tous avaient été peintres. **Noël** son aïeul, avait donné quelques leçons au célèbre **Poussin**. Son père **Laurent** et sa mère, qui était peintre également, firent éclore ses dispositions naturelles. Aussi pouvait-il dire, avec plus de raison que **Michel-Ange** ne le disait pour la sculpture, *qu'il avait sucé l'art de la peinture avec le lait de sa nourrice.* A part l'hyperbole, Jouvenet est sans contredit l'un des premiers peintres dont s'honore la France. Ainsi que **Lesueur**, il n'a pas vu l'Italie, et cependant c'est un de ceux qui se rapprochent le plus des grands maîtres de cette Ecole par le grandiose de ses compositions, la fierté de son pinceau, l'austérité et la vigueur de son coloris. Bien qu'il ne fût pas doué des qualités qui font le brillant coloriste, il n'en arrive pas moins à impressionner profondément par l'intelligence du clair-obscur qui brille dans tous ses tableaux. Sa *Descente de croix*, gravée par Desplaces, et placée maintenant au musée du Louvre, est encore considérée comme l'un des plus beaux tableaux de l'Ecole Française. Sur la proposition de **Lebrun**, il avait été reçu à l'Académie en 1675, à l'acclamation unanime de tous les membres. Le sujet du tableau était *Esther devant Assuérus*, un des plus beaux morceaux de réception dont les salles de l'Académie aient été décorées. En 1681, il fut nommé professeur, en 1705 directeur, et enfin en 1707 recteur perpétuel. Il serait trop long d'énumérer ici les ouvrages importants de Jouvenet : nous dirons seulement qu'en 1713, une paralysie lui ôta l'usage du bras droit. Voulant essayer si sa main gauche serait moins rebelle, il éprouva à s'en servir une facilité qu'il n'attendait pas, et exécuta plusieurs tableaux de cette main, entre autres le *Magnificat*, dont le Musée possède une copie peinte par **Despax** et décrite sous le n° 154.

## 152 *Fondation d'une ville de la Germanie.*

Toile. — H. 2ᵐ 73. — L. 3ᵐ 24.

Arrêtés au milieu d'une rue, deux chefs de Gaulois tectosages, suivis de quelques officiers, examinent le plan de la ville qu'ils font construire et qu'un architecte, aidé de son élève, leur montre en donnant des explications. A droite, au premier plan, un jeune enfant tenant une épée est assis auprès d'armures, d'un manteau et d'un étendard déposés à terre. Derrière lui, un homme ayant une règle à la main, monte à une échelle conduisant à un échafaudage fixé au mur d'une maison en briques. A gauche, deux autres hommes soulèvent un bloc de pierre qu'ils se préparent à travailler. Dans le fond, une porte de ville donnant dans la campagne.

Signé : *Jouuenet pingebat*
*Parisiis.*

Ce tableau, qui faisait partie de la série de ceux représentant les évènements mémorables de l'histoire des Tectosages, a été peint pour la galerie de Peinture ( aujourd'hui salle du Festin ) de l'hôtel-de-ville de Toulouse, dans laquelle il était placé le troisième à gauche. Il est cité dans d'Argenville, t. IV, p. 217, comme un ouvrage du meilleur temps de Jouvenet.

## 153 *Le Christ descendu de la croix.*

Toile. — H. 2ᵐ 00. — L. 1ᵐ 41.

Le corps du Sauveur, descendu de la croix, est étendu à terre sur un linceul blanc, avec lequel Joseph d'Arimathie s'apprête à l'envelopper. Nicodème, agenouillé à ses pieds, lui prend pieusement une main comme pour la porter à ses lèvres. Debout au pied de la croix, la sainte Vierge, les bras étendus et les yeux levés vers le ciel, accepte avec résignation ce grand sacrifice. Les deux Maries sont à côté d'elle, abîmées de douleur et fondant en larmes. Dans le fond à gau-

che, on voit deux hommes, dont l'un est occupé à
retirer l'échelle dressée encore contre la croix. Sur
le devant, au premier plan, sont un vase en cuivre et
le linge qui a servi à laver le corps du Seigneur.

Signé : *J. Jouuenet, 1714.*

Collection de M. de Beaumont.


## JOUVENET (*d'après*), *par* Despax.

## 154 *Le Magnificat.*

Toile. — H. 3ᵐ 27. — L. 2ᵐ 09.

Elisabeth, suivie de son mari, vient à la rencontre
de la sainte Vierge et s'incline, en la félicitant sur
son heureuse destinée. Alors Marie, transportée d'un
saint enthousiasme, lève ses regards vers le ciel, étend
les bras et entonne le célèbre cantique : *Magnificat
anima mea Dominum.* A gauche, au bas des marches,
Joseph, appuyé d'une main sur son bâton, conduit de
l'autre l'âne qui a servi à leur voyage. En premier plan
à droite, sont deux enfants, dont l'un est couché et
l'autre assis. Dans le ciel, un groupe d'anges, placés
sur des nuages, se joignent à la Vierge et chantent les
louanges du Seigneur.

L'original de ce tableau, gravé par Thomassin, a été peint par Jouvenet, en 1717, pour le chœur de l'église Notre-Dame de Paris. —
Cette copie de Despax était autrefois au maitre-autel de l'ancienne
église de la Visitation à Toulouse.


## LA CROIX (G. F. DE), *peintre de marines, flo-rissait dans la moitié du* XVIIIᵉ *siècle ; élève de* Joseph Vernet.

Cet artiste, connu en Italie sous le nom de La Croce, fut élève
à Rome de J. Vernet, qu'il imita constamment dans sa manière
de peindre et dans ses compositions. Privé du génie poétique de son
maître, dont il n'avait ni l'adresse de pinceau ni la vigueur de coloris,
La Croix eut du moins la sagesse de chercher à simplifier les composi-

tions de son modèle pour les approprier aux ressources de son talent. Aussi est-ce plutôt dans les calmes que dans les tempêtes qu'il s'inspire de Vernet ; il en approche surtout dans les effets de brouillard et de soleil couchant. Parfois il a réellement bien réussi à rendre les vapeurs de l'atmosphère ; mais on peut lui reprocher généralement un ton froid, une exécution plate et aride. Le grand nombre de ses tableaux, disséminés dans nos provinces, fait supposer qu'il quitta l'Italie pour suivre son maître en France.

## 155 *Marine*, (effet de brouillard).

Toile. — H. 0m 35. — L. 0m 45.

Un port, dominé par un phare qui s'élève au centre de la composition, est enveloppé dans les brouillards du matin, à travers lesquels un rayon de soleil a peine à transparaître pour venir se refléter à la surface de l'eau. Sur le premier plan, sont plusieurs pêcheurs en train de retirer leurs filets.

## 156 *Une tempête*.

Toile. — H. 0m 35. — L. 0m 45.

Les flots d'une mer agitée viennent se briser en bouillonnant au pied d'un massif de roches surmonté d'une tour. A droite, les mâts d'une barque qui a sombré s'élèvent au-dessus de l'eau. Plusieurs naufragés se sont réfugiés sur un bout de terrain au premier plan.

Collection du cardinal de Bernis.

**LA FOSSE** (CHARLES DE), *né à Paris en 1636, mort dans la même ville en 1716.*

Il entra fort jeune à l'atelier de **Lebrun**, où il resta jusqu'à l'âge de 22 ans. Sur ses premiers essais, le coup-d'œil si pénétrant du maître devina bientôt les prochains succès de l'élève et la partie de l'art dans laquelle il était appelé à se distinguer. Ce célèbre peintre lui fit obtenir une pension du roi pour aller en Italie. Il se rendit d'abord à Rome, étudia l'antique, copia le *Sacrifice de la Messe* de **Raphaël** pour l'amateur Jabach, et envoya à Paris des dessins qui lui valurent la protection de Colbert. Arrivé à Venise, il se passionna pour les chefs-d'œuvre des grands coloristes et leur emprunta une méthode qui le perfectionna dans la couleur et qu'il mit en pratique sans jamais s'en départir. A son retour en France, il travailla dans les églises de Saint-Eustache, de l'Assomption, et dans plusieurs autres de Paris et de la province. Il peignit aussi pour les châteaux de Versailles, de Meudon, et pour la maison de Choisy à M<sup>lle</sup> de Montpensier. Reçu à l'Académie en 1673, sur la présentation de l'*Enlèvement de Proserpine*, qui est maintenant au musée du Louvre, il passa successivement et promptement par tous les grades de cet illustre corps, jusqu'à celui de chancelier qui attirait tous les honneurs. Lord Montaigu l'appela à Londres pour décorer son palais, et le roi d'Angleterre, Georges III, fut tellement surpris du talent de de La Fosse qu'il lui fit les offres les plus avantageuses pour le fixer à sa cour. Mais l'amour de la gloire le rappela en France, où il devait bientôt donner des preuves éclatantes de son génie. Mansard venait de terminer le dôme des Invalides. Chargé de le décorer, de La Fosse adopta la fresque, et voulut que ses peintures répondissent à la magnificence du monument. Ses travaux gigantesques obtinrent les suffrages de tous les artistes et amateurs, et immortalisèrent son nom dans les annales de la peinture. Ainsi fut réalisée l'horoscope dressé par Lebrun.

Les tableaux de de La Fosse se font généralement remarquer par un couleur forte, dorée et brillante, qui a quelque analogie avec celle de **Paul Véronèse**, dont il rappelle encore le goût par ses belles ordonnances. Si l'on peut lui reprocher un manque d'élégance dans le dessin, et quelquefois même un peu d'incorrection ; si l'on est obligé de convenir que ses draperies sont maniérées et que la beauté de sa couleur tient plus d'une pratique qui tend à l'effet que de la vérité des tons du **Titien**, on avouera du moins que peu d'artistes français ont mieux connu la valeur des couleurs locales et tout ce qui constitue le pittoresque obtenu par un séduisant artifice.

## 157 *La Présentation au temple.*

Toile. — H. 3<sup>m</sup> 02. — L. 3<sup>m</sup> 93.

La Vierge, encore enfant, accompagnée de son père Joachim et de sa mère Anne, monte les degrés du temple, sur la porte duquel le grand-prêtre, suivi de deux lévites, est venu pour la recevoir. Des jeunes filles et des femmes, diversement groupées sur les marches, considèrent la jeune Marie avec attention et intérêt.

Signé : C. DE LA FOSSE, 1682.

Ce tableau a été peint pour la chapelle de Notre-Dame du Mont-Carmel, dans l'église des Carmes à Toulouse. Il est cité dans d'Argenville, t. IV, p. 196 (édit. de 1762), comme étant du bon temps de de La Fosse.

## 158 *Vénus et Vulcain.*

Toile, forme ovale. — H. 0 <sup>m</sup> 43. — L. 0<sup>m</sup> 63.

Vénus descend de son char porté sur un nuage et traîné par deux colombes; elle vient demander à·Vulcain l'armure qu'il lui a promise de forger pour Enée. Assis à l'entrée de son antre, Vulcain la lui fait remettre par des Amours. Dans le fond, les Cyclopes sont occupés à forger.

Collection du cardinal de Bernis.

## LAGRENÉE (Louis-Jean-François) *dit l'Aîné, né à Paris en 1724, mort au Louvre en 1805.*

Lagrenée n'est qu'un pâle reflet de **Carle Vanloo**, son maître; il personnifie le maniérisme du XVIII<sup>e</sup> siècle, arrivé à son dernier période, c'est-à-dire lorsqu'il devait amener une réforme dans l'art. Quoi qu'il en soit, Lagrenée alla à Rome comme pensionnaire du roi. A son retour d'Italie, il fut élu, en 1755, membre de l'Académie, et donna pour tableau de réception l'*Enlèvement de Déjanire*. Nommé professeur en 1762, il obtint le grade de recteur en 1785. L'impératrice Elisabeth Petrowna l'appela en Russie comme directeur de l'Académie de Saint-Pétersbourg, en remplacement de **J. Louis le Lorrain** qui venait de mourir. Après un séjour de trois ans en Russie et après avoir décoré le palais impérial, il revint en France. En 1781 le roi l'avait nommé directeur de l'Académie de France à Rome. Enfin il vécut assez longtemps pour voir établir, en 1804, l'ordre de la Légion-d'Honneur, dont il fut nommé chevalier par Napoléon I<sup>er</sup>.

## 159 *Coriolan.*

Toile. — H. 2<sup>m</sup> 19. — L. 2<sup>m</sup> 70.

Coriolan, placé sur une estrade au pied d'un bouquet d'arbres sur lesquels se déploie une draperie, vient de quitter quelques officiers volsques, qu'on voit derrière lui, pour recevoir sa mère Véturie et sa femme Volumnie avec ses enfants, qui se sont tous jetés à ses pieds en le suppliant de s'éloigner de Rome. Le héros, que deux députations du sénat romain ont trouvé inflexible dans sa haine, vaincu par ce tou-

chant spectacle, relève sa mère et s'écrie : *O ma mère !
Rome est sauvée, mais votre fils est perdu.* En avant de
ce groupe, un peu à gauche, on voit deux dames ro-
maines : l'une, accroupie, détourne la tête avec effroi
et pleure dans la crainte d'un nouveau refus de Coriolan ; l'autre, placée derrière elle, s'est jetée, dans
son désespoir, la face contre terre. Un peu plus loin,
du même côté, se trouvent les dames de la suite de
Véturie, leurs chars, et, dans le fond, un homme
conduisant deux chevaux. A droite, plusieurs soldats,
vus à mi-jambes, dans un pli de terrain, considèrent
cette scène avec étonnement. A l'arrière-plan, on aperçoit une troupe de guerriers.

Tableau de réception de l'auteur à l'Académie royale des Beaux-
Arts de Toulouse.

## 160   *La charité romaine.*

Toile. — H. 0ᵐ 59. — L. 0ᵐ 71.

Cimon, vieux soldat romain, condamné à mourir de
faim par le Sénat, est accroupi sur la paille de son
cachot, les mains liées derrière le dos. Pour le soustraire à cet affreux supplice, sa fille, qui a obtenu la
permission de le visiter, le nourrit de son lait. Assise
à côté de lui sur une marche de pierre, la jeune
femme se retourne avec anxiété vers la fenêtre du
cachot, craignant d'être surprise.

Signé : *Lagrenée pinx. Rome.*

Collection du cardinal de Bernis.


## LARGILLIÈRE (Nicolas,) *né à Paris en 1656, mort en 1746.*

En quittant l'atelier de **Goubeau**, son maître à Anvers, Largillière passa en Angleterre, où **Pierre Lely** lui procura des
restaurations pour le château de Windsor. Le roi Charles II en fut
si satisfait qu'il voulut avoir des ouvrages de la main du jeune artiste ;
mais les persécutions exercées alors contre les catholiques déter-

minèrent Largillière à rentrer en France. **Van der Meulen** le présenta à **Charles Lebrun**, qui, prévoyant ce qu'il serait un jour, employa tous les moyens propres à le retenir : « *Mon ami, lui disait-il, quand on peut briller dans son pays, pourquoi porter ses talents ailleurs.* » Ce conseil bienveillant le détermina à se fixer à Paris, et l'Académie ne tarda pas à reconnaître ses talents en l'agréant dans son sein en 1686; elle le nomma, en 1705, professeur, malgré les termes des statuts qui n'admettaient à ces fonctions que des peintres d'histoire. Il mourut avec le grade de chancelier, à l'âge de 90 ans.

Rien ne fut plus rapide que la réputation de Largillière. Il se fit connaître par des portraits si séduisants qu'ils lui valurent le surnom de *Van-Dyck de la France.* Il semblait avoir le don de fixer sur la toile les grâces mobiles et légères des femmes, réussissant avec non moins de succès à peindre leurs mains délicates, au point qu'on croyait voir le sang circuler sous la peau. Tous ses portraits, hommes ou femmes, penseurs et nobles d'ancienne origine, sont pleins de vie et frappants de ressemblance. Il savait surtout rendre la véritable physionomie de chacun. On croit lire sur le visage de ses personnages les pensées qui les agitent, comme dans un miroir qui reflèterait l'intérieur de l'âme. En un mot, les portraits de Largillière retracent au plus haut degré toute la vérité de la nature.

## 161  *Portrait de l'auteur.*

Toile. — H. 0<sup>m</sup> 79. — L. 0<sup>m</sup> 63.

Il se présente à mi-corps, la tête vue presque de face et coiffée d'une ample perruque grise; il est revêtu d'un manteau rouge, et tient à la main un porte-crayon.

Envoyé par le Gouvernement en 1812.

## 162  *Portrait de la comtesse de Bemareau.*

Toile, forme ovale. — H. 0<sup>m</sup> 82. — L. 0<sup>m</sup> 64.

Vue presque de face et à mi-corps, cette dame est coiffée de cheveux cendrés, frisés, et relevés sur le sommet de la tête avec deux tresses tombant sur les épaules. Elle porte un corsage bleu garni de dentelles à la gorge et orné de broderies d'or.

Provient de l'ancienne Académie royale des Beaux-Arts de Toulouse.

## LARGILLIÈRE (*attribué à* Nicolas).

**163** *Portrait de la princesse de Conti, fille de Louis XIV et de M^{me} de La Vallière.*

Toile. — H. 1^m 15. — L. 0^m 87.

Cette jeune femme, vue de face et à mi-jambes, cueille une des fleurs dont elle tresse une couronne. Elle est vêtue d'une robe bleue, autour de laquelle flotte une espèce de mantille grise. Un voile brodé d'or, fixé dans sa chevelure cendrée, retombe sur ses épaules. — Au fond, à gauche, est un vase contenant un oranger.

Provient de l'ancienne Académie royale des Beaux-Arts de Toulouse.

## LE MOINE (François), *né à Paris en 1688, mort dans la même ville en 1737.*

Il entra à l'âge de 13 ans dans l'atelier de **Louis Galloche**, et remporta le grand-prix en 1711, sur le sujet de *Ruth et Booz ;* mais il ne fut pas envoyé à Rome, à cause de la pénurie des finances qui empêcha pendant plusieurs années de nommer des pensionnaires. Il fut élu à l'Académie en 1718 ; son tableau de réception représente *Hercule assommant Cacus.* Dans la suite, il fit le voyage d'Italie, mais pour ainsi dire en courant, car il n'y resta que six mois. Son talent étant déjà formé, il ne rapporta de ce voyage que des impressions très légères. Les plafonds de **P. de Cortone** et de **Lanfranc** furent les seuls objets qui le frappèrent vivement. Dévoré du désir de se faire une réputation en peinture, il entreprit la voûte du chœur des anciens Jacobins, rue du Bac. Cette entreprise ayant réussi, il peignit encore la coupole de la chapelle de la Vierge à Saint-Sulpice et une allégorie pour le salon de la Paix à Versailles. En 1727, Le Moine fut nommé adjoint à professeur à l'Académie, et professeur en 1733. Dès l'année précédente, il avait commencé à Versailles la décoration de la voûte du salon d'Hercule, dans laquelle on ne compte pas moins de 140 figures, beaucoup plus grandes que nature. Cet ouvrage lui valut de Louis XV le titre de son premier peintre et une pension de 3,500 livres. Dix mois après sa nomination, dans un accès de fièvre chaude, il se perça de plusieurs coups d'épée et mourut âgé seulement de 49 ans.

Le Moine était porté aux vastes entreprises, peut-être plus par ambition que par génie, et, s'il n'avait pas le sentiment de ce qui constitue le style grandiose et imposant des Carraches, Lanfranc et P. de Cortone, il avait du moins l'intelligence de ce qu'on appelle les grandes machines. L'allégorie sous son pinceau prend une physionomie neuve et ingénieuse. Ses conceptions dénotent un grand goût d'arrangement et beaucoup de facilité. Son coloris clair, aérien, flatteur, et surtout très convenable pour les plafonds, fut l'artifice qu'il employa avec le plus de succès pour gagner les suffrages de ses admirateurs.

## 164 *Apothéose d'Hercule*, (esquisse).

Toile. — H. 2ᵐ 92. — L. 2ᵐ 92.

L'admission d'Hercule au rang des dieux, après tous les travaux qui l'avaient rendu immortel, tel est le principal motif de cette vaste composition, distribuée en divers groupes qui en occupent toute l'étendue. Jupiter et Junon, assis sur des nuages, dominent toutes les figures qui frappent d'abord le spectateur. Le maître des dieux donne la main à Hébé, déesse de la jeunesse, conduite par l'Hyménée, et lui montre Hercule qui, debout sur son char traîné par les Amours, s'avance au devant de sa fiancée, en terrassant l'Envie, la Colère, la Haine et la Discorde. A gauche, Bacchus, appuyé sur le dieu Pan, a auprès de lui l'Amour et Vénus couronnée par les Grâces. Au-dessus paraît Amphitrite, et auprès d'elle Mercure, prêt à exécuter les ordres de Jupiter. Au-dessous, Mars, vu de dos, est assis à côté de Vulcain ; plus près du cadre, un Amour tient des armes et la Renommée embouche sa trompette pour annoncer à la terre la joie du ciel. Derrière Hercule, on voit Minerve et Cérès, puis Neptune et Pluton. Toutes ces figures forment la partie la plus importante de la composition ; les autres sont représentées en sens inverse dans la partie opposée du ciel ; Apollon, avec les neuf Muses, distinguées par leurs attributs, font ensemble le principal groupe de ce côté. Iris, portée sur l'arc-en-ciel, s'élève dans les cieux ; Flore et les Zéphirs, précédés par le Temps, jouent avec des fleurs, à côté d'Eole, qui tient son sceptre à la main. — Cette composition est encadrée par un appui de stuc orné de Génies et de figures allégoriques dans les angles. Au-

tour de ce cadre est figurée la voussure du salon, décorée d'ornements d'architecture, et, dans les coins, de
quatre figures de femmes couchées, imitant le bronze.

D'Argenville nous apprend que Le Moine, avant d'entreprendre son
grand plafond du salon d'Hercule à Versailles, en présenta à Louis XV
une esquisse très finie en forme de voussure, conformément à la
disposition du lieu. — Les cassures ou fentes de la toile qui entourent
régulièrement le sujet principal de notre esquisse et le séparent, pour
ainsi dire, des quatre compartiments qui forment cette voussure,
sembleraient indiquer que c'est la même peinture dont parle d'Argenville. En effet, on trouverait difficilement une esquisse plus rendue que celle-ci, et ce qui parle encore en faveur de son authenticité,
ce sont les nombreux changements que Lemoine a introduits dans son
plafond de Versailles. Chacun est à même d'en juger par les descriptions de d'Argenville, de Lépicié, et par celle plus récente de M. Charles Blanc. Nous n'ignorons pas cependant que Lemoine a fait parfois
plusieurs esquisses de ses grandes compositions, et qu'il y a même
souvent employé **Natoire** et **Boucher**, ses élèves.

## LE SUEUR (Eustache) *né à Paris en 1617, mort dans la même ville en 1655.*

Les annales de la peinture offrent heureusement bien peu d'exemples
d'une existence aussi courte que celle de Le Sueur. Plus d'un siècle
auparavant, Raphaël, avec qui Le Sueur a tant de rapports, avait
terminé sa carrière à peu près au même âge. Ainsi que Raphaël,
Le Sueur avait cette candeur, cette simplicité de caractère qui donne
un si grand prix aux talents éminents. Comme lui, il s'attacha dès
sa jeunesse aux principes de son maître, et l'on retrouve des sou-
venirs de **Vouet** jusque dans ses productions les plus parfaites.
Il en garda une façon de peindre bien reconnaissable à une touche
franche, à un coloris frais, joints à une parfaite entente de la lumière
et des ombres. Il avait également emprunté à Vouet sa belle manière
de disposer les plans et de varier les groupes. On doit encore remarquer que, dès le commencement de sa carrière, il avait pris Raphaël
pour modèle et pour guide, et que, s'il n'est pas parvenu à l'égaler, il
en a du moins approché souvent de très près. Il semble destiné à
faire revivre la mémoire et les ouvrages de ce grand peintre par l'élévation de ses compositions et la sublimité de son style, ne cherchant,
à son exemple, que des idées nobles et pleines de sagesse. Son dessin
n'a pas, comme celui de Raphaël, la pureté des belles formes de
l'antique, mais il est correct, svelte et coulant. Le Sueur se rapproche
surtout de son modèle dans l'art de jeter les draperies et d'en disposer
les plis dans l'ordre le plus savant et le plus noble. Comme Raphaël
encore, il varie ses airs de tête suivant l'état, l'âge et la condition
des personnages, contraste qui contribue puissamment à l'expression
générale. Sa couleur n'est ni aussi brillante ni aussi vigoureuse que
celle des coloristes italiens, elle est même un peu plus pâle que

celle de Raphaël, mais elle est attachante et telle qu'il convient pour laisser reposer l'œil sans distraction sur les parties de son travail auxquelles il donne la préférence. De même que le **Poussin**, Le Sueur ne devait pas jouir de son vivant des honneurs et de la gloire qui s'attachèrent plus tard à son nom; mais elle n'en est aujourd'hui que plus pure et plus belle.

Lors de la fondation de l'Académie royale de Peinture et de Sculpture, Le Sueur fut un des douze artistes qui prirent le titre d'Anciens et exercèrent les fonctions de professeurs. Le nombre de ses tableaux est considérable, et ils sont pour la plupart si parfaits qu'on ne saurait en décrire un seul sans entrer dans des digressions en dehors du cadre que comporte un catalogue. Nous rappellerons seulement que le *Saint Paul prêchant à Ephèse*, qu'il exécuta pour l'église Notre-Dame de Paris, est, de l'avis de tous les artistes éclairés et véritablement connaisseurs, un des plus précieux monuments de la peinture, comparable à tout ce que l'Italie renferme de plus beau. Il a surtout développé son génie dans sa fameuse suite des vingt-deux sujets de la *Vie de saint Bruno*, peints pour le petit cloître des Chartreux de Paris. Ces ouvrages sont la gloire de notre école.

## 165    *Sacrifice de Manué.*

Toile. — H. 1ᵐ 15. — L. 0ᵐ 81.

Agenouillés sur la marche d'un autel de pierre, sur lequel brûle le chevreau qu'ils offrent en holocauste au Seigneur, Manué et sa femme sont frappés d'étonnement et d'admiration en voyant l'homme qui leur annonçait la fin de la stérilité de leur mariage, se transformer en ange, et s'élever dans les airs au milieu de la fumée de leur sacrifice.

Envoyé par le Gouvernement en 1803.

**MIGNARD** (Pierre), *né à Troyes en 1610, mort à Paris en 1695.*

Presque tous les anciens auteurs admettent que la famille des Mignard est d'origine anglaise, et que leurs ancêtres portaient le nom de **More** lorsqu'ils vinrent s'établir en France. Cette particularité prête à des anecdotes plus ou moins véridiques et intéressantes. Nous croyons qu'elles seraient superflues dans une biographie abrégée de catalogue, et nous nous bornons à constater que **Nicolas Mignard** est né à Troyes en 1605, et **Pierre Mignard** en 1610 dans la même ville.

Nicolas, l'aîné, ayant été placé chez un peintre, Pierre, le cadet, fut destiné à la médecine; mais, dès l'âge de 12 ans, il montra de si grandes dispositions pour le dessin que ses parents consentirent à lui

laisser suivre la même carrière que son frère. Nicolas reçut les premières leçons d'un peintre qui se trouvait à Troyes, et Pierre fut
envoyé à Bourges, chez un artiste nommé **Boucher**. Les deux
frères allèrent ensuite à Fontainebleau, où ils étudièrent pendant deux
ans les ouvrages du **Rosso** et du **Primatice**. Nicolas se
rendit à Avignon et de là à Lyon, où Louis Du Plessis, archevêque
de cette ville, frère aîné du cardinal de Richelieu, le prit en affection. Pierre, sur la recommandation du maréchal de Vitry, entra
dans l'atelier de **Vouet**, qui était alors fréquenté par l'élite de la
jeunesse. Vouet découvrit bientôt toute l'étendue des capacités du
jeune artiste et lui proposa sa fille en mariage. Mais Mignard, qui
brûlait depuis longtemps du désir de voir l'Italie, renonça à l'avantage
d'une pareille union et partit pour Rome en 1637. En arrivant dans
cette ville, il eut le bonheur de rencontrer **Alphonse Dufrenoy**, son ancien condisciple chez le Vouet, et se lia dès-lors avec
lui de la plus étroite et inaltérable amitié. Dufrenoy lui faisait remarquer les principes et les beautés des grands maîtres, et son génie
supérieur devint de la plus grande utilité à Mignard, qui bientôt se
fit remarquer par sa rare capacité à peindre les portraits. On les
trouvait si beaux qu'il eut bientôt à faire ceux du Pape et de presque
tous les cardinaux. Mais ce qui contribua surtout à sa renommée,
fut le cas particulier que les Italiens faisaient eux-mêmes de ses Vierges, qui reçurent le surnom de *Mignardes*, tant il avait su trouver
l'art d'y répandre de la grâce. Après la mort du pape Urbain VIII,
Nicolas, ayant accompagné à Rome le cardinal de Lyon, resta deux
ans auprès de son frère; mais ensuite il retourna en France, et,
s'étant marié à Avignon, prit le surnom de **Mignard d'Avignon** pour se distinguer de son frère qu'on nommait **Mignard
le Romain**. — Celui-ci, après vingt-deux ans, rappelé en France
par Louis XIV, revint à Paris en 1657, et ce fut alors que la fortune
le combla de tous ses dons. En arrivant à Fontainebleau, il exécuta,
par ordre du cardinal de Mazarin, le portrait du roi, qui fut terminé
en trois heures. A partir de cette époque, la famille royale et tous
les grands seigneurs voulurent être peints de sa main. La reine-mère
le chargea des fresques du dôme du Val-de-Grâce, vastes compositions
de plus de deux cents figures trois fois grandes comme nature, et
qui prouvèrent à ses détracteurs qu'il pouvait s'élever au-dessus du
genre du portrait. Les tableaux qu'il fit pour le château de Saint-
Cloud et le palais de Versailles, gravés par les premiers artistes de
son siècle, ont encore contribué à sa célébrité. En 1664, l'Académie
de Saint-Luc le nomma directeur, fonctions qu'il accepta parce qu'il
ne voulait pas occuper à l'Académie royale un grade inférieur à celui
de **Lebrun**. Ce fut seulement vingt-quatre ans après, à la mort
de ce dernier, qu'il se présenta à l'Académie royale, qui le fit passer
par tous les grades en une même séance.

## 166 *Le Christ au roseau.*

Toile. — H. 1<sup>m</sup> 15. — L. 0<sup>m</sup> 88.

Il est vu à mi-corps, la tête couronnée d'épines et

tenant un sceptre de roseau à la main. Ses bras sont serrés par d'indignes liens; ses cheveux tombent sur ses épaules à flots épais et bouclés, et ses regards, pleins de résignation, s'élèvent vers le ciel. Une draperie violette, jetée sur l'épaule gauche et qu'il soutient sur le devant du corps, l'enveloppe à demi.

Ce tableau, qui faisait partie du musée Napoléon avant d'être envoyé à celui de Toulouse, provenait de l'ancienne collection des rois de France. Il est gravé dans les *Annales du Musée* par Landon (t. II, pl. 70).

Envoyé par le Gouvernement en 1812.

## 167 *Trois figures allégoriques.*

Toile. — H. 1<sup>m</sup> 95. — L. 2<sup>m</sup> 90.

Ces figures sont placées sur des nuages. La première à gauche, tenant d'une main une règle et de l'autre indiquant le ciel, est à genoux et représente l'Etude ou la Science; elle a sur la tête une couronne de fleurs, et l'on voit derrière elle un compas, une équerre, un livre de géométrie et des lauriers. La seconde figure, les regards fixés vers le ciel, dont elle appelle les inspirations, élève au-dessus de sa tête une banderolle portant le mot *suadere*, persuader : c'est l'emblême de l'Eloquence. Enfin la troisième, assise, tient dans ses mains un sceptre et une couronne; une autre couronne et un autre sceptre sont placés auprès d'elle. Au-dessus de sa tête, tournée vers le ciel, voltige une écharpe jaune. Elle est le symbole de l'empire qu'exercent sur le monde le talent d'instruire et l'art de persuader, par le double ascendant du savoir et de l'éloquence.

Ce tableau, qui était destiné à orner un plafond, a été envoyé par le Gouvernement en 1803.

**MILET** (JEAN-FRANCISQUE), *né à Paris en 1666, mort en 1723.*

Il fut élève de **Francisque Milet**, son père, peintre, né à Anvers, mais qui était français d'origine et qui exerça son talent dans sa patrie. Il peignit le paysage historique à l'imitation de son père, mais avec un sentiment moins *poussinesque*, et qui indique plutôt une certaine froideur de conception que la véritable physionomie des sites d'Italie. Cependant il dût jouir de son temps d'une certaine réputation, puisqu'il fut admis à l'Académie en 1709.

## 168 *Paysage orné d'architecture.*

Toile. — H. 0ᵐ 55. — L. 0ᵐ 65.

Des faunes et des nymphes dansent sur la terrasse du premier plan, au pied de ruines d'anciens temples d'une architecture élégante et entourés de massifs d'arbres. A droite, dans le fond, on découvre une ville.

## 169 Pendant du précédent.

Toile. — H. 0ᵐ 55. — L. 0ᵐ 65.

Cinq figures, vêtues à l'antique, prennent leur repas, assises auprès d'anciens monuments en ruines.

**MOILLON** (Louise), *naissance et mort inconnues.*

Les signatures et les dates apposées sur les tableaux de cette artiste indiquent qu'elle vivait dans la seconde moitié du xviiᵉ siècle. Sans ces témoignages irrécusables de son existence, son nom serait sans doute ignoré, puisqu'il n'est cité dans aucune biographie. A en juger par les tableaux du Musée, les ouvrages de L. Moillon sont peu variés de composition; leur exécution est un peu sèche, mais ce défaut se trouve racheté par une grande netteté de pinceau et un coloris qui ne manque pas de vérité.

## 170 *Des fruits.*

Bois. — H. 0ᵐ 44. — L. 0ᵐ 58.

Une pêche et un petit panier de fraises sont déposés sur une table de sapin, à côté d'une corbeille d'osier remplie de prunes de différentes espèces.

Signé : *Louyse Moillon 1672.*

## 171   Le pendant.

Bois. — H. 0<sup>m</sup> 44. — L. 0<sup>m</sup> 58.

Une corbeille garnie de raisins blancs et noirs, de pêches et d'abricots, et un petit panier de fraises, sont placés sur une table de sapin.

## 172   *Des fruits.*

Bois. — H. 0<sup>m</sup> 38. — L. 0<sup>m</sup> 52.

Plusieurs prunes et un abricot ouvert se trouvent auprès d'une corbeille pleine d'abricots.

Signé : *Louyse Moillon 1674.*

## 173   Le pendant.

Bois. — H. 0<sup>m</sup> 38. — L. 0<sup>m</sup> 52.

On voit dans celui-ci deux pêches, un abricot et une nèfle devant un panier d'osier rempli de mûres et de frambroises tenant encore à leurs branches.

Ces quatre tableaux proviennent de la collection de **M.** de Breteuil.

**MOINE** (François le), *voy.* **LE MOINE**, *p. 131.*

**MONNOYER** (Jean-Baptiste), *plus connu sous le nom de* **Baptiste**, *né à Lille en 1634, mort à Londres en 1699.*

On ignore quel fut son maître, mais on sait qu'il vint très jeune à Paris, et l'on s'accorde à le reconnaître pour le plus habile peintre de fleurs du siècle de Louis XIV. Ses fleurs ne sont pas poussées au degré d'illusion de celles de **Van Huysum**, qui rivalisent avec la nature même, par leur éclat et leur fraîcheur ; mais elles sont peintes avec tant d'adresse et arrangées avec un goût si parfait que l'on ne connaît rien de supérieur dans le genre de la décoration. Aussi les plus habiles peintres de portraits et d'histoire de son temps, tels que **Kneller**, **La Fosse**, et le célèbre peintre d'architecture **Rousseau**, ont-ils eu recours à ses pinceaux pour orner leurs ouvrages de fleurs qui en rehaussent l'éclat et l'agrément. Les peintures qu'il exécuta dans l'hôtel de lord Montaigu à Londres sont considérées comme ses travaux les plus importants. On en voyait aussi autrefois une quantité dans les châteaux royaux des environs de Paris. Il en reste encore de beaux spécimens au musée du Louvre. — Il fut reçu à l'Académie en 1663. Les statuts s'opposant, à cause du genre qu'il pratiquait, à sa nomination comme professeur, il obtint le grade de conseiller en 1679.

## 174   *Vase de fleurs.*

Toile. — H. 0<sup>m</sup> 43. — L. 0<sup>m</sup> 34.

Une jacinthe bleue, des roses blanches, des narcisses et des anémones sont réunis en bouquet dans un vase placé sur une table de pierre.

Cabinet de M. de Breteuil.

## 175   Pendant du précédent.

Toile. — H. 0<sup>m</sup> 43. — L. 0<sup>m</sup> 34.

Dans un vase de terre cuite, placé sur un socle de pierre, est déposé un bouquet de fleurs, formé de scabieuses, de roses blanches, d'œillets rouges et d'anémones de diverses couleurs.

La dimension et la composition de ce tableau indiquent qu'il a été fait en pendant au précédent. Néanmoins nous n'y retrouvons pas une touche aussi spirituelle, et nous pensons qu'il pourrait bien être l'œuvre d'un élève.

Cabinet de M. de Breteuil.


**OUDRY** (Jean-Baptiste), *né à Paris en 1686, mort à Beauvais en 1755.*

**Largillière**, qui était lié avec Jacques Oudry, marchand de tableaux, donna au fils de son ami d'excellents principes de couleur et l'exerça dans tous les genres : excellente manière de développer l'éducation pittoresque d'un jeune artiste et de le mettre à même d'adopter plus tard le genre spécial vers lequel il se sent attiré. Il est même probable que les études du jeune Oudry chez Largillière, dans l'histoire et dans le portrait, lui aplanirent la route et les difficultés pour arriver à la représentation des animaux. Oudry fut d'abord très occupé à peindre le portrait, mais il ne négligea pas la peinture d'histoire, puisqu'il présenta, en 1708, un *Saint Jérôme* pour son morceau de réception à l'académie de Saint-Luc. Vers cette époque, il peignit une *Nativité* et un *Saint Gilles* pour le chœur de Saint-Leu et une *Adoration des Mages* pour le chapitre de Saint-Martin-des-Champs. Nommé professeur de l'académie de Saint Luc en 1717, il s'attira l'approbation des meilleurs maitres de l'Académie Royale, où il fut agréé cette même année, et reçu en 1719 sur un tableau représentant l'*Abondance*. On le nomma professeur en 1743.

Depuis longtems déjà Oudry s'était livré à la représentation des animaux, qu'il traitait avec un talent merveilleux ; c'est dans ce genre qu'il se fit une très grande réputation. Louis XV, à qui on présenta des tableaux d'Oudry, en fut si satisfait qu'il lui ordonna de le suivre dans ses chasses pour faire des études sur nature. Le roi le nomma directeur de la manufacture de Beauvais, qui lui dut tous ses succès, et un peu plus tard il eut également la direction de celle des Gobelins. Malgré le temps considérable que lui prenait la surveillance de ces deux établissements, il était si laborieux qu'il en trouva encore assez pour produire une foule de tableaux qui ont figuré aux expositions de Messieurs de l'Académie. Il fut frappé d'apoplexie à l'âge de 69 ans, et succomba, trois mois après, à cette attaque. — Ses compositions, très animées par le choix des sujets, offrent des fonds de forêts et des sites riants qui reposent agréablement la vue. Il serait difficile de mieux réussir à peindre les chiens de toutes les espèces, . leurs habitudes et leurs mouvements divers. Dans les canards et autres animaux aquatiques, il fait surtout admirer sa touche spirituelle, moëlleuse et vraie, ainsi que la manière avec laquelle il sait rendre la plume et le duvet des volatiles.

# 176   *Chasse au cerf.*

Toile. — H. 2<sup>m</sup> 06. — L. 3<sup>m</sup> 85.

Louis XV, accompagné de quelques seigneurs de sa cour et suivi de ses nombreux valets et de ses équipages de chasse, s'est arrêté sur les bords d'un étang, dans lequel le cerf s'est jeté pour échapper à la poursuite des chiens. Au centre de la composition, le roi, monté sur un cheval blanc, indique de la main, aux seigneurs qui l'entourent, le pauvre animal dont la tentative a été vaine. En effet, quelques chiens le tiennent déjà, et beaucoup d'autres se sont jetés ou vont se jeter à l'eau pour l'atteindre. — A côté du groupe royal, à gauche, un piqueur à cheval s'apprête à sonner le hallali, tandis que deux chasseurs, dans une barque, vont à la rencontre du cerf. Derrière eux, on voit sur la berge un seigneur monté sur une mule chargée d'une valise, et, auprès de lui, un piqueur à pied tenant un chien en laisse. Dans le coin à droite, l'artiste s'est représenté prenant le croquis de cette scène ; à côté de lui, un piqueur retient, par leurs chaînes, un groupe de chiens qui s'efforcent de s'élancer à l'eau. Plus loin, dans un pli de terrain, accourent plusieurs cavaliers, et au devant d'eux, sur le bord de l'étang, deux piqueurs à cheval portant leur trompe de chasse. Le fond représente un pays accidenté et boisé, avec une éclaircie au milieu qui laisse voir un petit village, une résidence royale et le cours d'une rivière.

Signé : J. B. Oudry, 1730.

Envoyé par le Gouvernement en 1812.

**PAILLET** (Antoine), *né à Paris en 1626, mort dans la même ville en 1701 :*

Peintre d'histoire et de portrait, il fut reçu à l'Académie Royale en 1659, nommé professeur en 1662, et recteur en 1684. On voyait de lui, à Notre-Dame, le *martyre de saint Barthélemy*, peint en 1669, et une grande *Sainte-Famille*, datée de 1684, dont il exposa une réduction au salon de Messieurs de l'Académie de 1699. Au salon de cette même année, figuraient aussi huit autres tableaux de Paillet. Dans l'antichambre de la Reine, à Versailles, il y avait encore un tableau d'histoire de cet artiste. — Vallet, Picard, Thomassin ont gravé d'après lui.

## 177 *L'Annonciation.*

Toile. — H. 2<sup>m</sup> 53. — L. 1<sup>m</sup> 72.

Pieusement agenouillée sur une marche de bois, la vierge Marie, vue presque de face, les mains légèrement appuyées sur la poitrine, écoute avec une touchante humilité l'ange du Seigneur qui lui annonce sa prochaine maternité. Gabriel, debout devant elle, lui présente d'une main une tige de lis, symbole de son innocence, et de l'autre indique le Saint-Esprit qui, sous la forme d'une colombe, la pénètre déjà de ses rayons lumineux et féconds. Dans le haut de la composition, un grand nombre d'anges, dans des attitudes très variées, environnent le Saint-Esprit et lui forment un brillant cortége.

Signé : *A. Paillet.*

Ce tableau décorait une des chapelles du couvent des Grands-Carmes.

**PAU DE SAINT-MARTIN** (Alexandre), *peintre de paysages, né à Mortagne ; l'époque de sa naissance et celle de sa mort sont inconnues ; élève de* **Leprince** *et de* **J. Vernet.**

Tous ses paysages sont peints d'après nature ; ils ont servi d'étude et de point de départ à nombre d'artistes de son temps, à cause de leur vérité et de la simplicité de leur exécution. Les vues en sont prises ordinairement aux environs de Paris, en Normandie et dans la Bretagne. Ce peintre a commencé à exposer en 1791, et pendant quarante ans il a continué d'envoyer régulièrement des ouvrages aux expositions du Salon.

## 178   *Site pris en Normandie.*

Bois. — H. 0<sup>m</sup> 44. — L. 0<sup>m</sup> 54.

Non loin d'un petit bois et au bord d'une grande route qui mène à une rivière, un villageois jouant du hautbois et une villageoise tenant un panier sont assis dans un pré, où ils ont conduit un troupeau de vaches et de moutons.

## 179   *Site des environs de Paris.*

Bois. — H. 0<sup>m</sup> 44. — L. 0<sup>m</sup> 54.

Un pâtre conduit son troupeau de moutons sur un chemin qui s'éloigne d'une rivière. Deux autres personnages, dont l'un pêche à la ligne, sont assis au pied d'un bouquet de grands arbres. Au-delà de la rivière, on voit une ferme et ses dépendances.

Donné au Musée par **M.** le comte de Caraman.

**PERRIN** (Jean-Charles-Nicaise), *né à Paris en 1754, mort en 1831.*

Elève de **Doyen** et de **Durameau**, il remporta le second prix à l'Académie en 1775. Le sujet du concours était : *Aman confondu par Esther devant Assuérus.* L'Académie Royale le reçut en 1787. Son tableau de réception qui représente *Vénus faisant panser la blessure d'Enée,* fait aujourd'hui partie du musée du Louvre. En 1806, il fut nommé directeur de l'école gratuite de dessin. Il a exposé à presque tous les Salons de 1787 à 1822.

## 180 *Derniers moments de Sophonisbe.*

Toile. — H. 0m 77. — L. 1m 33.

Sur le devant d'une colonnade, la reine de Numidie, assise sur un siége, vêtue d'une tunique blanche et portant la couronne sur la tête, prend le poison que son époux Massinissa lui envoie pour l'empêcher de tomber au pouvoir de Scipion. Le jeune homme qui lui remet la coupe exprime par son attitude tout le regret qu'il éprouve de remplir une aussi pénible mission. Derrière lui, à droite, sont les gardes et les serviteurs qui l'ont introduit auprès de Sophonisbe, et, à gauche, debout derrière la reine, trois suivantes, surprises et affligées de cette terrible détermination. A terre, un vase de parfums.

Cabinet de M. le cardinal de Bernis.

## 181 *Timoclée devant Alexandre.*

Toile. — H. 0m 99. — L. 1m 33.

Alexandre est assis sous sa tente, ayant derrière lui plusieurs amis. Un groupe de soldats amènent devant lui la dame thébaine Timoclée, comme coupable d'avoir précipité un officier thrace dans un puits. On voit, en effet, derrière elle le cadavre de cet officier porté par deux soldats. Timoclée déclare au roi qu'elle n'a fait que tirer vengeance de son honneur outragé.

Le généreux monarque approuve son action et lui rend la liberté. — Dans le fond, à gauche, on voit plusieurs gardes.

Collection du cardinal de Bernis.

## PEYRON (Jean-François-Pierre), *né à Aix en 1744, mort en 1820.*

Peyron prit les premières leçons de peinture dans son pays chez **Arnulfi**, qui avait été élève de **Benedetto Lutti**. En arrivant à Paris, en 1767, il entra daus l'atelier de **Lagrenée** l'aîné, et reçut des conseils d'**André Bardon**, son compatriote. Les ouvrages du **Poussin** furent cependant l'objet de ses études les plus assidues. En 1773, sur le sujet de la *Mort de Sénèque*, ayant **David** pour concurrent, il remporta le grand-prix de peinture. En 1785, il exposa les esquisses des deux tableaux de *Bélisaire* et de *Cornélie*, qui sont aujourd'hui au musée de Toulouse. En 1787, il fut reçu à l'Académie et nommé directeur de la manufacture des Gobelins. De 1785 à 1812, il a exposé à presque tous les Salons. Dans les *Annales du Musée*, Landon donne 10 planches gravées d'après lui et en parle comme de l'un des artistes qui faisaient le plus d'honneur à l'Ecole Française de son temps. Il a rapporté de Rome, dit-il, un excellent goût de composition ; ses attitudes sont variées, ses expressions pathétiques, et ses draperies d'un bon style.

## 182 *Bélisaire.*

Toile. — H. 0ᵐ 90. — L. 1ᵐ 33.

Un paysan, ayant reconnu Bélisaire aveugle et mendiant, l'a amené dans sa maison, et, réunissant ses enfants, il leur dit : « *Tombez aux genoux de ce grand homme, car sans lui votre père ne vivrait plus ou serait, ainsi que vous, dans l'esclavage.* » Le héros est, en effet, assis sur une estrade à côté d'une table, ayant derrière lui le jeune homme qui le conduisait. D'une main, il tient un jeune enfant qui s'est placé entre ses jambes ; il pose son autre main sur le bras du paysan comme pour le prier de cesser ses éloges. Tous les membres de la famille, debout ou agenouillés, sont groupés devant lui, dans des attitudes exprimant les sentiments d'admiration, de respect et de reconnaissance dont ils sont pénétrés. A gauche, un homme enveloppé d'un manteau rouge se dirige vers la porte de l'habitation donnant sur la campagne.

Signé ainsi : *P. Peyron Pens. du Roy. f. Roma 1779.*

Collection de M. le cardinal de Bernis.

# 185 *Cornélie.*

Toile. — H. 0$^m$ 93. — L. 1$^m$ 32.

Dans une salle décorée de statues, la mère des Gracques est assise devant une table couverte d'une draperie rouge. Une noble dame campanienne, debout à droite de cette table, voulant tirer vanité de ses richesses et exciter sa jalousie, lui montre les beaux habits qu'une femme, placée derrière elle, porte dans une corbeille, et les riches joyaux qu'une jeune fille, agenouillée sur le devant, tire d'un coffret et lui fait passer. Voyant que la célèbre romaine demeure insensible à tout cet étalage, elle lui demande à voir ses bijoux. Alors Cornélie, prenant par la main ses deux enfants que deux suivantes lui amènent, répond : « *Mes bijoux, les voilà !* »

Cabinet du cardinal de Bernis.

**POUSSIN** (Nicolas), *né aux Andelys en juin 1594, mort à Rome le 19 novembre 1665.*

Il est des hommes dont la renommée est tellement supérieure à celle des autres, que leur nom seul commande l'admiration et qu'il est impossible de rien ajouter à leur éloge : tel est le Poussin, le peintre des gens d'esprit, des savants et des penseurs profonds.

Digne rival de **Raphaël**, dont il reçut le surnom en France, il l'égala dans les parties les plus sérieuses de l'art, et le surpassa peut-être dans celles où les pensées l'emportent sur la forme. Jamais l'esprit humain ne porta l'idée du pathétique à un degré plus éminent. Ses compositions sont profondes et judicieuses ; il observait rigoureusement toutes les parties de l'art qui peuvent contribuer à la perfection de l'ensemble d'un tableau, ne négligeant aucun détail pour arriver à produire une impression vive et durable. Aussi n'avait-il en vue que de parler à l'âme. C'était, selon lui, le but le plus élevé de la peinture. On pourrait même avouer que ce principe lui avait fait négliger le matériel de l'art, la couleur, non celle qui convenait à son sujet, mais celle qui, par des apparences trop séduisantes, pouvait distraire les sensations par l'attrait d'un plaisir passager plutôt que par un véritable attachement de l'esprit. Le Poussin n'a donc jamais cherché à briller, et le ton de son coloris, différent dans chacune de ses compositions en raison du sujet, n'est qu'un calcul savant pour ne pas amoindrir, comme nous venons de le dire, le sentiment intérieur qu'on éprouve en admirant ses productions. Au surplus, ne le dissimulons pas, pour parler du grand Poussin comme on le devrait, il faudrait être en présence d'une suite de ses œuvres pareille à celle du musée du Louvre : on se sentirait alors excité et électrisé du feu sacré qui a animé son génie prodigieux; mais on ne saurait se montrer trop modeste lorsqu'on ne peut avouer de ce grand homme qu'une seule demi-figure. Cependant, telle qu'elle est, cette figure ne laisse aucun doute sur son authenticité, et c'est déjà beaucoup que de pouvoir attacher le grand nom du Poussin au musée de Toulouse. Il en est peu en France qui puissent donner cette assurance aux amateurs.

Aux grands talents pour son art, le Poussin joignait encore de grandes vertus morales et domestiques : la simplicité de ses mœurs et son désintéressement sont dignes des philosophes les plus austères de l'antiquité. Il lui eût été facile de s'enrichir, mais il avait choisi par goût l'état de médiocrité, et avait su inspirer à sa femme les mêmes inclinations; tous deux vivaient avec la plus grande simplicité, n'ayant pas même un seul domestique pour les servir. Son peu d'amour pour la richesse fut tel, qu'étant dans l'usage de fixer lui-même le prix de ses tableaux, lequel était toujours très modique, il n'acceptait aucune somme supérieure à celle qu'il avait demandée. Aussi arriva-t-il souvent que des ouvrages pour lesquels il n'avait reçu que *soixante écus* furent revendus mille écus quelques années après. — Le peu d'aisance dont le Poussin a dû jouir dans la maison paternelle a sans doute contribué à le rendre sérieux de bonne heure et à lui inspirer son goût d'ordre et de sobriété. Après être resté quelques années chez **Quentin Varin**, peintre de Beauvais, établi alors aux Andelys, il partit à dix-huit ans pour Paris, dans la pensée d'y trouver les moyens de se perfectionner dans son art. Ses maitres dans la capitale furent **Ferdinand Elle**, flamand d'origine, et l'**Allemand**, artiste lorrain. Nicolas Poussin ne tarda pas à s'apercevoir qu'il ne pouvait tirer que peu de fruit de leurs conseils et préféra profiter de la permission qu'on lui offrit de travailler chez un nommé Courtois, mathématicien du roi, qui possédait un beau cabinet d'estampes et de dessins. Les œuvres de **Raphaël** et de **Jules Romain** servirent d'étude au jeune artiste et il n'eut plus d'autres maîtres. Le souvenir de ce qu'il avait appris chez Varin et dans les ateliers de Paris lui permit de travailler seul la peinture et d'y faire des progrès. Il entreprit plusieurs fois d'aller à Rome, il poussa même jusqu'à Florence; mais, obligé de revenir sur ses pas, il rentra à Paris, où il fut occupé avec **Ph. de Champaigne**, sous la direction de **Duchêne**, aux travaux du palais du Luxembourg. Pendant plusieurs années il travailla en France, tant à Paris que dans la province, et exécuta des tableaux qui faisaient pressentir le style élevé qu'il était appelé à créer, et montraient déjà une grandeur et une simplicité de conception inconnues jusqu'alors. Mais le rêve tant caressé de sa jeunesse était toujours le but de tous ses efforts : il partit enfin pour Rome, où il arriva au printemps de 1624. Se trouvant de nouveau sans ressources, il fut obligé, quoique possédant déjà un beau talent, de vendre presque pour rien des tableaux qui s'élevèrent plus tard à des prix très élevés. Cela ne lui fit pas perdre courage : il était à Rome et se trouvait heureux de pouvoir étudier l'antique et Raphaël. Au lieu de chercher à suppléer par le nombre de ses ouvrages à la faiblesse des prix qu'il en recevait, le Poussin consacrait la plus grande partie de son temps à l'étude. Quand il ne maniait ni le pinceau ni le crayon, il appliquait son esprit à observer les beautés des objets qu'il avait devant les yeux, et approfondissait par la méditation la théorie de son art.

Enfin, quand le cardinal Barberini, son protecteur, revint à Rome, de retour de ses ambassades en France et en Espagne, il employa le Poussin et fit connaître ses talents. Si notre peintre ne parvint pas dès-lors à la richesse qu'il méprisait, il cessa du moins de connaître l'infortune. Sa réputation se répandit jusqu'à Paris. Il y fut mandé par le ministre M. de Noyers, et ne se rendit qu'avec peine à cette invitation. Il eut un logement aux Tuileries, et le titre de premier peintre du roi. Mais ces honneurs furent empoisonnés par les manœuvres de ses envieux. Ainsi, ce grand homme que l'Italie comptait déjà au rang de ses premiers artistes, dont les œuvres immortelles étaient considérées comme les plus belles productions de son siècle, et auquel les anciens eussent élevé des statues, n'éprouva que dégoût et découragement. Rebuté d'avoir à lutter sans cesse contre les intrigues des jaloux, le Poussin sollicita un congé et quitta la France pour n'y plus revenir. De retour à Rome, il s'occupa de son art avec une nouvelle ardeur et produisit de nombreux chefs-d'œuvre, dont quelques-uns sont aujourd'hui au nombre des plus beaux ornements de la galerie du Louvre, et seront de tout temps considérés comme les trésors les plus précieux de la France. Il mourut à Rome, dans sa soixante-douzième année.

## 184 *Saint Jean-Baptiste.*

Toile. — H. 0<sup>m</sup> 62. — L. 0<sup>m</sup> 45.

Le Précurseur est vu à mi-corps, la tête de face et les épaules de profil. Il est couvert d'une peau de mouton, avec un manteau rouge par dessus. D'une main, il montre le Christ sortant de Nazareth, qu'on aperçoit dans le fond, et de l'autre l'Agneau de Dieu. Devant lui, est la croix de roseau avec la banderolle portant la légende : *Ecce Agnus Dei qui tollit peccata mundi.*

Envoyé en 1812 par le Gouvernement.

## POUSSIN (*d'après* Nicolas).

**185** *Repos de la sainte Famille.*

Toile, forme ovale. — H. 0<sup>m</sup> 36. — L. 0<sup>m</sup> 46.

Sainte Elisabeth, à genoux aux pieds de la Vierge, présente le petit saint Jean à l'enfant Jésus, qui témoigne sa satisfaction par ses mouvements. Saint Joseph et sainte Anne, debout derrière Marie, contemplent cette scène gracieuse, pendant laquelle des anges offrent au jeune Messie des corbeilles remplies de fleurs. Le fond est occupé par une ville, au-delà d'une rivière.

L'original de ce tableau est gravé au trait dans la galerie des peintres les plus célèbres. (OEuvres complètes du Poussin, t. I<sup>er</sup>, pl. 61.)

Cette copie a été envoyée par le Gouvernement en 1812.

## RESTOUT (Jean-Bernard), *né en 1732, mort à Paris en 1797.*

Il serait difficile de trouver dans l'Ecole française une seconde famille de peintres aussi nombreuse et qui se soit perpétuée aussi longtemps que celle des Restout, de Caen. **Marguerin Restout**, le plus ancien, fut père de **Marc Restout**, élève de **Noël Jouvenet**. **Jean Restout** (1<sup>er</sup> du nom), fils et élève de Marc, épousa une sœur de **Jean Jouvenet** et mourut en 1702. Son fils, **Jean Restout** (2<sup>e</sup> du nom), le plus illustre de tous, naquit à Rouen en 1692, fut élève de son oncle maternel, le célèbre Jean Jouvenet, et mourut à Paris en 1768. Le fils de ce dernier, **Jean-Bernard Restout**, qui fait l'objet de cet article, ne soutint pas la réputation de ses ancêtres. Il obtint le premier prix à l'Académie en 1758, sur le sujet du *Sacrifice d'Abraham*. En 1769, quelques années après son retour de Rome, il fut élu académicien, et donna pour tableau de réception *Jupiter et Mercure chez Philémon et Baucis* (maintenant au musée de Tours). Ne voulant pas se ployer au règlement qui obligeait les académiciens à soumettre leurs tableaux à leurs collègues avant de les exposer au Salon, il se sépara de ce Corps. Cette scission et la mort de ses parents écartèrent Restout de la carrière de la peinture. Il était membre des Académies de Toulouse, de Rouen et de Caen.

## 186 *Diogène.*

Toile. — H. 1ᵐ 11. — L. 1ᵐ 44.

Le célèbre philosophe, pour s'accoutumer à l'insensibilité des hommes, demande l'aumône à une statue. Il est vu à mi-jambes, le torse nu, et portant son bâton et sa lanterne à la main. Dans le fond, on voit les têtes de trois ou quatre personnages qui semblent se moquer de lui.

Ce tableau figura au Salon de 1767, et fut envoyé par l'auteur à l'Académie royale de Peinture de Toulouse pour son morceau de réception.

## 187 *Philémon et Baucis,* (esquisse).

Toile. — H. 0ᵐ 29. — L. 0ᵐ 40.

Jupiter et Mercure, repoussés par tous les habitants d'un bourg de la Phrygie, où ils voyageaient comme de simples mortels, sont généreusement accueillis dans la pauvre cabane du bûcheron Philémon et de sa femme Baucis. Pendant que ces dieux sont à table, Baucis s'apprête à tuer un volatile pour leur faire honneur; mais l'animal, effrayé, se réfugie dans les jambes de Jupiter, qui, touché du dévouement de son hôtesse, intercède en faveur de l'oiseau, et va changer la cabane en un temple dont Philémon et Baucis seront les ministres.

Cette petite esquisse, qui appartenait à M. de Valence, est la première pensée du tableau de réception de Restout à l'Académie royale de Paris.

**RIGAUD** (HYACINTHE), *né à Perpignan en 1659, mort à Paris en 1743.*

Rigaud et Largillière, son rival et ami, furent considérés tous deux comme les premiers peintres de portraits de la France. Dire qu'ils vécurent dans la plus parfaite intimité, c'est faire l'éloge de l'un et de l'autre. Rigaud n'avait que huit ans quand il perdit son père **Mathias Rigaud**, peintre, et fils de peintre. Sa mère l'envoya à Montpellier, à l'âge de quatorze ans, dans l'atelier de **Pezet**, chez qui il resta quatre ans ; mais il profita plutôt des conseils d'un nommé **Ranc**, avec qui il s'était lié. Il vint ensuite à Paris, en 1681. Après avoir suivi les cours de l'Ecole pendant un an, il remporta le grand-prix, sur le sujet de *Caïn bâtissant la ville d'Enoch*. **Lebrun**, toujours habile à faire tourner au profit de l'art les talents des jeunes peintres qui montraient des dispositions dans un genre ou dans un autre, engagea Rigaud à se consacrer au portrait. Rigaud, docile à des conseils qui d'ailleurs favorisaient son inclination, renonça au voyage de Rome. L'Académie l'honora de la même faveur que Largillière en le recevant en qualité de peintre d'histoire, en 1700, sur le portrait du sculpteur Desjardins et sur une figure de *saint André*. On l'élut professeur en 1710, adjoint à recteur, et enfin recteur en 1733. En 1709, les consuls de Perpignan l'avaient admis au nombre des citoyens nobles de la ville. Le roi le nomma chevalier de l'ordre de Saint-Michel en 1727.

Les portraits de Rigaud sont répandus dans toute l'Europe ; il a peint cinq monarques, tous les princes du sang, un grand nombre de savants, d'artistes et d'illustrations dans l'épée ou la magistrature. L'agréable et savante manière de peindre de Rigaud, la belle fonte de son pinceau, ne sont pas les seules qualités qui l'ont fait regarder comme le premier peintre de portrait de son temps : il doit être encore plus estimé par la ressemblance qu'il donnait à ses personnages, en imprimant la véritable physionomie qui distingue chaque individu.

Beaucoup de peintres saisissent la ressemblance, bien peu possèdent l'art d'animer leurs ouvrages. Rigaud eut cela de commun avec le **Titien** et **Van Dyck** ; aussi partagea-t-il avec son ami Largillière le surnom de *Van Dyck français*. Il avait, en outre, l'immense talent de poser et d'ajuster ses figures de manière à leur donner beaucoup de dignité et une grande noblesse. Cet artiste ne négligeait rien ; tout est également terminé dans ses ouvrages, les étoffes, les armures, tous les accessoires ; on y retrouve même jusqu'à la légèreté et la transparence des linges et des dentelles.

## 188   *Portrait de Philippe, duc de Chartes,*

### Depuis duc d'Orléans et régent du royaume.

Toile. — H. 1<sup>m</sup> 36. — L. 1<sup>m</sup> 03.

Vu debout et à mi-jambes, la tête coiffée d'une ample perruque brune, ce jeune prince, revêtu de son armure sur laquelle est jeté un manteau rouge-clair, tient une main sur la hanche et s'appuie de l'autre sur son bâton de commandement. Il porte une écharpe blanche à la ceinture et un ruban bleu moiré en sautoir. Le fond, formé à droite d'une draperie rouge, offre, à gauche, une vue donnant sur un parc.

Cité dans la *Vie des plus fameux Peintres*, par d'Argenville, t. IV, p. 311 (édit. de 1762).

Envoyé par le Gouvernement en 1803.


## 189 *Portrait de Jean Racine.*

Toile. — H. 1ᵐ 43. — L. 1ᵐ 09.

Vêtu de noir, représenté à mi-jambes, la tête couverte d'une longue perruque poudrée, le grand poète est assis à une table, et tient d'une main une plume et de l'autre une lettre portant cette suscription : — *Au Roy.*

Signé ainsi : *Fait par Hyacinthe Rigaud 1727.*

Racine étant mort en 1699, Rigaud n'a pu peindre ce portrait d'après nature. On n'y retrouve peut-être pas cette vivacité dans les carnations, ni cette vérité de ton qui saisissent si vivement dans d'autres ouvrages de Rigaud. Mais, en revanche, affranchi de la contrainte qu'impose un modèle, l'artiste a pu à loisir déployer toute l'habileté de son pinceau. Tout, dans ce portrait, décèle la rapidité de l'exécution et la chaleur du premier jet. Le maintien de ce personnage est en parfaite harmonie avec l'idée qu'on doit se faire de Racine : la pose est noble, et les vêtements sont ajustés avec toute la dignité qui convient à la gravité de son caractère.

Envoyé en 1833 par le Gouvernement.


## 190 *Portrait de Bernard Dupuy-Dugrez,*

Avocat au Parlement, et fondateur de l'Ecole des Arts de Toulouse, en 1693.

Toile. — H. 0ᵐ 80. — L. 0ᵐ 64.

La tête couverte d'une ample perruque poudrée, vu de face, en buste, il est revêtu d'un surtout orange-foncé doublé de soie bleue ; il a autour du cou une cravate en dentelle.

Provient de l'ancienne Académie des Arts de Toulouse.

**SAUVAGE** (            ), *florissait dans la dernière période du siècle dernier.*

Elève d'un peintre d'Anvers nommé **Gilerard**, il s'est fait un grand renom dans toute l'Europe par ses camayeux et ses bas-reliefs, rendus avec une perfection si grande qu'il surpassa de beaucoup tous ses devanciers dans le même genre. Il était membre de l'Académie royale de Paris, et fut reçu en 1774 à celle de Toulouse. Ce peintre exposait encore en 1804 ; et Landon dit, en parlant de ses bas-reliefs, qu'ils sont toujours de la plus piquante illusion.

## 191    *Bas-relief en grisaille.*

Toile. — H. 0ᵐ 47. — L. 0ᵐ 60.

Le jeune Bacchus, en état d'ivresse, tenant encore à la main une grappe de raisin, est soutenu par des enfants ; d'autres enfants jouent à sa suite ou portent des amphores.

Envoyé de Paris par l'auteur à l'Académie de Peinture de Toulouse pour son morceau de réception.

**SEVIN** (Pierre-Paul), *né à Tournon vers 1650, mort inconnue.*

Il vint se fixer à Lyon, où il fut très occupé à faire des portraits. On cite un certain nombre de gravures, d'après ses dessins, représentant des faits mémorables du siècle de Louis XIV, et datées de 1685 à 1701. — Parmi les portraits gravés d'après lui, celui de la duchesse de La Vallière doit être considéré comme l'un des plus remarquables.

## 192    *Alexandre et Diogène.*

Toile. — H. 1ᵐ 40. — L. 1ᵐ 10.

Le célèbre philosophe est assis devant son tonneau, au pied d'une statue de Mercure. Alexandre, accompagné d'un de ses favoris et de quelques soldats, vient le visiter et s'informe s'il peut faire quelque chose pour lui. Diogène, étendant le bras, lui adresse ces paroles si connues : *Ote-toi de devant mon soleil.* — Cette réponse parut si sublime au conquérant qu'il reprit aussitôt : *Si je n'étais Alexandre, je voudrais être Diogène !...*

Envoyé par le Gouvernement en 1812.

**STELLA** (JACQUES), *né à Lyon en 1596, mort au Louvre en 1657.*

Stella, d'une famille originaire de Flandre, dût recevoir de bien bonne heure des leçons de son père **François Stella**, établi à Lyon, puisque, à l'âge de neuf ans, quand il le perdit, il était en état de se perfectionner lui-même, sans le secours d'autre maitre. A vingt ans, il alla à Florence et fut chargé par le grand-duc Cosme II de faire les dessins des décorations pour les fêtes du mariage de son fils Ferdinand. Ce prince l'attacha ensuite à sa cour, en lui donnant un logement et une pension semblable à celle qu'il faisait au célèbre graveur Callot. Après un séjour de sept années à Florence, Stella se rendit à Rome, où il resta douze ans. Il se lia dans cette ville d'une amitié intime avec le **Poussin,** et profita si bien de ses conseils sur l'art qu'il finit par suivre sa manière en s'inspirant tout à fait de son grand style. En quittant Rome, Stella passa par Venise, où il fit de nouvelles études qui lui furent très utiles. A Milan, le cardinal Albornos, gouverneur de la ville, lui proposa, mais en vain, de le nommer directeur de l'Académie de Peinture. Stella avait l'intention de passer en Espagne, mais il se fixa à Paris, retenu par les bienfaits du roi. Il eut d'abord un logement au Louvre, une pension, fut décoré de la croix de Saint-Michel, et nommé premier peintre de Sa Majesté. Ses compositions ont la sagesse des pensées du Poussin, elles plaisent par l'élégance, la grâce et la correction ; mais elles manquent d'âme, c'est-à-dire de cet enthousiasme pittoresque et de cette vigueur d'expression qui charment dans les productions du Poussin et des maîtres de l'art. Son dessin est pur et correct et ses draperies tiennent de la simplicité antique ; sa couleur, quoique un peu monotone, ne manque pas d'un certain agrément. En somme, il doit être considéré comme un des bons peintres de notre Ecole.

## 193 *Mariage de la Vierge.*

Toile. — H. 3ᵐ 60. — L. 4ᵐ 50.

Dans l'intérieur d'un temple d'une riche architecture, le grand-prêtre unit les deux époux. Saint Joseph, une tige de lis à la main, passe l'anneau d'alliance au doigt de Marie, dont les regards baissés annoncent une douce modestie. Derrière saint Joseph, un lévite tient le livre de la Loi, et de chaque côté du grand-prêtre on aperçoit les têtes de deux acolytes qui portent chacun un cierge allumé. A droite, derrière la Vierge, est un groupe de trois femmes, dont la première, à genoux, retient un enfant qui joue avec un chien. — Du côté opposé, un jeune homme rompt sa baguette de prétendant en regardant les époux. — Dans le fond, deux ou trois autres prétendants et des femmes causent ou se retirent.

L'aspect de ce tableau est d'une simplicité qui rappelle les ouvrages du Poussin, et bien qu'il soit un peu pâle de coloris, il est d'un ton agréable et attrayant. L'architecture est d'un bon goût et produit une grande illusion.

Gravé dans les *Annales du Musée*, par Landon, t. XII, pl. 41ᵉ.

Envoyé par le Gouvernement en 1812.


## 194  *Jésus-Christ donnant la communion à saint Pierre.*

Toile. — H. 1ᵐ 64. — L. 0ᵐ 89.

Jésus-Christ, après sa résurrection, apparaît à saint Pierre et à deux autres saints incarcérés pour leur foi. —Il est debout au milieu d'eux, encore couvert en partie de son suaire. D'une main il donne la communion à saint Pierre, et de l'autre indique le ciel, où l'on voit des anges portant un calice, l'épée, symbole de leur martyre, les palmes et les couronnes, emblême des récompenses qui les attendent. Le prince des Apôtres, soutenu par un ange et agenouillé contre une espèce de banc de pierre où sont rivés les fers tombés de ses mains, reçoit l'hostie sainte avec amour et ferveur. L'autre saint, vu de dos, également à genoux, les mains jointes et enchaîné par un pied, exprime toute son admiration, tandis que, derrière lui, le troisième, attaché au mur, où il est comme suspendu par les bras, contemple cette scène avec ravissement.

Envoyé par le Gouvernement en 1803.

# 1195 *La sainte Famille.*

Toile. — H. 0ᵐ 91. — L. 0ᵐ 70.

Assise devant une draperie que saint Joseph est occupé à fixer à un arbre, la sainte Vierge soutient l'enfant Jésus debout sur ses genoux et penché vers saint-
Jean que sainte Elisabeth lui présente. — Dans le coin
de droite, on voit l'agneau du Précurseur.

Envoyé par le Gouvernement en 1817.

**SUEUR** (Eustache le), *voyez* **LE SUEUR,**
*p. 133.*

**VALENTIN** (                    ), *né à Coulommiers (en
Brie) en 1601, mort à Rome en 1634.*

La plupart des anciens biographes s'accordent à ranger le Valentin
au nombre des élèves de **Vouet** (1). Pour rendre le fait plus probable, certains d'entre eux rapportent qu'à l'arrivée de Vouet à Rome,
Valentin, séduit par la renommée de ce peintre, se mit sous sa direction. Cela n'éclaircit en rien la question, et prouverait tout au plus
que ces deux artistes se sont trouvés ensemble à Rome. Valentin n'é-
tait encore qu'un enfant, à peine avait-il douze ans ; et si l'on admet
qu'il soit entré à cette époque chez le Vouet, ce ne fut certainement
que dans l'intention d'apprendre assez le maniement de la brosse et de
la couleur pour pouvoir étudier ensuite les ouvrages du **Caravage**, qui était mort, et vers lesquels il se sentait attiré par une
tendance irrésistible. Or donc, s'il a pris des leçons de Vouet, ce ne
peut être qu'à cette époque de sa vie, car une fois entraîné vers l'imitation du Caravage, rien en lui ne retrace d'autres éléments d'études
que ceux puisés dans les ouvrages de ce maitre. Lancé dans cette voie,
Valentin, au lieu de chercher à adoucir la manière de son modèle, ne
s'est étudié qu'à en exagérer la vigueur de coloris, s'efforçant cependant de rendre son dessin plus correct. Comme preuve, citons le fameux tableau du Vatican, *le Martyre de saint Processe et de saint
Martinien,* qui est considéré comme son chef-d'œuvre. Si une mort
prématurée n'eût enlevé le Valentin à l'âge de 32 ans, il est à présumer que les conseils du **Poussin** l'auraient amené à réformer sa

(1) Quelques-uns, tels que d'Argenville, Lanzi, etc., prétendent que Simon Vouet
se forma, en arrivant à Rome à la fin de 1613, sur les ouvrages du Valentin : opinion insoutenable, attendu que le Valentin avait alors à peine 12 ans, tandis que le
Vouet était déjà âgé de 23 ans. L'indication de ces dates n'a pas besoin de commen-
taire.

manière, en admettant même qu'il eût persisté à suivre le goût du
Caravage, qui avait encore de nombreux partisans à Rome. Dirigé par
le Poussin vers un choix plus noble et plus élevé des sujets et des compositions, contraint de donner plus de grandeur aux caractères et de
noblesse aux expressions, nul doute qu'il ne fût parvenu à surpasser
de beaucoup le Caravage. S'il en eût été ainsi, l'Ecole française comp-
terait de plus un peintre de premier ordre.

Ce n'est pas seulement au sujet du maître de Valentin que règne
l'incertitude; elle règne aussi sur son véritable nom. D'Argenville le
premier, en lisant de travers dans un manuscrit napolitain le nom
*Moïse* au lieu de *Mousù* (Monsieur), en a fait un prénom que notre
peintre n'avait jamais porté auparavant, et que, depuis, tous les
biographes ont copié l'un sur l'autre. Ce nouveau prénom a contribué
à faire considérer Valentin comme le véritable nom de famille, et
maintenant il est connu généralement sous le pseudonyme de Moïse
Valentin. Cependant M. Charles Blanc, dans son ouvrage, rempli de
nouveaux aperçus sur l'art aussi intéressants qu'instructifs, vient de
nous révéler récemment les véritables noms de Valentin, en ajoutant
à l'appui de son dire des preuves qui nous paraissent irrécusables.
Mais, comme l'usage a consacré le nom de Valentin au fils du peintre
verrier, **Valentin de Boullongne**, de Coulommiers, ce
nom lui restera, prévaudra sur le véritable, tombé dans l'oubli depuis
plus de deux siècles, et figurera toujours parmi ceux des célébrités
de notre Ecole.

# 196   *Judith.*

Toile. — H. 0ᵐ 97. — L. 0ᵐ 74.

Judith, debout, vue de face et à mi-jambes, indique
d'une main le ciel; de son autre main, appuyée sur
la garde de son épée, elle tient la tête d'Holopherne
par les cheveux. Elle est vêtue d'une robe bleue, en
partie couverte d'une draperie rougeâtre, et serrée à
la taille par une riche ceinture. Une écharpe feuille-
morte, agrafée sur l'épaule, voile sa poitrine nue. Ses
cheveux, ses épaules et le bord de ses vêtements sont
ornés de pierreries, d'agrafes et de broderies.

On ne saurait certes reprocher ici à Valentin ni l'emportement de la
brosse ni la vigueur du coloris, poussée jusqu'à l'exagération dans la
plupart de ses autres ouvrages. C'est un morceau étudié avec soin et
qui faisait pressentir tout ce qu'on devait attendre de lui, si une mort
prématurée n'en eût empêché l'accomplissement.

Ce tableau, gravé dans les *Annales du Musée* par Landon, t. XIV,
pl. 15, provenait de l'ancienne collection des rois de France. Il est cité
dans d'Argenville, t. IV, p. 48.

Envoyé par le Gouvernement en 1812.

# VAN-LOO (*d'après* CARLE), *par* **Carle Dembrun**.

## 197 *Enlèvement de Ganymède.*

Toile. — H. 1ᵐ 43. — L. 1ᵐ 95.

Ganymède était un prince troyen d'une si rare beauté que Jupiter, l'ayant vu à la chasse sur le mont Ida, se changea en aigle et le transporta dans l'Olympe pour servir le nectar aux dieux.

Cette copie provient de l'Académie royale de Peinture de Toulouse.

# VAN-LOO (César), *peintre de paysages, né à Paris en 1743, mort après 1817.*

Issu de l'illustre famille des Van-Loo, qui donna à la France les peintres les plus célèbres du xviiiᵉ siècle, César ne suivit pas les traces de ses ancêtres : il renonça à la grande peinture d'histoire et adopta le paysage. Il travailla très jeune en Italie ; Rome et ses environs lui fournirent les principaux motifs de ses études. Reçu académicien en 1784, il exposa au Salon de 1785 neuf tableaux représentant tous des vues d'Italie. En 1787, il exposa de nouveau sept tableaux dans le même genre, et depuis lors jusqu'en 1817 il envoya régulièrement des ouvrages au Salon. Comme en souvenir de ses impressions de jeunesse, son dernier tableau représente la *Vue d'un feu d'artifice tiré du château Saint-Ange.* Parmi ses nombreuses productions, on a surtout recherché et estimé ses effets de neige. Il obtint un prix de 1500 fr. en 1801, et une médaille en 1803.

## 198 *Route de Tivoli à Subiaco.*

Toile. — H. 0ᵐ 28. — L. 0ᵐ 44.

Le premier plan est coupé par un ravin traversé par un pont à quatre arches étroites. Au bout de ce pont, à droite, sont arrêtées trois femmes, dont l'une porte un fagot sur la tête. On voit, à l'autre extrémité, les ruines d'un ancien aqueduc.

## 199 Pendant du précédent.

Toile. — H. 0<sup>m</sup> 28. — L. 0<sup>m</sup> 44.

C'est une vallée bordée de montagnes boisées et traversée en avant par un mur qui clôt une vaste propriété.

## 200 *La fontaine dite* Aqua-Acetòsa.

Toile. — H. 0<sup>m</sup> 58. — L. 0<sup>m</sup> 93.

Nous sommes au bord du Tibre, qui passe à droite du tableau. En face de nous, et presque en premier plan, est la fontaine monumentale, à laquelle plusieurs personnes viennent remplir leurs fiasques. On voit, à gauche, sur un plateau élevé, une maison auprès d'un arbre isolé.

## 201 *Ponte-Mole.*

Toile. — H. 0<sup>m</sup> 58. — L. 0<sup>m</sup> 93.

Le Tibre traverse cette composition et longe une ligne de côteaux boisés qui s'élèvent à droite. On aperçoit au second plan le Ponte-Mole et, à l'horizon, le dôme de Saint-Pierre de Rome.

## 202 *Campagne de Rome.*

Toile. — H. 0<sup>m</sup> 70. — L. 1<sup>m</sup> 25.

Des côteaux qui se perdent à l'horizon encaissent, au premier plan, une petite rivière. Quatre personnages sont arrêtés au bord de l'eau, auprès de deux grands arbres. On distingue, sur un côteau à droite, une villa dans un parc clos par une muraille.

Ces cinq tableaux proviennent de la collection du cardinal de Bernis.

**VIGNON** (Claude), *né à Tours en 1593, mort à Paris en 1670.*

Vignon s'est distingué, entre tous les peintres de son temps, par une manière forte et qui annonce un caractère tout particulier qu'il tenait du **Caravage**, dont il avait étudié les ouvrages pendant un long séjour en Italie. Plus tard, pour satisfaire tout le monde, il chercha une exécution plus soignée, et ayant voulu adoucir son coloris, ses tableaux perdirent de leur effet et furent moins estimés des artistes. Le nombre de ses ouvrages est grand, parce qu'il travaillait avec une merveilleuse facilité. Il mourut professeur à l'Académie, à l'âge de 77 ans.

## 205 *Sainte Cécile.*

Toile. — H. 1ᵐ 35. — L. 1ᵐ 12.

Assise devant un orgue, sur lequel elle s'accompagne, sainte Cécile, les yeux levés vers le ciel, chante les louanges du Seigneur. Dans le fond, plusieurs anges se joignent à elle; l'un d'eux, au premier plan, à gauche, tient un cahier de musique, et deux autres, du côté opposé, font aller les soufflets de l'instrument.

**VINCENT** (François-André), *peintre d'histoire, né à Paris le 30 décembre 1746, mort dans la même ville le 3 août 1816; élève de* **Vien.**

Le jeune Vincent remporta le grand-prix de peinture en 1768, et, grâce au grand talent dont il fit preuve en cette circonstance, on ferma les yeux sur sa religion : il était de l'église réformée. En 1777, il fut agréé à l'Académie sur un tableau représentant *saint Jérôme,* reçu définitivement en 1782, nommé adjoint à professeur en 1785, et professeur en 1792. Ce fut la dernière nomination de ce Corps, renversé par la Révolution. Vincent a été de la création de l'Institut, chevalier de la Légion-d'Honneur, professeur à l'école Polytechnique et compris dans la réorganisation de l'Académie des Beaux-Arts après la Restauration. Aussi aimé et aussi estimé pour ses mœurs que pour son talent, c'est dire assez pour sa gloire que de rappeler qu'il fut longtemps le rival de **David.** Il eut de nombreux élèves.

## 204 *Guillaume Tell.*

Toile. — H. 3ᵐ 18. — L. 4ᵐ 18.

Le 18 novembre 1307, le farouche Hermann Gessler, bailli d'Uri, après de nombreuses vexations, fait placer dans le marché public d'Altorff sa toque au bout d'une perche, et enjoint à tous les passants de la saluer, sous peine de mort. Le fier Guillaume Tell, indigné de cet abus de pouvoir, se refuse à cet acte dégradant, et est arrêté. Gessler le fait embarquer avec lui pour le conduire en un lieu sûr, de l'autre côté du lac. Mais un vent impétueux, soufflant tout-à-coup des gorges des montagnes, pousse les vagues contre les rochers, où elles se brisent avec fureur. Dans ce péril imminent, le gouverneur fait ôter les chaînes à son prisonnier, comptant sur son habileté bien connue pour le sauver du danger. En effet, par l'adresse de ce dernier, on arrive à Lazamberg ; mais, au moment d'atteindre le bord, Tell s'élance sur un rocher, et, repoussant vigoureusement la barque du pied, il la fait sombrer dans le lac. Gessler, saisi d'une horrible frayeur, cherche en vain à se retenir : il tombe à la renverse, et va rejoindre ses soldats dans les flots. L'artiste a voulu, par une fiction contraire à l'histoire, associer Arnold de Melchtall à cette action. Il l'a placé, à côté de Guillaume, frappant les soldats du gouverneur avec une gaffe. Les feux allumés sur les montagnes indiquent les signaux dont les cantons d'Uri, de Schwitz et d'Underwald se servaient pour se concerter dans leurs mesures de délivrance.

Ce tableau faisait partie du *Muséum spécial de l'Ecole française* établi à Versailles. François de Neufchâteau, ministre de l'intérieur, l'offrit, au nom du Directoire exécutif, à la commune de Toulouse en récompense de son patriotisme pendant la durée de l'insurrection de l'an VII. Placé d'abord au Temple décadaire, il en fut extrait pour faire partie de la galerie du Musée. Landon en a donné le trait dans le tome II des *Annales du Musée*, planche 45.

## VLEUGHEL (Nicolas), *né en 1669 ou 1670, mort en 1737.*

Gault de Saint-Germain le fait naître à Paris, en 1670 ; Fuzli le dit natif d'Anvers, à la date de 1669, et il ajoute qu'il fut élève de **Philippe Vleughel**, son père, qui était proche parent du célèbre Rubens. Quoi qu'il en soit, s'il est né à Anvers, il paraît positif qu'il vint très jeune en France, où il termina ses études en peinture et où il finit par s'établir, puisqu'il devint directeur de l'Académie française à Rome. Il a peint l'histoire en petit, et ses tableaux, bien qu'ils soient d'un style faible et manquant de noblesse, ont été estimés pour leur coloris et les idées ingénieuses de ses compositions.

## 205 *Vulcain présente à Vénus des armes pour Enée.*

Toile — H. 0ᵐ 15. — L. 0ᵐ 19.

Assis sur un bloc de pierre, Vulcain remet à Vénus le bouclier qu'il a fait forger pour Enée. La déesse, portée sur des nuages, est accompagnée de plusieurs petits Génies. Cupidon tient le casque du héros; derrière lui, les Cyclopes travaillent dans les forges.

Collection du cardinal de Bernis.

**VOLAIRE** (Jean-Antoine, Chevalier), *peintre de marines et d'incendies, florissait dans la seconde moitié du XVIIIᵉ siècle ; élève de* **Joseph Vernet.**

Après le retour de Vernet en France, Volaire se fit connaître à Rome, en 1765, par de très belles marines dans le goût de son maître. Il se rendit ensuite à Naples, où il peignit une *éruption du Vésuve.* La nouveauté du sujet, que personne, avant lui, n'avait songé à traiter, fit sensation, et, ses compositions en ce genre obtenant une grande vogue, il les multiplia à l'infini. Il n'y eut pas un amateur, pas un cabinet en Europe qui ne voulurent posséder une éruption du Vésuve : aussi les graveurs renommés du temps s'empressèrent-ils de reproduire ces créations d'un nouveau genre. Volaire quitta Naples en 1770 pour se fixer définitivement à Nantes. D'après une nouvelle empruntée à Fuzli, cet artiste serait d'origine anglaise.

## 206 *Eruption nocturne du Vésuve.*

Toile. — H. 0ᵐ 76. — L. 1ᵐ 60.

Le volcan est en pleine éruption : ses cratères vomissent le feu, et la lave brûlante, descendant des flancs du mont, couvre la plaine qui s'étend à ses pieds. Quelques curieux placés sur des rochers, au premier plan à gauche, assistent à ce spectacle imposant et terrible. On voit, à droite, une partie du golfe de Naples, que la lune éclaire de ses pâles reflets. Une épaisse fumée envahit le reste du ciel.

Signé : Chev<sup>r</sup> Volaire f<sup>t</sup>.

Cabinet du cardinal de Bernis.

**VOUET** (Simon), *né à Paris en 1590, mort dans la même ville en 1649.*

Elève de **Laurent Vouet**, son père, Simon avait de si grandes dispositions pour la peinture et acquit de bonne heure une telle habileté que, dès l'âge de 14 ans, il fut appelé en Angleterre, où il séjourna quelques années, occupé à peindre les portraits de Français de qualité qui s'y étaient réfugiés. Il se rendit ensuite à Constantinople avec l'ambassadeur de France, de Harley, pour peindre le portrait d'Achmet I<sup>er</sup>, qu'il fit de mémoire. En revenant de cette capitale, Vouet s'arrêta d'abord à Venise pour étudier **Titien** et **Véronèse**, puis il vint à Rome s'inspirer des œuvres du **Guide** et du **Caravage**; il se rendit ensuite à Gênes, où il travailla deux ans à la décoration du palais de Doria. De retour à Rome, cet artiste y fut élu prince de l'Académie de Saint-Luc. S'étant marié, il s'établit dans cette ville, et il y jouissait de la plus grande considération lorsque Louis XIII, dont il recevait une pension, le rappela en France. A son arrivée à Paris en 1627, le roi et la reine-mère lui firent le meilleur accueil. Nommé premier peintre de Sa Majesté, Vouet fut gratifié d'une pension considérable et chargé de dessiner des cartons pour les tapisseries de la Couronne; puis il décora le Luxembourg, Saint-Germain, le Louvre, le Palais-Royal et le château de Rueil (au duc de Richelieu), la fameuse galerie de l'hôtel de Bullion, et la plupart des églises de Paris.

Simon Vouet doit être considéré comme le fondateur de l'Ecole française, car **Lebrun**, son élève, n'est que son continuateur, quoiqu'on lui doive l'établissement de l'Académie royale de Peinture, et qu'il ait été le plus éminent protecteur des artistes, en usant de son influence pour produire au grand jour les talents modestes qui, sans lui, fussent restés inconnus. Il est donc évident que Simon Vouet doit passer à juste titre pour le père de l'Ecole française et qu'on ne peut lui contester cette prérogative. Il a joui, de son temps, d'une vogue immense, qu'il devait à ses grands talents; mais, en admettant même qu'on les ait exagérés de son vivant, est-il juste de vouloir chercher à les rabaisser sans tenir compte de l'époque où parut le Vouet et de l'état de délaissement dans lequel l'art était tombé pendant près d'un siècle, depuis la mort de François I<sup>er</sup>? Les tableaux qu'il exécuta à son retour d'Italie, c'est-à-dire ceux de son bon temps, sont étudiés avec soin et remarquables par un dessin serré, une couleur vigoureuse et un pinceau moëlleux. Plus tard, surchargé de commandes, il abusa de sa facilité prodigieuse, et tomba dans un maniérisme qui eût été d'un très mauvais exemple si Lebrun et ses meilleurs élèves n'eussent eu la force de s'en affranchir. Pour rendre son travail plus rapide, il avait pris le parti de procéder par de grandes masses d'ombre et de lumière : ce qui lui donnait une exécution si prompte que ses ouvrages semblaient produits d'un seul jet. Ses élèves lui ont acquis autant de gloire que ses propres travaux. Les principaux sont : **Jean-Baptiste Mola, Aubin et Claude Vouet,** ses frères, **Eustache Lesueur, Charles Lebrun, Pierre Mignard, Alphonse Dufresnoy, François Perrier, Nicolas Chaperon, Parîs Poërson, Dorigny** le père, **Louis** et **Henry Testelin,** etc., etc.

# 207 *Invention de la Croix.*

Toile. — H. 3ᵐ 00. — L. 6ᵐ 58.

Un miracle a déjà révélé la·découverte de la vraie croix : l'impératrice Hélène est accourue, accompagnée d'une nombreuse suite, dans laquelle on remarque un évêque, deux pages, deux suivantes et plusieurs soldats, dont l'un tient un étendard rouge au-dessus de sa tête pendant qu'un autre, vu de dos, regarde un homme couché à terre dans le coin de gauche de la composition. Au-dessus de ce groupe, on aperçoit deux têtes de chameaux. Sainte Hélène, la couronne sur la tête, est agenouillée non loin d'un homme dont le torse est nu, et lequel, également à genoux, s'appuie d'une main sur le manche d'une pioche. Tous ces personnages assistent à la résurrection d'un mort que plusieurs hommes, placés à droite auprès d'une femme assise avec deux enfants, ont apporté sur une civière et étendu sur la croix, au centre de la composition. Déjà, en effet, le cadavre s'anime, se soulève, étend les bras et renaît à la vie. Tous les spectateurs sont frappés d'étonnement et d'admiration; l'évêque lève la main pour le bénir, et une femme, agenouillée auprès de lui, désigne par son geste l'intervention du ciel dans l'accomplissement de cet éclatant miracle.

Voir la note du nᵒ suivant.

## 208　*Le serpent d'airain.*

Toile. — H. 2ᵐ 90. — L. 6ᵐ 19.

A la gauche du tableau, sur le devant de trois tentes et en premier plan, on voit plusieurs Israélites
attaqués par des serpents. Quelques-uns sont déjà
morts ou blessés, tandis que d'autres cherchent à
étouffer dans leurs mains ces terribles adversaires.
Une femme agenouillée contemple avec stupeur le cadavre de son époux. A droite, au second plan, Moïse,
entouré d'un grand nombre d'Hébreux, dont plusieurs
se roulent à terre, tenant dans leurs mains les reptiles
qui les ont blessés, leur montre avec sa verge le serpent qu'il a placé au haut d'une croix et que le Seigneur lui a ordonné de fabriquer avec de l'airain pour
les délivrer du fléau, car il suffit de le regarder pour
être guéri.

Ces deux tableaux furent peints pour l'église des Pénitents-Noirs de
Toulouse. Ils sont cités dans d'Argenville, t. IV, p. 14 (édit. de 1762).

**VOUET** (Aubin), *naissance et mort inconnues.*

Aubin Vouet, frère de Simon, s'était formé en Italie, sous la direction de son aîné, et fut l'un des premiers de ses élèves à suivre sa
manière. Etant rentré en France avec son frère, il travailla, à son retour à Paris, dans le cloître des Feuillants de la rue Saint-Honoré, et
ensuite à Saint-Germain-en-Laye, dans la chapelle et dans d'autres
endroits du château. On voyait également de lui à Notre-Dame deux
tableaux peints en 1632 et 1639 (1). Il est mort à 42 ans, avant Simon
Vouet, ainsi qu'un autre frère encore plus jeune qu'on nommait
**Claude**, et dont les ouvrages sont inconnus.

## 209　*Saint Pierre délivré de prison.*

Toile. — H. 3ᵐ 22. — L. 2ᵐ 34.

Au premier plan, trois soldats couchés ou assis sont
endormis ; au fond, l'ange du Seigneur, ayant pénétré

(1) Description de Paris par Piganiol de la Force, t. I, p. 374-375.

dans la prison, éveille saint Pierre et lui annonce sa délivrance. Cette scène est éclairée par la lumière qui émane de l'envoyé céleste.

Envoyé par le Gouvernement en 1803.

# INCONNUS DE L'ÉCOLE FRANÇAISE.

## PARTIE ANCIENNE.

## 210 *Tête de femme.*

Toile. — H. 0ᵐ 45. — L. 0ᵐ 36.

Vue en profil et en buste, la gorge à demi découverte, elle porte une robe rouge avec de gros nœuds sur les épaules. Ses cheveux châtains sont relevés et noués sur le sommet de la tête.

La belle facture de cette peinture fait regretter qu'on ne connaisse pas le nom de son auteur.

## 211 *Des fruits.*

Toile. — H. 0ᵐ 66. — L. 0ᵐ 54.

Cinq pêches avec des raisins blancs et noirs tenant encore à leurs branches garnies de feuilles sont déposés sur une table en marbre incarnat, à côté d'un sucrier en métal guilloché et doré, placé sur un tapis rouge à franges d'or.

Cabinet de M. de Breteuil.

## 212 *Portrait du duc de Montmorency.*

Toile. — H. 0ᵐ 46. — L. 0ᵐ 34.

Vu en buste et de trois quarts, il a la lèvre supé-

rieure ombragée d'une moustache retroussée et porte
une barbiche au menton. Sa chevelure brune bouclée
descend sur ses épaules, recouvertes d'une large collerette brodée. Il est vêtu d'un pourpoint jaune, sur lequel est passée une écharpe blanche.

Acheté par la direction du Musée.

**213**    *Repos de la sainte Famille, —
paysage.*

Bois, forme ronde. — Diamètre 0ᵐ 17.

La Vierge est assise, tenant son enfant dans ses bras,
non loin d'un bouquet d'arbres adossé à un grand rocher; sa monture broute à quelques pas. A droite, au
second plan, saint Joseph puise de l'eau à un torrent.

Cabinet de M. de Breteuil.

**214**    *Les lavandières, —* paysage.

Bois, forme ronde. — Diamètre 0ᵐ 17.

Dans un petit paysage sillonné par une rivière, trois
femmes sont occupées à laver ou à transporter du linge.
A droite, au second plan, est une cabane ombragée par
de grands arbres, et au fond, un pont et des montagnes.

Cabinet de M. de Breteuil.

**215**    *Portrait de Henri d'Effiat de Cinq-
Mars.*

Toile. — H. 0ᵐ 54. — L. 0ᵐ 41.

Il est vu en buste, de trois quarts, et porte un pourpoint piqué et tailladé avec une large collerette brodée
à jour et festonnée.

# 216   *Le poulailler.*

Toile. — H. 0m 49. — L. 0m 59.

Dans l'intérieur d'un poulailler, des poulets et des pigeons sont en train de boire ou d'égrainer quelques épis éparpillés à terre; deux jeunes coqs s'apprêtent à descendre de leur perchoir.

Provient de l'Académie royale de Peinture.


# 217 *Les quatre éléments.*

Toile. — H. 0m 79. — L. 0m 98.

Devant la statue de la Nature, placée à gauche en premier plan, sont groupés, sous forme allégorique, les quatre éléments. La terre, figurée par deux femmes, dont l'une tient une corne d'abondance et l'autre une guirlande de fleurs, occupe le centre de la composition. Au-dessus d'elle, une femme, dont la coiffure est formée par des nuages, désigne l'air. Le feu est représenté par Jupiter lançant la foudre.—Dans le bas du tableau, des fleuves, des naïades et des tritons symbolisent l'eau.

Cabinet de M. de Cassand.


# 218   *Construction d'un monastère.*

Bois. — H. 0m 90. — L. 0m 50.

Un religieux franciscain, une règle à la main, écoute avec recueillement les conseils que saint François, apparaissant sur des nuages, semble lui donner au sujet de l'édification d'un monastère. On voit en effet, au second plan, quatre ouvriers occupés à des travaux de construction. — Ecole de **Lesueur**.

Envoyé par le Gouvernement en 1817.

## 219   *Portrait d'un magistrat.*

Toile. — H. 0ᵐ 87. — L. 0ᵐ 70.

Coiffé d'une ample perruque cendrée, vu de trois quarts et en buste, il porte une cravate blanche à jour, un vêtement foncé, et sur la poitrine une décoration qu'il agite machinalement de la main droite.

Ce tableau était indiqué à tort comme étant celui de Mansard, peint par Champaigne. Il rappelle plutôt l'école de **Lebrun**. — Le personnage est inconnu.

Envoyé en 1812 par le Gouvernement.

## 220   *Adoration des Mages.*

Toile. — H. 0ᵐ 22. — L. 0ᵐ 31.

Devant une espèce de hangar, la Vierge, assise auprès de la crèche sur laquelle repose son divin enfant, le désigne de la main aux trois mages venus pour l'adorer. On voit à côté d'elle saint Joseph appuyé sur son bâton.

Cabinet de M. de Breteuil.

## 221   *Le chemin du Calvaire.*

Cuivre. — H. 0ᵐ 19. — L. 0ᵐ 15.

Le Christ s'est affaissé sous le poids de sa croix. Pendant qu'un soldat l'aide à se relever et que sa mère et saint Jean vont à son secours, un bourreau lève sur lui un fouet pour le frapper. On voit, au second plan, l'escorte avec son chef, et, dans le fond, sur une hauteur, un édifice en ruines.

## 222   *Annonce aux bergers.*

Cuivre. — H. 0ᵐ 10. — L. 0ᵐ 16.

Deux bergers qui gardaient leurs troupeaux sont tombés à genoux à la vue de l'ange du Seigneur leur annonçant la naissance du Messie.

## 223  *Daniel défendant Suzanne.*

Toile. — H. 0<sup>m</sup> 94. — L. 1<sup>m</sup> 26.

Au centre de la composition, Daniel, debout sur une estrade, défend la chaste Suzanne devant le tribunal de Babylone. Le jeune prophète a déjà convaincu ses auditeurs, juges et gens du peuple, et pendant que l'accusée, entourée de sa famille, remercie à genoux le Seigneur de cette intervention, les deux vieillards sont entraînés, de chaque côté, par des soldats pour être conduits au supplice.

Envoyé en 1803 par le Gouvernement.

## 224  *Allégorie sur les dangers de la jeunesse.*

Toile. — H. 0<sup>m</sup> 28. — L. 0<sup>m</sup> 36.

Une femme caresse un jeune homme, à côté duquel est un ange qui lui indique le chemin du ciel, tandis que le démon enchaîné regrette sa proie. On voit des moutons dans l'autre partie du tableau.

Ce tableau rappelle l'école de **Claude Vignon**.

Cabinet de M. de Breteuil.

## 225  *Portrait d'homme,* — miniature à l'huile.

Cuivre. — H. 0<sup>m</sup> 07. — L. 0<sup>m</sup> 05.

Ce personnage, enveloppé dans un manteau rouge, est vu en buste, presque de face; il a la tête couverte d'une ample perruque brune.

## 226    *Portrait de Henri IV.*

Toile. — H. 1ᵐ 90. — L. 1ᵐ 23.

Il est debout, en pied, de grandeur naturelle, la tête
nue, tournée de trois quarts. Ses cheveux sont grison-
nants, sa barbe et ses moustaches commencent à blan-
chir. Revêtu de son armure, il porte une fraise, une
écharpe blanche en sautoir par-dessus le cordon de
l'ordre du Saint-Esprit, et l'épée au côté. Il appuie la
main droite sur une canne; sa main gauche repose sur
la hanche. A sa droite, sont déposés sur une table son
casque et ses gantelets.

Ce tableau rappelle les ouvrages de **Freminet**. En le donnant
à son école, nous croyons ne rien hasarder.

## 227    *Portrait de Gabrielle d'Estrées.*

Bois. — H. 0ᵐ 35. — L. 0ᵐ 27.

Vue en buste et de trois quarts, elle est vêtue d'une
robe noire décolletée garnie de dentelles, et a la tête
couverte d'un voile de la même couleur; ses cheveux
sont blonds et frisés. Elle porte des boucles d'oreilles
et un collier de perles.

## 228    *Portrait de Descartes.*

Bois. — H. 0ᵐ 34. — L. 0ᵐ 25.

C'est un jeune homme de dix-huit à vingt ans, vu de
trois quarts, en buste, avec de longs cheveux noirs tombant sur les épaules, et un pourpoint gris, ouvert aux
manches. Sa figure se détache sur un fond de draperie feuille-morte.

# 4<sup>me</sup> PARTIE.

# ÉCOLE FRANÇAISE

## PEINTRES TOULOUSAINS.

———

## INTRODUCTION

Toulouse devait être, il y a seulement un siècle, sous le rapport artistique, une des villes les plus curieuses et les plus intéressantes de France. Le grand nombre de fresques qui couvraient les murs de ses monuments publics — Capitole (1), églises, chapelles, cloîtres des Carmes, des Jacobins, des Cordeliers, des Minimes, des Chartreux, de Saint-Etienne et de Saint-Sernin — les tableaux des maîtres toulousains qui les décoraient, les registres de l'hôtel-de-ville où étaient peints les portraits des Capitouls et les faits locaux les plus mémorables, donnaient sans interruption et sans lacune l'histoire de l'art dans cette ville depuis l'an 1295 (2).

---

(1) Voir l'*Analyse des différents ouvrages de peinture, etc., qui sont dans l'Hôtel-de-ville,* par le chevalier RIVALZ.

(2) Cette année, l'on prit une délibération dans l'hôtel-de-ville, portant, entr'autres choses : « Qu'il serait fait un registre où seraient insérées les élections des Capitouls. « C'est donc ici que commencent ces registres ou livres qu'on appelle communément « les *Annales de l'hôtel-de-ville.* Durant plus d'un siècle, ces Annales ne contien- « nent que les noms des Capitouls et ceux de leurs officiers, avec les portraits des mê- « mes Capitouls qui sont peints en petit dans les premières lettres d'une miniature de « ce temps-là, je veux dire peu délicate. Les années d'après, on commença d'y mettre « quelques faits, ensuite des élections, comme les entrées des rois dans cette ville, « leurs honneurs funèbres, et autres semblables; et de donner aussi plus d'étendue « aux portraits des Capitouls, en prenant pour cela une demi-page. (LAFAILLE, *An-* « *nales de la ville de Toulouse,* I<sup>re</sup> partie, page 19.) »

Quels regrets ne doivent pas éprouver aujourd'hui les amis des arts en songeant que ces peintures ont presque entièrement disparu ! Les cloîtres ont été démolis, les tableaux détériorés ou perdus, et les registres de l'hôtel-de-ville, en grande partie, détruits. De cet ensemble unique d'œuvres si diverses, il ne reste que quelques échantillons plus ou moins compromis et dispersés : au Musée, au Capitole, dans les églises des Jacobins et des Cordeliers, transformées, la première, en caserne d'artillerie, et la seconde en magasin à fourrages ; dans celles des Minimes, de Saint-Sernin, de Rabastens, de Cazeaux de L'arboust, près Luchon, dans la chapelle de Saint-Exupère à Blagnac, et dans quelques vieux châteaux féodaux de l'ancienne province. Mais ces échantillons, quelque détériorés qu'ils soient par le fait de l'homme plutôt que par celui du temps, suffisent pour reproduire à l'esprit, sinon aux sens, cette page, sans exemple dans les annales de la peinture, d'une série non interrompue de miniatures, de fresques et de tableaux retraçant les diverses transformations de l'art depuis le xiv<sup>e</sup> siècle jusqu'à nos jours.

Ce fait étonnant ne serait pas croyable, s'il n'était établi sur des documents authentiques et irrécusables, et si le caractère italien des premières peintures ne venait nous donner la clé de leur antique origine. Il est pour nous évident que le grand développement de l'art à Toulouse, au xiv<sup>e</sup> siècle, a été dû à la présence de quelques artistes italiens qui, venus avec le **Giotto** à Avignon, auront été attirés par la réputation qu'avait alors la capitale du Midi ; peut-être même ont-ils été envoyés par son évêque, le somptueux Gaillard de Preissac, neveu du pape Clément V et vivant à sa cour.

On sait, en effet, que Toulouse était, au moyen-âge, un grand centre intellectuel, un foyer ardent où s'élaborait — dans ses écoles, ses cours d'*Amour*, sa société du *Gai Savoir*, — l'esprit de la civilisation moderne, au milieu d'une foule d'étrangers venus de tous pays pour assister ou prendre part à ses luttes poétiques et littéraires. A ces artistes, poètes, littérateurs, musiciens, devaient nécessairement se

joindre les artistes représentant une autre branche de l'art,
celle du dessin. Ces derniers, connus sous le nom d'*imagiers*, paraissent avoir été très nombreux à Toulouse, puisque, comme les parcheminiers, les filatiers, les couteliers,
etc..., ils avaient donné leur nom à une rue de la ville (aujourd'hui rue de la Pomme). Quel effet ne dût pas produire
sur les plus intelligents ou les mieux doués de ces imagiers, les Italiens d'Avignon et leur manière de peindre !...
Ce dût être une révolution.

Nous ne prétendons certes établir aucun parallèle entre
ces imagiers, ou miniaturistes, et les peintres proprement
dits; ni entre les fresques de Toulouse et celles du Campo-
Santo de Pise ou des anciens couvents de Florence. Nous
constatons seulement que les arts du dessin et de la peinture étaient connus, honorés et pratiqués dans cette ville
pendant qu'ils sommeillaient profondément dans le reste de
la France, et même à Paris. Nous disons que Toulouse a
eu, durant une période de cinq cents ans, une suite non
interrompue d'artistes, portant le titre de peintres de l'hôtel-de-ville, chargés de reproduire dans ses Annales les
portraits des Capitouls, les principaux faits de son histoire, et probablement de diriger les études de l'art. Nous
disons que cette ville a produit les premiers peintres nationaux, et que tout cela nous paraît plus que suffisant
pour former une Ecole et motiver la place que nous lui
donnons dans le Catalogue du Musée.

Après avoir indiqué les lieux où l'on peut encore voir et
étudier ce qui reste des œuvres murales des anciens artistes toulousains, nous engageons les amateurs à aller examiner avec attention les miniatures qui subsistent dans les
registres des Annales de l'Hôtel-de-ville : ils se convaincront
qu'il y a telles de ces miniatures qui ne le cèdent pas aux
tableaux des maîtres dont les noms sont consacrés dans
l'histoire de l'art (1). On aurait pu composer à Toulouse,

---

(1) Voici les titres des principales miniatures qui ont disparu, ainsi que l'année de
leur exécution :

*1465. Entrevue de Louis XI et d'Edouard, roi d'Angleterre. — 1469. Réta-
blissement du Parlement. — 1477. Bataille de Nancy; mort du duc de Bourgo-*

quelque temps avant la Révolution, au moyen de toutes
les peintures, fresques, tableaux et miniatures, une galerie étonnante et sans rivale. On pourrait encore former
quelque chose de très intéressant et de très curieux, en
faisant photographier tout ce qu'il en reste de caractéris-
tique et de bien conservé.

Et maintenant qu'ajouterons-nous?... Les noms des auteurs
de presque toutes ces miniatures, ainsi que ceux des fresquistes qui décorèrent les couvents de Toulouse au xive et xve
siècles, ont disparu encore plus vite que leurs œuvres; un
froid oubli enveloppe leur mémoire, et tous nos efforts ont
été vains pour soulever le voile sous lequel elle est ense-
velie. Il faut arriver au commencement du xvie siècle pour
apercevoir quelque lueur dans cette nuit profonde. Alors
apparaissent les noms de **Gubry; Pierre Trassa-
bot,** peintre, sculpteur, poète, ami de Marot, de Boyssoné
et d'Etienne Dolet; **Servais de Cornouailles,
Rollin Maquignon,** etc..... Seulement, on ne peut
dire où sont leurs œuvres. Nous savons bien qu'on attribue, au premier, le tableau allégorique inscrit sous le
nº 230, et au second les fresques de la belle coupole de
Saint-Sernin; mais nous repoussons ces attributions dé-
nuées de preuves et ne reposant sur aucune base certaine.
Il en est de même du panneau peint vers 1444, et représentant Charles VII et le Dauphin à genoux au pied de
la croix. Sur la copie d'un mandat de paiement en langue

gne. — *1478. Mariage de Charles VIII. — 1490. Portraits des comtes de Toulouse. — 1492. Charles VIII allant assiéger Naples. — 1498. Sacre de Louis
XII. — 1499. Louis XII partant pour la conquête du Milanais et entrée de ce
monarque dans Milan. — 1500. Le Jubilé. — 1505. Mariage de François Ier.
— 1506. Louis XII allant soumettre les Génois. — 1510. Supplice de Gonzalve
Molina. — 1532. Entrées de François Ier, du Dauphin et de la Reine dans Toulouse. — 1535. Revue des Toulousains armés pour défendre la ville contre les
Espagnols. — 1561. Revue des catholiques à Toulouse. — 1563. Entrée de
Charles IX à Toulouse. — 1585. Combat nocturne dans cette ville. — 1590.
Allégorie sur les devoirs des magistrats municipaux,* reproduite, cinq années
après, par Jacques Boulvène, dans un grand tableau, maintenant au Musée.

Nous croyons devoir signaler encore : 1º la gravure représentant *Charlemagne recevant l'hommage du comte de Toulouse, Torsin ou Chorson,* publiée par Catel,
et dont l'original existait dans la Genealogia dels Comtes de Tholosa, manuscrit du
XIIIe siècle; — 2º les douze miniatures de la chronique romane sur la guerre des
Albigeois, manuscrit du XIIIe siècle. Ces dernières ont été reproduites au trait dans
l'*Histoire du Languedoc,* des Bénédictins de Saint-Maur.

romane que nous avait remis un archéologue fort érudit de la ville, en nous donnant l'assurance que l'original existait dans les archives du Capitole, nous avions attribué ce tableau à un certain Maître Jehan, dont le nom figurait au mandat. Mais, comme nous n'avons jamais pu nous procurer l'original de cette pièce, indiquant des personnages qui ne sont pas ceux représentés dans le tableau, et que nous nous sommes fait un devoir de ne rien introduire d'incertain dans l'histoire de l'art, nous portons cette peinture aux *Inconnus*. C'est par elle que nous commencerons l'exposition de l'Ecole de Toulouse, suivant l'ordre chronologique, lequel mettra à même de mieux juger de l'aptitude de ses maîtres et de leurs progrès (1).

Nous allons donc essayer d'esquisser l'histoire des peintres toulousains, au milieu du silence qui s'est fait autour de leurs noms. Nous ouvrirons la voie, nous planterons un premier jalon, espérant que nos efforts engageront tous les amis des arts à se livrer à de nouvelles recherches, et qu'il sera possible un jour de mener à bonne fin une œuvre que nous ne pouvons qu'ébaucher (2).

(1) On s'étonnera peut-être de ce que Toulouse ne possède que deux tableaux de son Ecole de Peinture — de 1444 à 1595, époque de ses plus belles fresques. Il y a là, en effet, un vide, une lacune qui aurait droit de surprendre, si on ne savait que les luttes religieuses qui ensanglantèrent si souvent cette ville au XVI° siècle, amenèrent plusieurs fois les protestants dans l'hôtel-de-ville, les églises et les couvents, où, au dire des historiens, *ils brisèrent et déchirèrent toutes les images.* Un grand portrait en pied de Henri III ne servit-il pas de suaire au président Duranti!..... Il serait bien plus difficile — dans des temps de calme beaucoup plus récents — de s'expliquer la disparition d'un grand nombre de toiles des maîtres toulousains !

(2) Voir, pour plus amples renseignements sur l'Ecole de Toulouse, la partie de notre rapport insérée dans la *Revue de Toulouse,* livraison du 1er novembre 1861.

# TABLE CHRONOLOGIQUE
# DES ARTISTES TOULOUSAINS

Dont les ouvrages sont décrits dans la quatrième partie du Catalogue.

---

### XV<sup>e</sup> SIÈCLE.

| | Naissance. | Mort. |
|---|---|---|
| Inconnu. . . . . . . . . . . . . . florissait en | 1443 | |

### XVI<sup>e</sup> SIÈCLE.

| | Naissance. | Mort. |
|---|---|---|
| Inconnu. . . . . . . . . . . . florissait vers | 1550 | |
| Boulvène (Jacques). . . . . . . florissait en | 1590 | |
| Chalette ( ). . . . . . . . . . . . . . | 1585 | 1645 |
| Fredeau (Ambroise). . . . . . . . . . . . . | 1589 | 1673 |

### XVII<sup>e</sup> SIÈCLE.

| | Naissance. | Mort. |
|---|---|---|
| Troy (Nicolas de). . . . . . . . . . . vers | 1600 | |
| Du Lys (Colombe). . . . . . . . . . . vers | 1600 | |
| Tournier ( ) . . . . . . . . . . . . | 1604 | vers 1670 |
| Durand ( ). . . . . . . . florissait en | ·1650 | |
| Pader (Hilaire). . . . . . . . . . . . . | 1607 · | 1677 |
| Guy (François). . . . . . . . . florissait vers | 1650 | |
| Rivalz (Jean-Pierre). . . . . . . . . . . . | 1625 | 1706 |
| Lèbre (André). . . . . . . . . . . . . . | 1629 | 1700 |
| Inconnu. . . . . . . . . . . . . florissait vers | 1660 | |
| Fayet (François). . . . . . . . . . vers | 1630 | 1708 |
| Troy (Jean de). . . . . . . . . . . . . . | 1640 | |
| Troy (François de). . . . . . . . . . . . | 1645 | 1730 |
| Michel (Jean). . . . . . . . . . . . . . | 1659 | 1709 |
| Rivalz (Antoine). . . . . . . . . . . . . | 1667 | 1735 |
| Crozat (Ambroise). . . . . . . . . . . vers | 1695 | |
| Subleyras (Pierre). . . . . . . . . . . . | 1699 | 1749 |

|  | Naissance. | Mort. |
|---|---|---|
| **XVIIIᵉ SIÈCLE.** | | |
| Despax (Jean-Baptiste). . . . . . . . . . | 1709 | 1773 |
| Rivalz (Jean-Pierre) dit le *Chevalier Rivalz*. . | 1718 | 1785 |
| Dérôme (François). . . . . . . . . . vers | 1730 | 1815 |
| Gamelin (Jacques). . . . . . . . . . . | 1738 | 1803 |
| Cammas (Lambert-François-Thérèse). . . . . | 1743 | 1804 |
| Lassave ( ). . . . . . . . florissait en | 1780 | |
| Valenciennes (Pierre-Henri). . . . . . . . | 1750 | 1819 |
| Gazard (F. V.). . . . . . . . . . . . vers | 1750 | 1823 |
| Fauré (Jean-François).. . . . . . . . . . | 1750 | 1824 |
| Bertrand (François). . . . . . . . . . | 1756 | 1804 |
| Roques (Joseph). . . . . . . . . . . . | 1757 | 1847 |

---

# ÉCOLE DE TOULOUSE.

---

## XVᵉ SIÈCLE.

INCONNU — *par un peintre de l'hôtel-de-ville qui vivait vers le milieu du XVᵉ siècle.*

**229** *Le roi Charles VII et son fils le Dauphin aux pieds du Christ en croix* (1).

Bois. — H. 1ᵐ 76. — L. 1ᵐ 47.

Au pied du Christ en croix, le roi Charles VII et son fils Louis, duc d'Anjou, sont agenouillés devant des

(1) En terminant l'introduction qui précède, nous avons dit, au sujet de ce tableau, que nous avions été induit en erreur sur le nom du maître et sur celui d'un des personnages représentés. Cela ne suffit pas : nous ne croirons notre rétractation complète qu'après avoir déclaré nul et comme non avenu tout ce que nous avons écrit au sujet du soi-disant mandat de paiement (*Revue de Toulouse*, 84ᵉ livraison, 1ᵉʳ sept. 1861).

prie-Dieu couverts de draperies à leurs armes, et sur chacun desquels est placé un livre ouvert. A gauche, le roi, les mains jointes, la couronne sur la tête, est vêtu d'une longue robe rouge. A droite, le Dauphin, couvert de son armure et l'épée au côté, soutient sur ses mains jointes le bonnet qui lui sert de coiffure. La Vierge et saint Jean sont debout derrière eux, de chaque côté de la croix. Dans le fond, on voit la ville de Jérusalem. De l'une de ses portes sort le cortége qui conduit Jésus et les deux larrons au Calvaire. Aux quatre extrémités de la croix sont les symboles des quatre Évangélistes. L'écu de France est peint sur le côté gauche du panneau, et sur le côté droit, celui du Dauphin.

Ce tableau, qui était sur fond d'or, nous semble peint à l'eau d'œuf; il est exécuté largement pour l'époque, et se ressent du style que les artistes italiens apportèrent dans le midi de la France au siècle précédent.

Dans notre rapport sur les tableaux du Musée, nous avons signalé un ancien tableau, *le Christ devant Pilate,* antérieur à celui qui fait l'objet de cet article. Malgré nos recherches et celles de M. le conservateur Garipuy, nous n'avons pu le retrouver. Nous savons que, pour bien des personnes, ce genre de peinture n'offre pas un grand intérêt. Nous ne saurions partager leur avis, car elles ne se doutent pas de la valeur et de l'importance qu'acquerront ces peintures primitives le jour où, mû par un noble et digne sentiment de patriotisme, on voudra, à l'exemple de l'Italie, écrire l'histoire de l'art en France par les œuvres qui en restent.

## XVIᵉ SIÈCLE.

**INCONNU** — *un peintre de l'hôtel-de-ville qui florissait vers le milieu du XVIᵉ siècle.*

Dans son *Histoire des Institutions de la ville de Toulouse,* M. Alex. Du Mège (t. IV, p. 282), rapporte que le tableau allégorique inscrit sous le n° suivant était attribué à **Gabry** l'un des plus célèbres peintres de l'hôtel-de-ville. D'autre part, l'*Almanach historique et chronologique du Languedoc* (année 1753) prétend que Gabry (Gubry ou Galery) était établi à Toulouse avant le règne de François Iᵉʳ, et tous ceux qui ont écrit sur cette production la font remonter au commencement du XVIᵉ siècle. Or, comme nous voyons, à n'en pas douter, dans l'auteur du tableau un peintre qui a dû fréquenter l'ecole de Fontainebleau, nous ne pouvons le supposer à Toulouse qu'à la fin ou après le règne de François 1er. En conséquence, et pour ne rien hasarder, nous avons porté le tableau à un peintre inconnu. Quoi qu'il en soit, l'ouvrage est attachant par son aspect simple et doux, bien qu'un peu pâle ; le dessin, sans être très étudié, ne manque pas de correction ; les figures ont de la naïveté dans la physionomie, et les ajustements sont disposés avec goût.

## 250  *Allégorie sur les devoirs des magistrats municipaux.*

Toile. — H. 2ᵐ 63. — L. 2ᵐ 15.

Elle se compose de quatre figures de femmes, debout l'une près de l'autre et représentées devant un morceau d'architecture formé par des pilastres surmontés d'un arceau.

La première, en commençant par la gauche, figure la Justice. Elle tient une épée dans la main droite et une balance de l'autre main ; son regard clairvoyant perce à travers la gaze qui couvre ses yeux. — La seconde figure, d'un âge plus avancé, a sur l'épaule droite un marteau à tailler la pierre, et dans la main gauche une tour de ville ; une truelle est passée à sa ceinture : c'est l'emblème des travaux de fortification. — La troisième, ayant une coquille à son chapeau, porte un bourdon à la main droite, et, dans la gauche, un petit monument figurant un hospice où l'on voit entrer un pélerin : elle indique l'hospitalité religieuse. — La quatrième est munie d'un compas, d'une règle et d'une équerre : c'est une figure mystique de la modération de soi-même. Au bas du tableau sont placés différents poids et différentes mesures.

Une inscription latine, tracée dans un cartouche au haut de la composition, donne l'explication des dites figures ; elle rappelle leurs devoirs aux magistrats, et est ainsi conçue :

PRIMA VIRIS MORES FORMAT STRVIT ALTERA MVROS

HOSPITIVM FOVET HÆC HVIC SVNT COMMERCIA CVRÆ

PATRIA SIT COELVM VESTRIS SVBMIT TERE TECTIS

NOS JVVAT OBSEQVIO SI RETRIBVATIS AMOREM

Ce qui signifie que, pour remplir dignement leurs fonctions, les Capitouls devaient bien rendre la justice, pourvoir à la défense de la cité, être religieux, charitables, et mesurer leurs pensées et leurs actions avec prudence et jugement.

Ce tableau était placé au Capitole, dans la galerie des Illustres, en face le buste de Louis XIV.

**BOULVÈNE** (JACQUES), *né à Moissac, fut peintre de l'hôtel-de-ville de 15.. à 1597.*

Cet artiste est le premier peintre de l'hôtel-de-ville dont le nom, l'origine et l'œuvre soient incontestables. Seulement, nous devons avouer que la première impression produite par son tableau ne lui est pas favorable. Mais, en le considérant sous le rapport de l'histoire de la peinture à Toulouse, on doit reconnaître toute son importance, surtout quand on sait qu'il n'y a pas d'autres ouvrages d'artistes du temps à lui opposer. Boulvène nous montre, en 1595, une époque de décadence tout aussi utile à consigner que les époques les plus florissantes. L'histoire de l'art ne se borne pas à constater les progrès; elle doit enregistrer, avec une même exactitude, ses périodes favorables ou défavorables. L'école de Toulouse n'a plus alors le beau caractère qu'elle déployait dans ses fresques du temps de François Ier. Depuis le règne de Henri II, la peinture a fait un pas rétrograde qui ne s'arrêtera qu'à **Chalette**, et c'est seulement sous l'influence de ce maitre qu'elle va reprendre sa marche progressive. — Boulvène est un peintre maniériste, mais on retrouve en lui les traditions des grandes écoles — un mélange d'allemand et d'italien qui ferait supposer que, s'il n'a pas vu les maitres de ces pays, il a du moins consulté des gravures d'**Albert Durer** et d'après les anciens Florentins. Son dessin, contourné dans l'ensemble, offre une certaine pratique dans le détail; son coloris est vigoureux, et les ajustements sont disposés avec une recherche qui dénote de la prétention à l'élégance.

## 251 *Autre allégorie sur les devoirs des magistrats.*

Toile, cintrée du haut en ogive. — H. 3m 34. — L. 2m 55.

Un jeune guerrier, vêtu à la romaine et le front ceint de lauriers, représente la Force. Il tient de la main gauche une pique et couronne de l'autre une femme âgée personnifiant la Prudence, la Science et la Modestie. Cette figure a dans les mains une sphère, un sceptre visuel, et, sur l'épaule, une chouette. La sphère est l'emblème de la Métaphysique, considérée comme la reine des autres sciences. Le sceptre visuel signifie qu'il faut assujettir ses passions au sceptre clairvoyant de la Raison. La chouette est l'oiseau consacré à Minerve, déesse de la Sagesse et de l'Etude. A gauche, un Génie ailé, emblème de la vigilance et de la célérité, tient un sablier, indiquant qu'il faut savoir profiter du temps dans toutes les affaires. A ses pieds, est une grue soutenant une pierre avec l'une de ses pattes.

Sous la forme de l'allégorie, c'était dire aux magistrats municipaux : voulez-vous que votre administration soit glorieuse, soyez éclairés, prudents, sages et vigilants.

Les figures se détachent sur un portique, en haut duquel on lit :

VIR MEDIVS SERTVM GESTANS ET CLEPSYDRA SPHAERA
STRIX OCVLVS SCEPTRO GRVS QVOQVE SAXA GERENS
PROVIDEAS VIGILESQVE NOTANT HAEC : TEMPORA LAVRO
VT TVA PHAEBEA CINGERE POSSIT HONOS.

Au-dessus de cette inscription, l'artiste a ainsi apposé sa signature :

IACOBVS A BOVLVENA LOCI DE
MOISSACO HANC TABELLAM DEPINXIT
ANNO DOMINI 1595 MENSE AVGVSTI.

Cette peinture était placée autrefois au-dessus de la cheminée du petit Consistoire, au Capitole. La même composition avait été peinte en miniature pour le livre des *Annales*, en 1590, cinq ans avant l'exécution du grand tableau.

**CHALETTE** (        ), *né à Troyes en 1585, mort à Toulouse en 1645. — Peintre de l'hôtel-deville de 1612 à 1638.*

A part quelques artistes que nos biographes citent par forme de convenance et dont il serait fort difficile de se procurer des ouvrages, **Jean Cousin** et **Toussaint Dubreuil** sont les seuls peintres d'histoire français antérieurs à Chalette. Il était contemporain de **Martin Freminet** et de **Simon Vouet**, et, avant même que ce dernier ne fondât son école à Paris (1627), lui, Chalette, organisait celle de Toulouse dès l'an 1612. Si l'on n'a pas à citer parmi ses élèves un **Lesueur**, un **Lebrun**, un **Mignard**, on peut du moins nommer avec orgueil en province **Pader, Colombe du Lys** et **Nicolas de Troy**. Cette coïncidence d'enseignement est digne de remarque pour l'histoire de la peinture en France, et suffirait pour éveiller l'attention sur les ouvrges de Chalette, s'ils ne se recommandaient d'eux-mêmes par des qualités réelles.

Chalette apprit les premiers éléments de son art dans son pays et se rendit ensuite à Paris, à l'époque où Martin Freminet et le flamand **François Porbus**, le fils, jouissaient l'un et l'autre d'une grande célébrité. Bien qu'on ne dise pas qu'il ait étudié sous ces maîtres, ses ouvrages offrent assez d'analogie avec les leurs pour qu'on ne mette point en doute qu'il n'ait cherché à les prendre pour modèle. Ses portraits surtout se rapprochent de Porbus le fils par l'aspect et la simplicité de la tournure, mais le maniement du pinceau ne rappelle en rien celui du flamand. Tout porte à croire que Chalette se rendit ensuite en Italie, où, comme la plupart des artistes de son temps, il fut saisi par la manière forte du **Caravage** et se passionna de telle sorte pour les œuvres de ce maître qu'il en conserva des impressions ineffaçables. Peu favorisé de la fortune, Chalette s'était appliqué en Italie à perfectionner ses connaissances dans le genre historique, le portrait et les décorations. En passant à Toulouse, il apprit que la place de peintre de l'hôtel-de-ville était vacante; il montra quelques-uns de ses ouvrages et fut nommé. Malgré les luttes qu'il eut à soutenir contre le mauvais goût de ceux qui l'employaient, il fit preuve d'un talent tellement supérieur à celui de ses prédécesseurs qu'il obtint enfin l'approbation de tous les gens de mérite. Ce fut surtout lorsque Louis XIII fit son entrée dans Toulouse, le 21 novembre 1621, que Chalette révéla toutes les ressources de son génie. Le parcours des rues à traverser, depuis le couvent des Minimes jusqu'au palais de l'Archevêché, fut décoré par lui d'arcs-de-triomphe, d'obélisques et de monuments élevés à la gloire du roi. Jamais, dit-on, les arts n'avaient déployé dans cette ville une pompe aussi remarquable. Le roi parut charmé des créations du peintre et se fit un plaisir de le complimenter lui-même. Avant la Révolution, on voyait de Chalette, dans les basses galeries du Capitole, deux grands tableaux représentant les *deux entrées de Louis XIII dans Toulouse*. Mais là où l'on peut seulement se faire une idée de son prodigieux talent, c'est dans les portraits en miniature, dont il orna les *registres des Annales capitulaires de l'Hôtel-de-ville*. Nous ne craignons pas d'avancer qu'il n'existe rien de plus parfait ni de plus remarquable dans aucune collection de l'Europe. Il est impossible d'imaginer avec quelle perfection ces miniatures sont exécutées. Sous le rapport de la vérité et du coloris, on peut les comparer aux productions des plus grands portraitistes italiens et flamands. Gracieuse simplicité de pinceau, précision de la forme, finesse et fraîcheur de coloris, touche légère, large et facile, tous les genres de mérite, en un mot, se réunissent dans ces peintures pour en faire de merveilleux petits chefs-d'œuvre. Et pourtant l'étonnement qu'elles procurent s'accroit encore bien davantage lorsqu'on voit Chalette —

d'un fini aussi précieux dans ses portraits en miniature — passer sans transition, dans ses tableaux d'histoire, à une énergie de brosse et à une vigueur de couleur non moins surprenantes. Nous ne comparons pas les uns avec les autres, tant s'en faut! mais nous constatons un fait, peut-être sans exemple dans l'histoire de la peinture.

## 252  *Les huit Capitouls.*

Toile. — H. 3<sup>m</sup> 75. — L. 2<sup>m</sup> 45.

Une croix très haute, sur laquelle est cloué le Christ mort, s'élève au milieu et sur le devant du tableau. Elle sépare les Capitouls, agenouillés derrière un prie-Dieu, quatre à droite, quatre à gauche. Ce prie-Dieu est couvert d'une draperie verte sur laquelle sont représentés les armoiries des Capitouls avec leurs noms et leurs titres au dessous. Voici ces noms : Mestre Jean de Lacroix, doctevr et advocat en la covr. — Noble Etienne Gloton, bovrgeois. — Mestre Jean de Galien, doctevr et advocat en la covr. — Noble Jean de Maleprade, conseignevr de Gaignac, chef du consistoire. — Jean Roger de Tovge Novalhan, sievr de Mavvezin. — Noble Jean de Pegvillan, bovrgeois, sievr de Sabonnères. — Mestre Clavde de Cos, doctevr et advocat en la covr. — Noble Jean de Vinel, doctevr et advocat en la covr, M<sup>e</sup> de reqvestes de la reyne-mère.

Cette peinture est d'une simplicité de composition toute primitive. Le Christ est peint dans le goût des italiens, mais les portraits des Capitouls rappellent par l'aspect le flamand **Porbus**, avec plus de force d'exécution, plus d'empâtement et tout autant de vérité.

Ce tableau fut peint pour le maître-autel de la chapelle du Capitole, située à côté du Grand-Consistoire.

## 253  *La Vierge consolant des prisonniers.*

Toile. — H. 1<sup>m</sup> 60. — L. 1<sup>m</sup> 18.

La Vierge, vue debout et à mi-jambes, la tête et les épaules couvertes d'un voile noir, soutient entre ses bras l'enfant Jésus qui se penche vers quatre prisonniers dont on ne voit que les têtes au travers d'une grille de fer.

Ce tableau, qui lutte de force, d'énergie de pinceau et de vigueur
de coloris avec le **Caravage**, démontre, à n'en pas douter, que
ce fut, en Italie, le peintre de prédilection de Chalette. Il a même
suivi son guide jusqu'à copier la nature la plus triviale dans la tête
de l'enfant Jésus. Celle de la Vierge, d'un type plus heureux, est d'une
belle facture.

Placé autrefois au-dessus de la porte du Grand-Consistoire.


**FREDEAU** (Ambroise), *né à Paris en 1589, mort
à Toulouse en 1673.*

(Voir la liste des tableaux concédés provisoirement
aux églises.)


**TROY** (Nicolas de), *né à Toulouse au commencement du XVII<sup>e</sup> siècle, succéda à* **Chalette** *comme
peintre de l'hôtel-de-ville.*

En quittant l'atelier de **Chalette**, Nicolas de Troy, voulant se
perfectionner dans son art, alla passer quelques années à Paris, où
il se lia avec **Nicolas Loir** et **Claude Lefèvre**, le fameux peintre de portraits. Lui-même cultiva cette branche de l'art
avec le plus grand succès; néanmoins, nous ne présenterons pas
comme un de ses beaux ouvrages le portrait décrit ci-après. Il fut le
premier qui chercha à établir une école de Peinture pour le modèle
vivant, en concurrence avec **Pader**, son ancien condisciple. La
rivalité de ces deux artistes, partagée par leurs élèves, et, il faut le
dire aussi, les répugnances morales que l'autorité d'alors montra contre la pose du modèle, ne furent pas étrangères à l'insuccès de ces
établissements. Cela n'empêcha pas de Troy de former de nombreux
élèves, parmi lesquels ses deux fils figurent au premier rang. — La
plupart des compositions historiques de N. de Troy ont été détruites
pendant la Révolution. Les petites miniatures de lui, qu'on voit encore aujourd'hui dans les *Registres des Annales*, peuvent rivaliser,
par la vérité des physionomies, avec celles de Chalette, son maître.


## 254 *Portrait de Pierre Godolin ou Gou-
douli, poète languedocien.*

Toile. — H. 0<sup>m</sup> 52. — L. 0<sup>m</sup> 44.

Le célèbre poète gascon est vu en buste, presque de
face, la tête nue. Ses cheveux, sa moustache et sa
barbe sont gris. Il porte une grande collerette blanche

unie, sur un pourpoint brun, ouvert à la poitrine et
aux manches et laissant voir la chemise.


**DU LYS** (Colombe), *né vers 1600.*

(Voir la liste des tableaux concédés provisoirement
aux églises.)


**TOURNIER** (            ), *né à Toulouse en 1604,
mort vers 1670.*

Tournier doit être compté parmi les meilleurs peintres de l'ancienne Ecole de Toulouse. Tous les biographes s'accordent à le dire
élève de **Valentin** ; et cette opinion a beaucoup de vraisemblance,
parce que Tournier, dont toutes les œuvres dénotent une étude constante du **Caravage**, dût naturellement, en arrivant en Italie,
aller chercher des leçons chez celui qui était en quelque sorte le plus
parfait interprétateur de la manière de ce maitre. Notre Toulousain
ne se rendit pas cependant servile imitateur du Caravage, encore
moins de Valentin. Les sujets vulgaires et le peu d'élévation de style
de celui-ci ne répondaient pas à la distinction de son organisation ;
et, tout en empruntant au premier l'énergie de l'effet, l'aspect vigoureux et puissant de la mise en scène, il s'efforça de donner plus de
pureté au dessin, plus de noblesse aux caractères. Loin de nous la
pensée de le comparer au Caravage ! en voulant éviter les exagérations de forme de son illustre guide, il appauvrit et amaigrit son dessin, et en cherchant à atteindre le degré de force du Caravage — qui
avait poussé l'art du coloris aux dernières limites de la vigueur, tout
en conservant la transparence — il tomba dans le noir et charbonna
les ombres. A distance, on croit voir dans ses compositions des répétitions d'œuvres du Caravage; de près, c'est tout autre chose, on
n'y retrouve ni la force, ni l'emportement, ni la rudesse du faire de
son modèle; son exécution, plus adoucie, est toute française. En
somme, Tournier est un peintre de mérite, et si ses œuvres présentent quelques imperfections, on y trouve en dédommagement bon
nombre de belles qualités qui les feront toujours admirer des artistes
et des gens de goût.


## 255 *Le Christ descendu de la croix.*

### Toile. — H. 2ᵐ 35. — L. 1ᵐ 78.

Le corps inanimé du Christ est étendu sur son suaire.
Saint Joseph d'Arimathie, agenouillé auprès de ces restes précieux, soutient d'une main la tête et de l'autre

le bras du Sauveur. La Vierge et Marie Madeleine sont également à genoux, plongées toutes deux dans la plus profonde affliction. La première est couverte d'un manteau bleu et a les mains jointes; la seconde, la tête nue, les cheveux épars, les bras étendus, est vêtue d'une robe de soie jaune. Saint Jean, debout, appuyé contre la croix et enveloppé dans un manteau rouge, contemple avec un mélange de tristesse et de douleur concentrée ces saintes dépouilles du Fils de Dieu.

C'est une des meilleures productions de Tournier.
Provient de l'église métropolitaine Saint-Etienne.

## 236 *Jésus-Christ porté au tombeau.*

Toile. — H. 3ᵐ 05. — L. 1ᵐ 54.

Saint Jean et Joseph d'Arimathie portent, à l'aide d'un linceul, le corps sacré du Sauveur et s'apprêtent à le déposer dans le tombeau ; le premier soutient les jambes, et le second, la main gauche passée sous la tête, la soulève avec une précaution respectueuse. — A droite, sont déposés à terre les vases qui ont servi à laver le corps du Seigneur.

Ce tableau décorait autrefois l'église des Pénitents-Noirs.

## 237 *La Vierge et l'enfant Jésus.*

Toile. — H. 1ᵐ 18. — L. 1ᵐ 05.

Marie tient dans ses bras l'enfant Jésus, assis sur ses genoux. Elle est vêtue d'une robe rouge, recouverte en partie d'un manteau bleu, et porte sur la tête un voile blanc retombant sur un fichu de même couleur.

**DURAND** (                    ), *né à Toulouse en 16...,
nommé peintre de l'hôtel-de-ville en 1661.*

Sous un maître aussi habile portraitiste que **Chalette**, les artistes de cette époque dûrent naturellement s'adonner au portrait. Ils avaient d'ailleurs de puissants motifs d'émulation pour suivre ce genre.

C'était le moyen le plus sûr de se faire, d'abord, une réputation lucrative, et d'arriver par la suite à la position si enviée de peintre de l'hôtel-de-ville. La *Biographie toulousaine* rapporte que Durand, étant encore très jeune, se rendit à Paris pour se fortifier dans cette branche de l'art, et que, de retour à Toulouse, il s'y consacra exclusivement. Ses portraits, exécutés avec beaucoup de soin, sont très agréablement peints. Durand et **Pader** concoururent ensemble pour la place de peintre de l'hôtel-de-ville, en représentant chacun quatre Capitouls sur une même feuille du livre des Annales. Les portraits du premier furent trouvés très supérieurs pour la ressemblance et la vérité du coloris : il l'emporta sur son rival. Les tons clairs et brillants, l'exécution fine et soignée que l'on admire dans d'autres feuilles de cet artiste conservées au Capitole, justifient la préférence des Capitouls. Parmi ces miniatures, il en est une dans la salle de Clémence-Isaure représentant l'*Entrée de Louis XIV à Toulouse, le 14 octobre* 1659. C'est une répétition de la grande toile qui décorait, avant 89, l'escalier principal du Capitole. Durand avait une physionomie avenante, des manières gracieuses et l'esprit cultivé. Ces aimables qualités lui procurèrent de nombreux travaux.

# 258 *Portrait d'un magistrat.*

Toile, forme ovale. — H. 0<sup>m</sup> 74. — L. 0<sup>m</sup> 58.

Vu en buste et de trois-quarts, il a la tête couverte d'une ample perruque brune, et porte un manteau rouge qu'il relève d'une main sur la poitrine.

# 259 *Autre magistrat.*

Toile. — H. 0<sup>m</sup> 70. — L. 0<sup>m</sup> 62.

Celui-ci est représenté en buste, de trois-quarts; il est vêtu de noir, et porte une longue perruque châtain retombant sur une large collerette blanche. Un léger duvet noir couvre sa lèvre supérieure.

**PADER** (Hilaire), *né à Toulouse en 1607, mort en 1677.*

Hilaire Pader, peintre et poète, se trouve aujourd'hui le plus connu des anciens artistes toulousains, grâce aux nombreux écrits qui ont été publiés sur lui dans ce siècle, et surtout au travail si intéressant et tracé de main de maître que M. Ph. de Chennevières a fait paraître, il y a deux ans, dans la Revue universelle des Arts. Aussi est-ce à ce

dernier ouvrage que nous renvoyons tout d'abord les personnes désireuses d'être édifiées sur la vie et les œuvres diverses de notre Toulousain; elles y trouveront des renseignements beaucoup plus com-
plets que nous ne pouvons les donner dans cet exposé sommaire.

Pader fut sans contredit un des élèves les plus distingués de **Chalette**. Doué d'une imagination vive et poétique, il montra de bonne
heure une indépendance de volonté qui devait l'entraîner dans des
écarts d'imagination ou le mener à des études profondes et sérieuses.
Aussi abandonna-t-il bientôt les leçons sages et simples de Chalette
pour aller en Italie se livrer à toutes les folles rêveries de son esprit
bizarre et inconstant. Quand il arriva à Rome, le goût du beau commençait à disparaître, on avait déjà oublié la tradition des grandes
écoles, et **Annibal Carrache** lui-même, qui avait cherché un
instant à arrêter les progrès du maniérisme, n'avait pas trouvé dans
le **Guide** et le **Dominiquin** des successeurs de force à faire
prévaloir son noble enseignement. **Pietre de Cortone** et le
**Josepin**, praticiens agréables et habiles, exerçaient alors une
grande influence sur l'Ecole, et pourvu qu'on déployât de l'adresse de
main et du fracas dans la composition, on ne vous demandait pas de
chercher ailleurs le sublime de l'art. Dans cette confusion des divers
systèmes d'enseignement, peu faite pour mettre de l'ordre dans ses
idées, Pader entra chez **Niccolo Tornioli**, peintre du prince de
Savoie. Il est même présumable qu'il dut à cet artiste d'être nommé
lui-même plus tard peintre de ce prince, et que c'est dans un de ses
voyages à la cour de Savoie qu'il s'arrêta à Monaco, où il fit plusieurs
travaux pour le souverain de ce petit pays. Nous ne suivrons pas Pader dans ses pérégrinations en Italie; nous dirons seulement qu'il se
fit recevoir à l'Académie royale de Paris, en 1659. Son tableau de réception représentait la *Paix universelle du règne d'Auguste*. Il fut le
premier artiste provincial admis dans la noble confrérie. Pader eut
moins de réussite dans sa ville natale, et échoua dans son concours
avec **Durand** pour la place de peintre de l'hôtel-de-ville. Il n'eut
pas plus de succès lorsqu'il voulut établir une classe de modèle-vivant
dans son atelier en même temps que **N. de Troy**. Son humeur
sombre et sa fierté naturelle lui furent très préjudiciables dans l'esprit de ses concitoyens, et cette défaveur le poursuivit dans toutes
ses entreprises. Citons, parmi ses principaux ouvrages : *le Déluge*,
qui passait pour son chef-d'œuvre, et qui se trouve aujourd'hui dans
un état de dégradation bien regrettable (il est déposé dans une salle
attenant à l'église Saint-Pierre), et le *Triomphe de Joseph*, œuvre
réellement recommandable. Ces deux tableaux furent peints pour la
chapelle des Pénitents-Noirs.


## 240   *La Flagellation.*

Toile. — H. 1<sup>m</sup> 98. — L. 1<sup>m</sup> 70.

Le Christ, debout, presque nu, les mains liées derrière le dos, est attaché à une colonne basse. A droite,
un bourreau, vu de dos, le torse et les jambes nus,

un poignard suspendu à la ceinture, lève des deux mains un faisceau de verges pour en frapper Jésus. — A gauche, un autre bourreau, représenté de face, portant un justaucorps sans manches passé sur un vêtement blanc, les jambes et les bras nus, tient d'une main le Sauveur et de l'autre le frappe avec un fouet à lanières. Devant lui, un homme accroupi, n'ayant qu'une draperie rouge à la ceinture, est en train de lier fortement une poignée de verges. Les dalles du prétoire sont jonchées de débris des verges qui servent à fustiger le Fils de Dieu.

Porte le monogramme de l'auteur, formé des lettres H P entrelacées, et la date de 1667.

**GUY** (François), *né au Puy (en Velay), vint se fixer à Toulouse vers 1650.*

Qoique né dans une province qui ne fut soumise au Languedoc que par des incorporations momentanées, François Guy est compté parmi les artistes de l'Ecole toulousaine, parce que peu de peintres ont, autant que lui, contribué à la décoration des églises de Toulouse, et parce qu'il vint s'établir dans cette dernière ville, où il est mort. Ses ouvrages sembleraient indiquer qu'il séjourna longtemps en Italie; ils se ressentent d'études faites dans diverses écoles et d'après des maitres de style opposé. Toutes ces études cependant avaient pour but de le perfectionner dans la peinture religieuse, et lui servirent par la suite à varier l'aspect de ses tableaux. Aussi voyons-nous des productions de lui qui rappellent l'Ecole florentine du temps de **Cigoli**; d'autres sont traitées dans le goût de l'Ecole génoise et de **Paggi**; ses petites saintes-familles ont une grâce qui semble empruntée au **Guide**; enfin il a su s'approprier si bien ces différentes manières, qu'il est resté toujours lui-même. On le reconnait facilement au caractère naïf de ses personnages, ou plutôt à une certaine bonhomie — quelque peu flamande — dans les expressions. Signalons aussi, comme marques distinctives, un dessin rond, des contours fondus, et les pommettes parfois un peu trop vermillonnées dans les figures de femmes et d'enfants. — En définitive, Guy fut un peintre habile et agréable que Toulouse dût se glorifier de posséder.

# 241 *La Purification.*

Toile. — H. 1ᵐ 98. — L. 1ᵐ 59.

Le grand-prêtre, debout sur les marches du temple,

accompagné de deux acolytes tenant chacun un cierge
allumé, avance les mains pour recevoir l'enfant Jésus
que lui présente la Vierge, à genoux devant lui. A gauche, en premier plan, la prophétesse Anne, agenouillée,
les mains jointes, contemple avec admiration le divin
Sauveur. Derrière la Vierge est une jeune femme debout, portant les deux colombes, offrande des indigents,
et, à côté d'elle, saint Joseph tenant son chapeau à la
main.

Ce tableau était placé dans l'église des Grands-Carmes, démolie en
1810. (Voir *le Traité de la Peinture*, par Dupuy-Dugrez, p. 218.)

## 242 *Le Christ à Emmaüs.*

Toile. — H. $2^m$ 70. — L. $2^m$ 04.

Jésus-Christ, assis devant une table entre deux de ses
disciples, les yeux tournés vers le ciel, prend le pain
et le bénit. A ce moment, ses disciples le reconnaissent
et expriment toute leur surprise et leur admiration.
Derrière ce groupe, sont quatre hommes debout, dont
un, à droite, dépose sur la table un plat de poisson, et
porte dans l'autre main un plat de légumes, tandis qu'un
second serviteur, à gauche, tient une bouteille garnie
d'osier et un verre à demi rempli de vin.

Ce tableau était placé dans l'église des Chartreux, aujourd'hui dé-
diée à saint Pierre.

## 243 *Mariage mystique de S$^{te}$ Catherine.*

Toile. — H. $1^m$ 26. — L. $0^m$ 97.

Prosternée devant la Vierge qui tient l'enfant Jésus
sur ses genoux, sainte Catherine présente sa main au
divin Enfant qu'elle a choisi pour époux et qui lui
passe au doigt l'anneau nuptial. Saint Joseph, debout
derrière la sainte, les mains appuyées sur son bâton,
assiste avec intérêt à cette union touchante. A gauche,
derrière la Vierge, sont deux anges. — Le fond offre
un paysage boisé.

## 244 *La Vierge, l'enfant Jésus et saint Jean.*

Toile. — H. 0ᵐ 86. — L. 0ᵐ 62.

La vierge, vue à mi-jambes, tient dans ses bras l'enfant Jésus, qui caresse le petit saint Jean. Le jeune Précurseur, touché de cette affection, en reçoit les témoignages avec un saint respect, et Marie se réjouit de cette douce intimité des deux enfants.

Ce tableau ornait autrefois l'église des Chartreux, aujourd'hui paroisse Saint-Pierre.

**RIVALZ** (Jean-Pierre), *peintre et architecte, né à Labastide-d'Anjou, près Saint-Papoul, en 1625, mort à Toulouse en 1706; succéda à* **Durand** *comme peintre de l'hôtel de-ville.*

Il vint à Toulouse en 1641, et apprit à peindre chez **Ambroise Fredeau**, religieux du couvent de l'ordre des Ermites de Saint-Augustin. Ses parents l'encouragèrent à poursuivre ses études en peinture et en architecture, et, sur le conseil de son maitre, il partit pour l'Italie. Rivalz ne fut pas longtemps à se perfectionner à Rome; ses progrès furent si rapides que les directeurs de l'hôpital du Saint-Esprit le choisirent pour conduire les travaux de ce grand bâtiment. Le fameux **Poussin**, si nous nous en rapportons à une tradition locale, l'employa à peindre les fonds de ses tableaux, les fabriques pittoresques et les détails d'architecture. Après un séjour de neuf années en Italie, Rivalz revint à Toulouse et fut aussitôt choisi pour peintre et architecte de l'hôtel-de-ville, qu'il décora de magnifiques ouvrages en tous genres. — La peinture, à Toulouse, prit un nouvel essor sous la direction de J.-P. Rivalz. Vigoureusement trempé, d'une nature mâle et sévère, possédant de profondes connaissances en tous genres, particulièrement en architecture, il avait rapporté d'Italie un goût excellent puisé dans les œuvres des grands maitres, et dont il s'était emparé avec toute l'énergie de son puissant tempérament. Praticien consommé, savant et ingénieux dans ses compositions conçues d'après des idées grandioses et imposantes, nul, mieux que lui, n'était apte à agrandir l'art de la peinture de tout le développement que peut lui donner un grand maitre. Les ouvrages qu'il a laissés et les élèves hors ligne qu'il a formés, au nombre desquels on distingue **Antoine Rivalz** son fils, le célèbre **Lafage** et **Marc Arcis**, sculpteur... sont des témoignages irrécusables de ses hautes capacités. Parmi les ouvrages qui faisaient le plus d'honneur à ce maitre, on admirait autrefois la fameuse fresque peinte sur le mur du fond de la galerie de Peinture du Capitole, et représentant la *Fonda-tion d'Ancyre par les Tectosages*. Ce travail gigantesque, dont Dupuy-Dugrez donne une description détaillée dans son *Traité sur la Peinture*, page 221, produisait une illusion si complète que les visiteurs se méprenaient sur la réalité de certains objets qui trompaient tous les yeux (1). Le salpêtre, ayant gagné le mur, fit périr cet ouvrage, re-gretté de tous les connaisseurs; il fut remplacé, en 1723, par une peinture à l'huile d'Antoine Rivalz (maintenant au Musée).

## 245  *Portrait du peintre.*

Toile.— H. 1ᵐ 25. — L. 1ᵐ 00.

J. - P. Rivalz s'est représenté à mi-corps, la tête tournée à droite, debout derrière une table sur laquelle sont déposés plusieurs livres, une palette et des pin-ceaux, et occupé à feuilleter un volume de Vitruve. Vêtu d'une casaque brune sans manches, passée sur un vê-tement gris de fer, il porte un rabat blanc en guise de cravate. Ses cheveux longs et bruns, mais peu fournis, descendent sur ses épaules. Dans le fond, à droite, on aperçoit le haut d'une toile ébauchée représentant l'An-nonciation. — Eminemment peintre et possédant au plus haut degré toutes les qualités qui constituent le grandiose de l'art, J.-P. Rivalz montre dans ce por-trait un de ces morceaux réussis qui vous frappent tout d'abord d'admiration. On ne sait vraiment pas ce qu'on doit le plus admirer dans ce surprenant ouvrage, de la hardiesse et de la vigueur du coloris ou de la fermeté pleine d'énergie du pinceau, qui n'est égalée que par le beau relief de la peinture et par le rare savoir dont l'artiste fait preuve dans sa manière de procéder. L'ex-pression de cette figure est d'une telle puissance qu'on croit saisir dans son regard toute sa pensée, et décou-vrir, dans sa pose comme dans sa physionomie, la force morale et le mâle caractère de cette robuste nature.

Les derniers catalogues du Musée indiquent ce portrait comme ayant été terminé par Ant. Rivalz, sans donner toutefois aucune rai-son à l'appui de cette indication. Rien, absolument rien ne motive

_________

(1) *Analyse des ouvrages de peinture, etc.*, qui sont dans l'hôtel-de-ville, par le Chevalier RIVALZ.

selon nous cette opinion. Nous retrouvons le même faire, sans varia-
tion aucune, dans toutes les parties de la toile. Il importe de redresser cette erreur, déjà trop propagée, et nous allons en indiquer la
cause présumable. Ce portrait est tellement supérieur qu'Ant. Rivalz
s'est plu à le reproduire plusieurs fois, entr'autres dans la *Fondation
d'Ancyre*. L'une de ces répétitions, avec de notables changements, a
été gravée par **Barthélemy Rivalz** sous le nom d'Antoine
Rivalz. Voilà sans doute la cause de l'incertitude des auteurs des
Livrets, qui, ne sachant s'ils devaient attribuer le portrait au père ou
au fils, auront supposé, pour ne pas se tromper, qu'ils y avaient travaillé tous les deux. Nous devions faire cesser une confusion nuisible
à deux artistes aussi éminents.

Provient de l'Ecole des Beaux-Arts (ancienne Académie).


## 246 *Clémence-Isaure, fondatrice des Jeux-Floraux.*

### Toile. — H. 0ᵐ 89. — L. 2ᵐ 24.

La fondatrice des Jeux-Floraux est couchée à terre
sous une tenture rouge parsemée de croix de Toulouse.
Vêtue d'une tunique blanche recouverte aux jambes
par un manteau bleu, elle s'appuie du bras droit sur
une pierre, et tient à la main gauche une églantine et
un souci, fleurs qui désignent les prix de poésie distribués tous les ans par l'Académie de Toulouse. Deux
enfants, placés derrière elle à gauche, jouent, l'un de
la flûte double, l'autre de la mandoline. On aperçoit
dans le fond, à droite, la ville de Toulouse.

Ce tableau est peint d'une grande et forte manière, dit le chevalier
Rivalz, et la tête de Clémence-Isaure est d'une beauté parfaite. Dès
qu'il fut exposé dans la 1ʳᵉ salle de l'hôtel-de-ville, tout le monde accourut pour voir *la belle Clémence-Isaure du Capitole. (Analyse des
différents ouvrages de Peinture, etc... de l'Hôtel-de-ville, par le Chevalier* Rivalz.)


**LÈBRE** (André), *né à Toulouse en 1629, mort dans
la même ville en 1700.*

Lèbre, s'étant procuré quelques plâtres moulés sur l'antique, s'appliqua à en rendre les contours avec une pureté et une exactitude surprenantes. Par cette étude, il acquit un dessin correct et gracieux.
**Colombe Du Lys** l'aida de ses conseils et **Durand** l'admit

dans son atelier. Un de ses tableaux ayant été exposé dans le Capitole de Toulouse, plusieurs maisons religieuses lui demandèrent d'autres ouvrages. Lèbre gardait souvent les tableaux qu'on lui avait commandés, quand il les trouvait réussis. Il en délivrait seulement des répétitions qu'il s'efforçait de rendre supérieures, en corrigeant les imperfections de ses premières pensées. Si cela ne prouve pas une grande fécondité d'invention, cela dénote du moins un artiste consciencieux qui cherche constamment à bien faire.

## 247    *Saint Jean l'Evangéliste dans l'île de Pathmos.*

**Toile. — H. 3ᵐ 32. — L. 1ᵐ 94.**

Assis sur un quartier de roc, le saint est ravi en esprit. Une voix éclatante comme une trompette frappe son oreille. Saisi d'étonnement et d'admiration, il étend les bras, lève la tête et semble apercevoir dans le ciel le Fils de l'Homme au milieu de sept chandeliers d'or ; une épée à deux tranchants sort de sa bouche, et sa main droite est entourée de sept étoiles. L'aigle symbolique est aux pieds de saint Jean. A l'horizon, on aperçoit la mer. — Signé : *Andreas Lébré Tol. pingebat 1695.*

Ce tableau est d'un bon ton de couleur. La tête de saint Jean est pleine d'expression.

Il était autrefois dans l'église cathédrale Saint-Etienne.

## 248    *Apothéose de saint Martin.*

**Toile. — H. 2ᵐ 54. — L. 1ᵐ 79.**

Le saint, revêtu de ses habits épiscopaux, les bras ouverts et les regards fixés vers le ciel, est enlevé dans les airs par deux anges. Un troisième porte sa mître.

Provient de l'église cathédrale Saint-Etienne.

## 249    *Sainte Rose de Lima.*

**Toile. — H. 1ᵐ 78. — L. 1ᵐ 29.**

La célèbre sainte, vêtue de l'habit de son ordre, est

agenouillée sur un nuage ; elle porte l'enfant Jésus dans ses bras. Le haut du tableau est occupé par une gloire d'anges, dont l'un tient une couronne de roses rouges et blanches.

Provient du monastère des religieuses de Sainte-Catherine, situé autrefois rue Lafayette.


## 250 *L'enfant Jésus couché sur une croix.*

Toile. — H. 0ᵐ 75. — L. 1ᵐ 42.

Dans un lieu solitaire, l'enfant Jésus, en partie couvert d'un linge blanc, est endormi sur une croix de bois, emblème de sa destinée future.

Provient de l'église des Pénitents-Blancs.


INCONNU — *de l'époque du peintre précédent.*


## 251 *Songe de saint Joseph.*

Toile. — H. 0ᵐ 98. — L. 1ᵐ 16.

Saint Joseph, la tête appuyée dans sa main droite, dort couché sur un lit. L'ange du Seigneur lui apparaît en songe et lui ordonne de prendre l'enfant Jésus et sa mère, assise auprès du lit, et de les conduire en Egypte, afin de les soustraire à la fureur d'Hérode.


**FAYET** (FRANÇOIS), *né à Reims vers 1630, mort à Toulouse en 1708.*

Fayet, disent les anciens auteurs du Catalogue, avait appris à dessiner à Rome, mais n'avait jamais tenu une palette lorsqu'il vint à Toulouse. La nécessité le força à peindre, et comme la nécessité est une bonne conseillère, elle lui fit faire de rapides progrès dans le maniement du pinceau. Son dessin n'est pas des plus corrects et les expressions de ses figures sont même un peu grimaçantes ; mais il acquit une si grande pratique qu'il parvint à se faire une exécution large et facile, et ne fut pas un des peintres les moins employés de son temps. Son coloris est sobre, et par conséquent ne manque pas d'harmonie ; de plus, il entendait bien l'effet d'une composition.

## 252  *Adoration des Bergers.*

Toile. — H. 2ᵐ 00. — L. 2ᵐ 20.

Auprès des ruines d'un ancien monument, l'enfant
Jésus repose sur les langes blancs qui recouvrent la
crêche. La Vierge, assise à côté, découvre son divin
Fils pour le montrer aux bergers et aux bergères venus pour l'adorer. L'une d'elles, debout, porte sur sa
tête une corbeille de linge. Saint Joseph, placé derrière
Marie et appuyé sur un bâton, regarde cette scène avec
attendrissement.

Décorait autrefois le monastère de Saint-Rome.

## 253  *Le repos en Egypte.*

Toile. — H. 2ᵐ 00. — L. 2ᵐ 20.

L'enfant Jésus, assis sur les genoux de sa mère,
tend les mains pour recevoir une grappe de raisin
qu'un ange lui présente. Saint Joseph, appuyé sur un
bloc de pierre sculpté, s'entretient de la route qu'il
doit suivre avec un autre ange placé derrière la Vierge.
—Le fond représente un pays boisé, arrosé par une rivière, avec des montagnes à l'horizon.

Même provenance que le précédent.

**TROY** (JEAN DE), *né à Toulouse en 1640, mort en….*

Fils et élève de **Nicolas**, Jean fut, comme son père, peintre de
l'hôtel-de-ville. La Biographie Toulousaine prétend qu'il ne quitta
jamais sa ville natale ; mais les religieux bénédictins rapportent dans
leur *Histoire générale du Languedoc* (tome X, p. 198) que Jean de
Troy, à la tête des peintres, sculpteurs et graveurs de la contrée,
adressa en 1679, aux Etats de la province réunis à Pézenas, une demande tendant à obtenir l'autorisation d'établir à Montpellier une
académie de peinture, sculpture et gravure. Après avoir entendu le
cardinal de Bonzi à l'appui de cette demande, « *les Etats, persuadés*
« *que rien n'est plus capable d'exciter la jeunesse à cultiver les arts*
« *que de traiter avec quelque distinction ceux qui s'y distinguent par*
« *leur zèle et par leur attachement au service public, ont accordé au*

« *sieur Troy la somme de 400 livres pendant trois ans, pour l'aider*
« *à établir une académie de peinture, sculpture, gravure et archi-*
« *tecture : les États se réservant, les dites trois années étant échues,*
« *de prendre de nouvelles résolutions, après qu'ils auront vu le*
« *succès de cet établissement et qu'ils en auront connu le fruit.* » Rapporté par M. Jules Renouvier (*Archives de l'Art français*, livr. du 15
sept. 1855). — Jean de Troy est donc le fondateur de l'Académie des
Beaux-Arts de Montpellier, qu'il habitait en 1679. On peut même supposer qu'il y est mort, ainsi que l'avance M. Atger dans sa *Notice des
Ouvrages d'art réunis à la bibliothèque de la Faculté de Médecine* de
cette ville. Nous ferons remarquer que la Biographie Toulousaine et
les Catalogues du musée ne parlent pas de sa mort : les motifs qui l'o-
bligèrent à quitter sa ville natale restent donc inconnus. Cependant tout
porte à croire que, poursuivant l'œuvre de son père, et ne pouvant,
comme lui, réussir à fonder une école de dessin à Toulouse, il se
rendit à Montpellier, où il fut plus heureux. — On voit plusieurs ouvrages de lui à Montpellier : à l'hôtel des Trésoriers de France, au
nouveau Palais de Justice, et à la bibliothèque de la Faculté de Médecine... Mais la *Conception de la Vierge*, que nous allons décrire, passe
pour son meilleur tableau.

## 254 *Conception de la sainte Vierge.*

### Toile. — H. 2ᵐ 44. — L. 1ᵐ 57.

Saint Joachim et sainte Anne, agenouillés dans le
bas du tableau, en regard l'un de l'autre, sont comme
entourés du nuage sur lequel est assis Dieu le Père,
découvrant son sein d'où semble émaner la jeune Vierge
placée devant lui.

Provient de l'église des Grands-Carmes de Toulouse. (Cité dans d'Argenville, t. IV, page 219.)

**TROY** (François de), *né à Toulouse en 1645, mort
à Paris en 1730.*

Elève de **Nicolas**, son père, François de Troy fut envoyé, à l'âge
de 24 ans, dans l'atelier de **Nicolas Loir**, où il continua ses
études dans le genre historique. En quittant ce maître, il entra chez
**Claude Lefèvre** et se consacra dès-lors au portrait. Dans ce
genre, on le compare aux plus grands peintres. Il avait l'art d'embellir
les femmes, tout en conservant la ressemblance et en les parant avec
un goût exquis qui lui était propre. Reçu à l'Académie en 1674, sur un
tableau représentant *Mercure coupant la tête à Argus*, il fut élu Directeur en 1708, et adjoint à recteur en 1722. C'est de Nicolas Loir qu'il
acquit cette manière soignée, fondue et moëlleuse, qu'il conserva jus-

qu'à un âge où d'ordinaire le talent est sur son déclin. François n'eut pas de vieillesse : à plus de 80 ans, il produisit des ouvrages qui ne le cèdent en rien à ceux de sa jeunesse, s'il ne les surpassent même pas. — Il eut un fils, **Jean-François de Troy**, qui marcha sur les traces de ses parents, et qui mourut à Rome en 1752.

## 255 *Madeleine dans le désert.*

Toile. — H. 2ᵐ 18. — L. 3ᵐ 07.

Couchée à l'entrée de sa grotte, accoudée du bras droit sur un fragment de rocher, la tête reposant dans sa main, Madeleine feuillette de la main gauche un livre placé sur une tête de mort et sur plusieurs autres livres, sous lesquels on aperçoit une croix de bois. Ses regards sont fixés vers le ciel, où viennent d'apparaître trois anges qui font de la musique.

Cette figure, dans laquelle l'artiste semble avoir cherché la grâce du Corrège, se distingue par un coloris frais et brillant et par un pinceau suave et délicat. Les fonds du paysage sont traités avec légèreté et les accessoires rendus avec une habileté surprenante.

Provient du couvent de la Madeleine.

## 256 *Le songe de saint Joseph.*

Toile. — H. 2ᵐ 72. — L. 2ᵐ 00.

Saint Joseph endormi, enveloppé dans un ample manteau de couleur roussâtre, est assis, adossé au piédestal d'une colonne. Il soutient sa tête de la main gauche; son pied droit repose sur un maillet. L'ange du Seigneur, descendant du ciel, lui apparaît en songe et lui annonce que Marie mettra au monde le Fils du Très-Haut. A droite, au second plan, la Vierge est assise et sommeille. Le fond représente le parvis d'un temple.

Ce tableau, d'une tout autre exécution que celle du précédent, est d'un bon goût de dessin et d'un excellent style.

Il décorait l'église des Carmes-Déchaussés, aujourd'hui paroisse Saint-Exupère.

## 257 *L'Ange-Gardien.*

Toile. — H. 1ᵐ 43. — L. 1ᵐ 10.

Un ange, debout, les ailes déployées, conduit un jeune enfant par la main et lui montre du doigt le chemin du ciel. — Ces deux figures sont placées dans un paysage.

**MICHEL** (JEAN), *né à Luzenac en 1659, mort à Toulouse en 1709; succéda à* **Jean-Pierre Rivalz** *comme peintre de l'hôtel-de-ville.*

**Etienne Michel**, élève de **N. de Troy**, ne se croyant pas à même de perfectionner son fils Jean dans son art, l'envoya à Paris dans l'atelier de **François de Troy**. Trois années d'études assidues sous ce maitre habile changèrent tout-à-fait la manière que Jean Michel avait contractée en province. Dès l'âge de 23 ans, en 1682, il vint se fixer à Toulouse, où il épousa la fille de **François Fayet**, peintre établi en cette ville. Dupuy-Dugrez, amateur célèbre et auteur d'un traité estimé sur la peinture, ayant institué une médaille d'argent en faveur de celui des artistes de la ville qui dessinerait le mieux une Académie, Michel entra en lice et remporta le prix. Ce succès lui fut très favorable, car on le nomma peu de temps après peintre de l'hôtel-de-ville. Il crut dès lors que le moment était venu de réaliser l'œuvre successivement proposée par Nicolas de Troy, Pader, J.-P. Rivalz, J. de Troy et Dupuy-Dugrez, — celle d'établir une école publique de dessin. Mais il ne fut pas plus heureux que ses prédécesseurs; toutes ses tentatives échouèrent auprès des Capitouls, et c'est en vain qu'il en appela par deux fois au roi Louis XIV lui-même. Cette grande affaire ne devait aboutir que sous **Antoine Rivalz**, son illustre successeur. Michel, comme tous les peintres de l'hôtel-de-ville, était un habile portraitiste; la nature de ses fonctions l'exigeait. On raconte qu'une seule séance lui suffisait souvent pour commencer et finir un portrait. Simple, digne et fier, peu ambitieux et incapable de brigues, il ne faisait de grands tableaux qu'autant qu'un heureux hasard lui en procurait l'occasion. Cela explique la rareté de ses œuvres. Cependant, en dehors de celles qu'on connait de lui à Toulouse, les religieux de Saint-Benoît de Marmande possédaient quatre grandes compositions de cet artiste remarquable. Mais la noble fierté de son caractère, ennemi de toute adulation et de toute intrigue, s'accordait mal avec la morgue et la hauteur assez habituelle aux Capitouls. Un jour, dit la Biographie Toulousaine, que l'un d'eux critiquait en sa présence, et en termes insultants et grossiers, un tableau qu'il plaçait lui-même au Capitole, Michel, ne pouvant se contenir davantage, lui répondit par un soufflet. Cet acte d'insubordination et de violence lui valut une arrestation immédiate et un procès. C'est alors qu'Antoine

Rivalz, arrivé récemment de Rome, et que l'on ne croyait pas tout à fait étranger à l'inconvenante conduite du Capitoul, se vengea noblement de ce blessant soupçon en usant de tout son crédit et de celui de ses amis pour obtenir l'élargissement de son confrère. Grâce à cette heureuse et loyale intervention, l'affaire n'eut pas de suites. Toutefois Michel perdit sa place à l'hôtel-de-ville, et c'est probablement à dater de cette disgrâce qu'à l'exemple de Fayet, son beau-père, il se livra à l'alchimie, où il usa son avoir et sa santé. Pourtant ses travaux lui valurent plus tard le brevet d'inspecteur des mines du royaume. — Trois de ses enfants furent peintres : **Louis Michel** l'aîné, qui mourut très jeune à Bordeaux ; **Françoise** et **Marguerite**, qui peignirent, comme leur père, avec quelque succès le portrait et les fleurs.

## 258   *Les noces de Cana.*

Toile. — H. 2<sup>m</sup> 67. — L. 5<sup>m</sup> 45.

Dans une vaste salle d'une architecture simple et de bon goût, Jésus-Christ, assis à l'angle d'une table, ayant sa mère à côté de lui, lève les yeux au ciel d'un air inspiré, et, invoquant son Père, il change en vin l'eau contenue dans six vases de grès déposés devant la table sur les dalles qui recouvrent le sol. La Vierge, pénétrée de la toute-puissance de son Fils, attend avec confiance l'accomplissement du miracle. A sa gauche, la jeune mariée, parée des plus élégants ajustements et tenant une pêche à la main, occupe avec son époux le centre de la composition. Celui-ci se retourne vers le serviteur chargé de l'ordonnance du festin, au moment où ce dernier lui annonce que le vin vient à manquer. Les disciples présents et les autres convives témoignent de leur étonnement. A gauche, une jeune fille, les mains appuyées sur l'un des vases, est accroupie auprès de Jésus et le considère avec surprise et admiration. Derrière elle, une servante, qui fait passer à un jeune enfant les plats d'un dressoir, se retourne tout étonnée du changement qui vient de s'opérer. A droite, un jeune garçon vêtu d'une robe rouge tient à la main une amphore, qu'une autre servante lui fait signe de déposer sur la table; mais l'enfant renverse son vase pour indiquer qu'il est vide. Dans le fond de la salle, plusieurs autres serviteurs apportent ou déposent des mets sur la table. A travers les colonnes qui forment l'entrée de la salle, on aperçoit deux cours successives, dans lesquelles sont élevés divers bâtiments (1).

On admire, dans ce tableau, l'une des plus belles productions de l'ancienne École toulousaine. Il se recommande par une exécution savante et par une couleur qui rivalise avec celle des meilleurs coloristes. La lumière est distribuée avec intelligence sur les figures principales, et combinée de manière à conserver l'harmonie générale. Partout la touche se montre d'une belle fonte, gracieuse et moelleuse; les accessoires sont rendus avec une vérité poussée jusqu'à l'illusion.

Décorait autrefois l'église des Pénitents-Blancs.

## 259 *Une bacchanale.*

Toile. — H. 0ᵐ 32. — L. 0ᵐ 42.

Dans un site agreste et parsemé d'arbres, des faunes et des satyres fêtent Bacchus, que deux d'entre eux portent en triomphe sur leurs bras. Le cortége est précédé de quelques faunes armés de thyrses et jouant de divers instruments. Au centre de la composition, un satyre offre des raisins à une bacchante; à droite, quelques enfants jouent avec une chèvre sur laquelle est assis un jeune compagnon de Bacchus, couronné de pampres. — Signé et daté : *J. Michel invenit et pinxit 1706.*

Cabinet de M. de Mauran.

## 260 *Saint Exupère.*

Toile — H. 2ᵐ 78. — L. 1ᵐ 88.

Placé sous le porche d'une église, le saint est vu de face, en pied, couvert de ses habits épiscopaux, tenant la crosse d'une main et, de l'autre, un aspersoir. Les regards élevés vers le ciel, il invoque le Seigneur pour la délivrance de Toulouse, assiégée par les Vandales.

(1) La mariée est le portrait de la femme de l'auteur, et l'adolescent vêtu de rouge, celui de son fils aîné.

On voit, en effet, dans le fond à gauche, la ville de Toulouse, et sur les remparts saint Exupère assisté de deux diacres et renversant avec son aspersoir les assiégeants qui montent par des échelles.

Placé autrefois dans l'église Saint-Sernin.

**RIVALZ** (Antoine), *né à Toulouse en 1667, mort dans la même ville en 1735; succéda à* **Michel** *comme peintre de l'hôtel-de-ville, en 1703.*

Digne élève de son père, qui dût le pousser fort avant dans son art, et excité par l'exemple de **Lafage**, dont les dessins furent pour lui de puissants stimulants, le jeune Rivalz s'inspira de bonne heure de ce qu'il y a de grand dans l'histoire, dans la fable et dans l'allégorie. Impatient de se perfectionner, il alla très jeune à Paris, se livra tout entier aux études de l'Académie, et ne tarda pas à se faire remarquer. Il partit ensuite pour l'Italie. En arrivant à Rome, il trouva une infinité de sujets d'admiration dans les antiques, les bas-reliefs et les tableaux des grands-maîtres. Ayant pris part au concours solennel qui avait lieu tous les ans entre les jeunes artistes, Rivalz remporta un double prix, sur le sujet de *la victoire de Jupiter sur les Titans.* Après avoir été couronné au Capitole des mains du cardinal Albani, il se retira dans sa ville natale, où il est toujours demeuré depuis. Comme il a vécu et travaillé loin de la capitale, on ne doit pas être surpris que sa réputation ne réponde pas à ses talents. Il fit cependant un nombre considérable d'ouvrages très remarquables qui offrent tous la plus grande analogie avec ceux de son père. Ce sont, à part les particularités inhérentes à chaque organisation, à chaque individualité, mêmes principes dans la manière de procéder, même force dans la couleur, même fermeté de pinceau. Peut-être encore avait-il plus d'habileté dans le maniement de la brosse, plus de hardiesse et de correction dans le dessin, toujours facile, souvent d'un très beau caractère. Jamais embarrassé pour remplir sa toile, il concevait rapidement et exécutait de même; et, quand il ne se laissa pas aller à sa trop grande facilité, il produisit des œuvres véritablement magistrales et d'une grandeur étonnante. — Les Capitouls, à sa considération, l'autorisèrent, en 1726, à établir pour ses élèves une école de modèle. Ils eurent lieu de se féliciter d'avoir pris cette détermination tant retardée, car cette école forma d'habiles artistes, et fut érigée en 1750 en Académie royale de Peinture, Sculpture, et Architecture. On compte parmi ses élèves : **le Chevalier Rivalz** son fils, **Barthélemy Rivalz** son cousin, **Pierre Subleyras**, **Ambroise Crozat**, **J.-B. Despax**, **Guillaume Cammas**, **Jean Labarthe**, **Gaubert Laberie**.

## 261 *Fondation de la ville d'Ancyre par les Tectosages.*

Toile. — H. 4ᵐ 66. — L. 8ᵐ 23.

Au centre de la composition, l'architecte présente le plan de la ville en construction au chef des Tectosages, accompagné de ses principaux officiers. Ils discutent l'un et l'autre quelques détails de ce plan, soutenu par deux jeunes gens, dont l'un a posé un genou en à terre. Deux enfants relèvent le bas du manteau du général, vers lequel s'avance un guerrier vu de dos, couvert d'un manteau bleu. Derrière ce groupe, s'élève une statue colossale de Pallas. Le sculpteur qui l'exécute, debout sur le ·piédestal, suspend son travail et se retourne pour écouter un ouvrier penché vers lui et monté sur des tréteaux. Ses habits et ses armes, suspendus à une espèce de tente dressée derrière la statue, annoncent qu'il est à la fois artiste et homme de guerre. A droite, en premier plan, trois ouvriers sont occupés à travailler des blocs de pierre, au pied d'une construction au haut de laquelle monte, à l'aide d'une échelle, un ouvrier portant du mortier à ceux qui bâtissent. Dans le fond, du même côté, d'autres préparent le mortier. A gauche, en premier plan, une autre construction. En second plan, plusieurs ouvriers, munis de leviers, soulèvent et font avancer un grand quartier de pierre. Dans le fond, s'élève un temple d'ordre dorique sur les degrés duquel montent des ouvriers portant des poutres. On aperçoit des travailleurs au faîte de cet édifice (1). — On lit sur une pierre, à droite, l'inscription suivante : ANCIRAM SVRGENTEM EGREGIE PINXERAT JOANNES-PETRVS RIVALZ, TEMPORVM INJVRIA DETRITVM PATERNVM OPVS NOVA FORMA EXPRESSIT ANTONIUS RIVALZ. Ann. 1723.

(1) Rivalz a peint sous ses propres traits le général des Tectosages : l'architecte, sous les traits de son père ; le sculpteur, sous ceux de son ami Marc Arcis. Les deux pages du prince sont également des portraits : ceux de deux de ses enfants, dont l'un, vu de face, devint plus tard le Chevalier Rivalz.

En présence de cette vaste production, si remarquable déjà par la manière dont elle est traitée, on se demande ce que devait être la composition première de Rivalz le père, peinte à fresque sur le mur du fond de la galerie de Peinture du Capitole. On comprend qu'avec toutes les ressources de la fresque, qui manquent à la peinture à l'huile sous le rapport de la puissance, de l'éclat et de la fraicheur, J.-P. Rivalz avait dû créer un de ces morceaux exceptionnels qui émeuvent profondément le spectateur. Cette peinture produisait une telle impression sur tous les visiteurs, que les ducs de Bourgogne et de Berry, passant à Toulouse, furent saisis d'admiration, et recommandèrent aux Capitouls de veiller avec les plus grands soins à la conservation de ce chef-d'œuvre.

Ce tableau occupait le mur du fond de la galerie de peinture du Capitole, aujourd'hui salle du Festin.


## 262   *Sosthène, roi de Macédoine, fait prisonnier par les Tectosages.*

Toile. — H. 2<sup>m</sup> 70. — L. 3<sup>m</sup> 24.

Sur le devant de la composition, Sosthène ou Sosrate, dont le cheval a été tué, est armé d'une pique et de son bouclier et se défend encore vigoureusement contre plusieurs Tectosages qui l'attaquent à coups de piques. Ses officiers font les plus grands efforts pour le dégager; mais c'est en vain : un Tectosage s'élance sur lui avec impétuosité et le saisit par son manteau. Le général des Tectosages, à cheval au milieu de ses soldats, semble leur ordonner de conserver la vie à Sosthène et de le faire prisonnier. Sur le devant de la composition, sont étendus des morts et des blessés.

Placé autrefois dans la galerie de Peinture, le premier à gauche.


## 263   *Littorius vaincu par Théodoric.*

Toile. — H. 2<sup>m</sup> 70. — L. 3<sup>m</sup> 30.

Le général romain est monté sur un âne conduit par un jeune enfant, et subit le sort des vaincus. Il a la tête inclinée et l'air profondément humilié. Plusieurs captifs enchaînés le suivent à pied. On voit au-dessus d'eux des trophées de têtes, de dépouilles et d'armes, portés au bout de piques par les Tectosages. A côté, et un peu en avant de Littorius, est son vainqueur Théodoric, roi de Toulouse, monté sur un cheval blanc et tenant à la main son bâton de commandement surmonté d'une chouette. Il est précédé par plusieurs soldats sonnant de la trompette et de divers autres instruments de musique. L'un d'eux porte en triomphe une enseigne sur laquelle est écrit le mot TOLOSA. A côté de lui, dans l'angle du tableau, à droite, on remarque un jeune enfant traînant dans la poussière une enseigne romaine ornée d'un aigle, et portant sur sa banderolle les célèbres initiales S. P. Q. R. On aperçoit dans le fond les murs de Toulouse.

Placé autrefois dans la galerie de Peinture, le premier à droite.

## 264 *Raymond de Saint-Gilles prenant la croix* (1096).

Toile. — H. 2ᵐ 70. — L. 3ᵐ 24.

Le comte de Toulouse, couvert de son armure, est à genoux aux pieds du pape Urbain II, qui, assis devant le grand autel de l'église Saint-Sernin, lui remet une casaque rouge marquée d'une croix blanche. A côté du souverain pontife et à sa droite, sont des membres du clergé et le connétable, tenant l'épée haute. A droite, un prêtre en surplis, vu de dos, prend d'autres casaques dans un bahut placé à côté d'un pupitre sur lequel est un livre que feuillette un personnage en manteau rouge doublé d'hermine. Le comte Raymond est accompagné de quelques seigneurs à genoux ou debout, et d'un jeune page portant son casque, orné de la couronne comtale. — Signé ainsi : ANT. RIVALZ PIN. ANNO 1706.

Placé autrefois dans la galerie de Peinture, le deuxième à droite.

## 265 *Défaite de Henri II, roi d'Angleterre, devant Toulouse (1159).*

Toile. — H. 2ᵐ 70. — L. 3ᵐ 18.

Le comte Raymond V, monté sur un cheval isabelle, renverse tout sur son passage, jonché de morts et de mourants. A sa gauche, sont des archers tirant sur les ennemis et les poursuivant. Déjà le roi d'Angleterre est tombé avec son cheval atteint d'une flèche, et le roi d'Ecosse, épouvanté, prend la fuite. On voit, dans le fond, les murs de Toulouse assiégés par les Anglais, qui se sont retranchés dans des tours de bois auxquelles les soldats de Raymond mettent le feu.

Placé autrefois dans la galerie de Peinture, le troisième à droite.

## 266 *Les Huguenots chassés de Toulouse (1562).*

Toile. — H. 2ᵐ 72. — L. 2ᵐ 78.

Les catholiques, armés de piques et de bâtons, sortent en foule de la porte Villeneuve de Toulouse, chassant devant eux les huguenots, qui fuient épouvantés. En passant sur le pont des fossés de la ville, la fureur des assaillants redouble, et ils frappent impitoyablement les protestants. Déjà plusieurs de ces derniers sont étendus sur le sol, et l'un d'eux, blessé grièvement, tombe dans le fossé. Un ministre, se sentant saisi par son manteau au milieu des gens de sa secte, laisse tomber ses livres, qu'un homme s'empresse de ramasser. On remarque, à côté de lui, une femme et une fille, et dans le fond, à droite, les malheureux huguenots fuyant dans la campagne pendant que, du haut des murs, les catholiques jettent des pierres sur ceux qui sont tombés dans les fossés.

Placé autrefois dans la galerie de Peinture, le quatrième à droite.

## 267 *Le pape Urbain II.*

Toile. — H. 2ᵐ 32. — L. 1ᵐ 54.

La tête couverte de la tiare et revêtu de ses habits pontificaux, Urbain II consacre l'église Saint-Sernin en traçant, avec le pouce de la main droite, une croix rouge sur un des piliers de la nef. — Les armoiries du pape sont peintes dans le coin de gauche, en bas. Au-dessous de la peinture, on lit une inscription latine qui signifie qu'Urbain II, natif de Châtillon-sur-Marne, et portant le nom d'Odon lorsqu'il était moine de Cluny avant son élection, consacra la basilique de Saint-Sernin le 8 juillet 1097, devant un grand nombre de cardinaux, archevêques, évêques et abbés, et confirma les privi-léges accordées à cette église par Grégoire VII en dé-livrant lui-même des bulles, entr'autres celle datée du 13 août 1097, du monastère de Saint-Gilles.

Décorait autrefois l'église Saint-Sernin.

## 268 *Saint Jean de Capistran.*

Toile. H. 2ᵐ 22. — L. 1ᵐ 73.

Le saint, debout, en habit de franciscain, avec une étole bleue croisée sur la poitrine, tient d'une main un étendard et de l'autre le signe de la rédemption. Il appelle les combattants, les enflamme d'une ardeur bel-liqueuse et vole à la victoire, foulant à ses pieds un carquois garni de flèches.

Peint pour l'ancien couvent des Cordeliers.

## 269 *Saint Louis, évêque de Toulouse.*

Toile. — H. 2ᵐ 25. — L. 1ᵐ 27.

Saint Louis, debout, tient sa crosse de la main gau-che et donne de l'autre la bénédiction. Il porte le rochet

violet et la croix pastorale. A ses pieds sont une couronne et un sceptre, indices de son illustre origine.

Peint pour l'ancien couvent des Cordeliers.

## 270 *Un saint de l'ordre de Saint-Fran-çois.*

Toile. — H. 2ᵐ 20. — L. 1ᵐ 34.

Assis sur un fauteuil de bois, auprès d'une table
derrière laquelle est une bibliothèque, ce saint personnage tient une plume de la main droite, et montre de
l'autre main un crucifix placé sur la table.

Peint pour le couvent des Cordeliers.

## 271 *Un homme pilant dans un mortier.*

Bois. — H. 1ᵐ 84. — L. 0ᵐ 82.

Le servant de la pharmacie des Cordeliers, debout
derrière un mortier en métal supporté sur un billot
de bois, tient dans ses mains un énorme pilon qu'il
semble manœuvrer avec nonchalance. Il est vêtu d'un
long habit marron, ouvert sur la poitrine et laissant
voir la chemise. Ses longs cheveux bruns sont couverts
d'un feutre noir à larges bords. — Signé : A. RIVALZ.

Ce tableau, une des productions les plus vigoureuses et les plus
franchement peintes de l'auteur, est dû à la circonstance suivante:
Il y avait à la pharmacie des Cordeliers de Toulouse un pauvre dia-
ble que l'on voyait toujours auprès de son mortier, le pilon à la main.
Ce garçon, dont le métier ne prouvait guère en faveur de l'intelligence,
avait la manie de tourmenter Rivalz pour en obtenir son portrait. Un
jour, notre artiste, pour se débarrasser de ses obsessions, trouva plai-
sant de le peindre au naturel, sur la porte de la pharmacie, dans
l'exercice de ses fonctions. Cette idée originale et la physionomie niaise
du modèle, si bien rendue, dûrent amuser les moines et tous ceux
qui entraient dans leur officine. Maintenant, il n'attire pas moins l'attention des visiteurs du Musée.

## 272 *L'Annonciation.*

Toile. — H. 0ᵐ 67. — L. 0ᵐ 56.

Agenouillée devant un prie-Dieu, au-dessus duquel flotte une grande draperie violette, la Vierge, enveloppée presque entièrement dans un manteau bleu, s'incline profondément devant l'ange Gabriel qui, descendu sur un nuage, lui annonce son heureuse destinée. Dans le haut du tableau, on voit le Saint-Esprit qui la couvre déjà de ses rayons mystérieux.

Rivalz a rarement peint des ouvrages d'une aussi petite dimension. Celui-ci appartenait à la maison des Orphelines de Toulouse.

## 273 *Portrait du peintre.*

Toile. — H. 0ᵐ 83. — L. 0ᵐ 64.

L'artiste est vêtu d'un justaucorps marron et coiffé d'une longue perruque grisonnante. Il est vu de face, à mi-corps, derrière une table, tenant son porte-crayon d'une main et montrant de l'autre le dessin de *la Chute des Anges rebelles* qu'il vient de terminer. Dans l'angle de gauche, on voit une partie de la palette et quelques pinceaux.

Ce portrait confirme pleinement ce que nous avons déjà dit du talent de Jean-Pierre et d'Antoine Rivalz. On y retrouve en effet les mêmes principes de coloris, de dessin et du maniement de la brosse, peut-être même avec un peu plus de soin, de sagesse et moins d'emportement. Ce sont là les caractères distinctifs de ces deux artistes.

Gravé par Barthélemy Rivalz, cousin d'Antoine.

Provient de l'école des Arts (ancienne Académie).

## 274 *Portrait d'une dame.*

Toile. — H. 1ᵐ 20. — L. 0ᵐ 98.

Représentée sous le costume de Diane chasseresse, assise au milieu d'un bois, elle tient d'une main un épagneul et, de l'autre, soulève un pan de son manteau bleu.

Collection de M. de Valence.

**CROZAT** (Ambroise), *né à Rodez, où il mourut peu de temps après son retour de Paris.*

Considéré par **Antoine Rivalz** comme l'un de ses meilleurs élèves, Crozat fut jugé digne par son maître de peindre, en concurrence avec **Subleyras**, les tableaux destinés à la décoration du plafond de l'église des Pénitents-Blancs. Il en exécuta dix, et Subleyras cinq. L'extrême facilité avec laquelle il opérait, poussée même parfois jusqu'à la négligence, explique de reste la promptitude qu'il déploya en cette circonstance. Qui sait dans quelle voie l'eût amené plus tard cette facilité, si la mort n'eût brisé sa carrière à la fleur de son âge !.....

## 275 *Conversion de saint Paul.*

Toile, forme ovale. — H. 2ᵐ 60. — L. 1ᵐ 90.

A la voix du Seigneur, saint Paul, effrayé, étend les bras et se retourne vers la divine apparition. Son cheval s'est abattu sous lui; à ses côtés, est un soldat vu de dos. Dans le fond, on aperçoit deux cavaliers de sa suite.

Provient du plafond de l'église des Pénitents-Blancs.

## 276 *Vision de Zacharie.*

Toile, forme ovale. — H. 2ᵐ 65. — L. 1ᵐ 95.

Debout dans le temple, dont il prêchait aux Juifs la reconstruction, le prophète contemple avec étonnement la pierre symbolique sur laquelle on voit *les sept yeux du Seigneur qui parcourent toute la terre, et qui veillent à l'accomplissement de ses volontés dans la structure de son temple.*

Provient du plafond de l'église des Pénitents-Blancs.

## 277  *Le Père Éternel.*

Toile, forme ronde. — Diamètre 1ᵐ 92.

Assis sur des nuages, Dieu le père tient d'une main la boule du monde et, de l'autre, indique l'immensité.

Décorait aussi l'église des Pénitents-Blancs.


**SUBLEYRAS** (Pierre), *né à Uzés en 1699, mort à Rome en 1749.*

**Matthieu Subleyras**, après avoir enseigné à son fils les éléments de l'art, l'envoya à Toulouse, à l'âge de 15 ans, chez **Antoine Rivalz** qui jouissait alors d'une grande réputation. Les progrès du jeune homme furent rapides, et il donna bientôt des preuves de son habileté en exécutant, sous la direction de son maître, cinq tableaux pour le plafond de l'église des Pénitents-Blancs, — ouvrages remplis d'adresse et qui annonçaient les plus heureuses dispositions. Il partit pour Paris en 1724, remporta, deux ans après, le grand-prix de peinture sur le sujet du *Serpent d'airain*, et fut envoyé à Rome avec le titre de pensionnaire du roi, en 1728. Son tableau de concours, disent les historiens du temps, aurait pu lui mériter d'être reçu à l'Académie. Il acquit une telle réputation dans la capitale des arts qu'il s'y établit, et fut chargé de peindre un grand tableau pour la basilique de Saint-Pierre, — morceau qui obtint un succès si prodigieux qu'il fut exécuté en mosaïque du vivant de l'artiste. Aucun autre, avant lui, n'avait encore joui d'un semblable honneur. Le sujet représente *saint Basile célébrant la messe et l'empereur Valens tombant évanoui dans les bras de ses gardes.* La santé de Subleyras était délicate et son humeur mélancolique. Il mourut à Rome des suites d'une maladie de langueur, à l'âge de 50 ans.


## 278  *Saint Joseph tenant l'enfant Jésus.*

Toile. — H. 2ᵐ 19. — L. 1ᵐ 73.

Enveloppé dans un ample manteau de couleur roussâtre, saint Joseph, assis à côté de son établi de charpentier, soutient l'enfant Jésus, presque nu, et lève vers le ciel ses regards attendris. À gauche et au fond de la pièce, la Vierge, assise devant une cheminée, se livre à une pieuse lecture. On voit des outils sous l'établi, contre lequel est une tige de fleurs blanches ;

à terre un maillet, un ciseau, un marteau et des copeaux ; enfin, une scie appendue au mur. — Signé : P. SVBLEYRAS. PINX. ROMA 1741.

Dans ce tableau, le pinceau de Subleyras se montre facile et moëlleux, le coloris agréable et harmonieux, le dessin correct ; les draperies sont larges et d'un grand goût ; la tête de saint Joseph est d'un beau caractère et très expressive.

Décorait autrefois l'église métropolitaine Saint-Etienne.

## 279  *Sacre de Louis XV* (25 octobre 1722).

Toile. — H. 2ᵐ 06. — L. 2ᵐ 55.

L'archevêque de Reims, revêtu de ses habits archiépiscopaux, est assis sur un fauteuil doré, en avant de l'autel de la cathédrale de Reims, sur lequel sont déposés la couronne, le sceptre et la main de justice. Le prélat remet d'une main, à un évêque debout auprès de lui, la patène d'or du calice de saint Denis, dans laquelle il a pris l'huile et le saint-chrême dont il oint, de l'autre main, le front du jeune roi à genoux devant lui sur un carreau de velours vert. — Louis XV est entouré de plusieurs évêques debout, la mître en tête, et derrière lesquels on aperçoit trois cardinaux en rochet et en toque rouge. — Au fond, et à droite de l'autel, sont le grand-prieur, la sainte-ampoule à la main, et le trésorier de l'abbaye de Saint-Rémy portant la croix pastorale, accompagnés de quelques religieux de leur ordre. — A gauche de l'autel, en premier plan, sont assis, vus de dos, le duc d'Orléans régent, le duc de Chartres, et le duc de Bourbon. — A la partie droite de la composition, on voit : le maréchal de Villars, tenant haut l'épée de Charlemagne, le garde des sceaux accompagné de deux massiers, le prince de Rohan, la couronne sur la tête ; et, au fond, quelques chevaliers de l'ordre du Saint-Esprit avec le ruban bleu en sautoir, plusieurs seigneurs de la cour, et le curé de la cathédrale, assis dans une stalle élevée.

— Le haut du tableau est occupé par des tribunes, dans lesquelles on remarque : au centre, des personnages de la cour; à droite et à gauche, des notables et des bourgeois avec quelques musiciens et quelques chanteurs.

Subleyras était encore fort jeune lorsqu'il se distingua par cet ouvrage, exécuté dans l'atelier de Rivalz, d'après un dessin de son maître qui se trouve maintenant au musée de Carcassonne. Il n'est pas sans intérêt pour les jeunes artistes de leur donner un exemple de l'avancement rapide de certains d'entre eux qui sont réellement prédestinés à réussir dans l'art de la peinture.

## 280 *Joseph expliquant les songes de Pharaon.*

Toile, forme ovale. — H. 2ᵐ 60. — L. 1ᵐ 85.

Assis sur son trône, entre deux gardes armés de piques, le roi d'Egypte écoute attentivement Joseph qui, debout devant lui, vêtu d'une tunique blanche et d'un manteau bleu, lui explique les songes qui ont troublé son sommeil. Derrière le jeune Israélite est un homme vu de dos et enveloppé dans un ample manteau qui lui couvre la tête. Au milieu, en second plan, un mage, surpris de la sagacité de Joseph, ne peut s'empêcher de laisser paraître son dépit. Au bas de l'ovale et parmi des fleurs, on distingue les vaches grasses, les vaches maigres et les épis de blé.

Décorait autrefois le plafond de l'église des Pénitents-Blancs.

## 281 *L'Annonciation.*

Toile, forme ovale. — H. 2ᵐ 60. — L. 1ᵐ 95.

La vierge Marie, agenouillée sur son prie-Dieu, est vêtue d'une robe rose qui se détache sur un fond de draperie vert-d'eau. L'ange Gabriel, debout devant elle, lui annonce son heureuse destinée; d'une main il tient une tige de lis, et de l'autre indique l'Esprit divin qui descend du ciel.

Décorait le plafond de l'église des Pénitents-Blancs.

## 282 *Le songe de saint Joseph.*

Toile, forme ovale. — H. 2ᵐ 60. — L. 1ᵐ 86.

Couché sur un lit, abrité par une draperie, Joseph voit en songe l'ange du Seigneur lui annonçant la prochaine maternité de la Vierge. Marie, enveloppée dans un manteau bleu, sommeille, à droite du tableau.

Décorait le plafond de l'église des Pénitents-Blancs.

## 283 *La Circoncision.*

Toile, forme ovale — H. 2ᵐ 60. — L. 1ᵐ 86.

Dans l'intérieur d'un temple d'une riche architecture, l'enfant Jésus, entièrement nu, est placé et maintenu par un prêtre sur une table de pierre, devant le grand-prêtre qui, assis en face de lui, le couteau à la main, s'apprête à le circoncire. A droite, la sainte Vierge attend avec anxiété, les mains sur la poitrine, que la cérémonie soit terminée. On aperçoit, à côté d'elle, saint Joseph vu en profil, et, au troisième plan, le lecteur juif tenant un livre ouvert. Dans le bas du tableau, à gauche, est un jeune enfant et, sur le devant de la composition, un acolyte, vu de dos, agenouillé sur des marches ; il tient d'une main un cierge allumé et porte sous l'autre bras un plateau de métal contenant un linge blanc.

Décorait le plafond de l'église des Pénitents-Blancs.

## 284 *Saint Pierre guérissant un boiteux.*

Toile, forme ronde. — H. 2ᵐ 60. — L. 1ᵐ 85.

« Pierre et Jean montaient au temple, et il y avait un boiteux qui demandait l'aumône. Pierre dit : *Je n'ai ni or ni argent ; mais ce que j'ai, je vous le donne : Au nom de Jésus-Christ de Nazareth, levez-vous et mar-*

*chez*. L'ayant pris par la main droite, il le souleva, et aussitôt ses jambes et ses pieds s'affermirent. » On voit, au second plan, un homme saisi d'étonnement et auprès de lui une femme tenant un enfant dans ses bras.—Le fond est formé par la colonnade du temple.

Décorait le plafond de l'église des Pénitents-Blancs.

# 285 *Portrait de Pierre Lucas, statuaire.*

Toile. — H. 0ᵐ 88. — L. 0ᵐ 69.

Le jeune artiste est représenté à mi-corps, en costume d'atelier, la tête couverte d'un mouchoir lilas, et les manches de la chemise retroussées jusqu'au coude sur une veste marron, ouverte à la poitrine. Il tient un ébauchoir dans sa main droite, posée sur une tête antique qui se trouve auprès d'un livre et d'un linge blanc, sur une table garnie d'un tapis vert. A la muraille du fond, sont accrochés, à gauche, un paysage; à droite, une palette.

Ce portrait a été donné au musée par François Lucas fils, qui fut le premier conservateur de cet établissement.

# 286 *Nature morte.*

Toile. — H. 0ᵐ 72. — L. 0ᵐ 96.

Une statuette de femme, un petit torse de l'Hercule Farnèse, une tête antique renversée, une palette garnie avec ses pinceaux, un violon, deux feuilles de musique, quelques fleurs et une bouteille couverte d'osier sont négligemment déposés sur une table. — Ces divers objets désignent les préférences et les goûts de l'auteur.

Cabinet de M. de Cambolas.

## XVIIIᵉ SIÈCLE.

**DESPAX** (Jean-Baptiste), *né à Toulouse en 1709, mort dans la même ville en 1773.*

Il travailla dans l'atelier de **Rivalz** avec **Subleyras** et **Crozat**, plus âgés de quelques années, et il montra dans ses études la même facilité que ses deux condisciples. Après la mort de son maître, étant allé à Paris se mettre sous la direction de **Jean Restout**, ses débuts firent concevoir les plus grandes espérances. De retour dans sa ville natale, il fut tellement surchargé de commandes que, pour satisfaire tout le monde, il força encore sa manière expéditive : mode de procéder qui le détourna des soins qu'il aurait dû donner à ses tableaux en les étudiant davantage, et qui nuisit par conséquent à la gloire qu'il aurait pu acquérir. Peu de peintres ont produit autant que Despax ; presque toutes les églises du Languedoc renferment un ou plusieurs ouvrages de lui. On en comptait, au musée de Toulouse, trente-huit au catalogue de 1818. D'ailleurs, pour se faire une idée de son véritable mérite, il suffit d'aller visiter la chapelle du Grand-Séminaire, ouvrage monumental digne de passer à la postérité.

## 287 *Le repas chez Simon le pharisien.*

Toile. — H. 3ᵐ 20. — L. 7ᵐ 95.

Les nombreux convives de Simon sont rangés autour d'une table sur laquelle des serviteurs vont déposer des plats chargés de mets, et qui est dressée au milieu d'une vaste salle entre deux rangées de colonnes. Jésus-Christ, assis à droite à l'angle de la table, est entouré d'un groupe de personnages exprimant leur surprise ou leur admiration des paroles qu'il adresse à son hôte au sujet de la femme pécheresse. Celle-ci, prosternée aux pieds du Sauveur, les arrose de ses larmes et les essuie avec ses cheveux. Simon est assis en face de Jésus. Scandalisé de ce qui se passe, ainsi que ses amis, il témoigne par son attitude de toute son indignation. Dans le coin, du même côté, un serviteur en aide un autre à charger sur la tête une corbeille de vaisselle. Au milieu, en premier plan, deux autres serviteurs sont occupés à transvaser du vin. Au fond de la pièce, s'élève

un dressoir garni de vaisselle d'or et d'argent. — Signé :
I. B. DESPAX 1754.

Avec les peintures du Grand-Séminaire, cette vaste composition pittoresque vient en première ligne dans l'œuvre de Despax. C'est une de celles où il a déployé toutes les ressources de sa prodigieuse facilité; elle donne la juste mesure de son talent.

Tableau exécuté pour le réfectoire des religieux bénédictins du couvent de la Daurade.


# 288 *La Sibylle de Cumes.*

Toile. — H. 2m 48. — L. 1m 70.

Assise sur des nuages, vêtue d'une robe bleue recouverte d'un manteau jaune, la sibylle indique d'une main le ciel et repose l'autre sur une pierre portant ces deux mots : SIB.-CVMANA.

Peint pour le plafond de l'église des Pénitents-Gris.


# 289 *David jouant de la harpe.*

Toile. — H. 2m 48. — L. 1m 70.

Animé d'un saint enthousiasme, le roi-prophète, assis et couvert d'un ample manteau bleu, chante les louanges de l'Eternel en s'accompagnant de la harpe. Trois chérubins descendent du ciel pour l'écouter.

Peint pour le plafond de l'église des Pénitents-Gris.


**RIVALZ** (Jean-Pierre), *plus connu sous le nom du* **Chevalier Rivalz**, *né à Toulouse en 1718, mort dans la même ville en 1785; succéda à* **Guillaume Cammas** *comme peintre de l'hôtel-de-ville.*

Fils et petit-fils de deux artistes qui avaient tenu le premier rang à Toulouse, le jeune Rivalz était prédestiné à la carrière des beaux-arts et devait hériter de la réputation de ses illustres parents. L'éclat de leur nom rejaillit, en effet, sur lui avec tout le prestige qui s'y attachait : prestige qui contribua sans doute à le faire nommer par le pape chevalier de l'ordre de l'Eperon d'Or. Il trouva à Rome **Subleyras** qui, fixé dans cette ville où il cultivait son art avec le plus grand succès, accueillit avec joie le fils de son ancien maître et lui donna des leçons dont il sut profiter. Le Chevalier Rivalz ne tarda pas à se faire aimer à Rome de tous ceux qui le connaissaient. Estimé comme artiste, distingué comme savant, il aurait pu s'y établir fort avantageusement si des devoirs de famille ne l'eussent rappelé à Toulouse. De nombreux travaux, l'estime publique et de nouvelles distinctions l'attendaient dans son pays. Après la mort de **Guillaume Cammas**, il fut nommé peintre de l'hôtel-de-ville. Il avait conservé les traditions du vrai beau, et ne put adopter le genre frivole et maniéré dans lequel la peinture était tombée du temps de **Van-Loo** et de **Boucher**. Comme professeur, il ne cessa de recommander aux élèves de s'inspirer du beau idéal de Raphaël, de la correction du dessin de ceux qui avaient conservé les principes du grand maître, et surtout de consulter continuellement l'antique. Il est regrettable que ses ouvrages n'aient pas répondu à la hauteur d'un si noble enseignement. — Au nombre de ses élèves, on cite particulièrement **Gamelin** et **Roques**.

## 290   *La Nativité.*

Toile. — H. 0<sup>m</sup> 66. — L. 0<sup>m</sup> 54.

La sainte Vierge, agenouillée auprès de la crèche où son divin enfant a vu le jour, le soulève dans ses langes et le considère avec le bonheur d'une mère. Saint Joseph, debout, se retourne et semble désigner l'enfant à quelqu'un placé derrière lui. On aperçoit au fond le ratelier ainsi que la vache et l'anesse, et à droite un ciel éclairé par la lune. — La lumière répandue sur cette scène émane de l'enfant Jésus.

Cette gracieuse composition, exécutée en pendant à l'Annonciation d'Ant. Rivalz, n° 272, fait regretter que l'auteur n'ait pas produit un plus grand nombre de tableaux de chevalet. Elle appartenait à la communauté des Orphelines de Toulouse.

## DÉROME (François), *d'après* **J.-B. Oudry.**

Dérôme naquit à Toulouse vers 1730 et y mourut en 1815. Il passa, de son temps, pour un habile restaurateur de tableaux, et fut reçu à l'académie de Toulouse sur le morceau suivant.

## 291 *La cuisine au pillage.*

Toile. — H. 0<sup>m</sup> 82. — L. 1<sup>m</sup> 00.

Un chien de chasse a surpris une famille de chats dévastant un garde-manger. Pendant qu'il tient la mère sous sa dent, les petits, plus ou moins éclopés, se sauvent comme ils peuvent. On voit à gauche, sur une étagère, un aloyau, et à terre un poumon, objets de leur convoitise.

L'original de ce tableau est gravé.

**GAMELIN** (Jacques), *né à Carcassonne en 1738, mort dans la même ville en 1803; élève du* **Chevalier Rivalz.**

Le père de Gamelin, qui destinait son fils au commerce, l'envoya à Toulouse dans les manufactures royales de drap. Comme tous ceux qu'on détourne de leurs véritables études, le jeune homme travaillait à regret. Il ne pouvait s'empêcher de couvrir ses livres de comptes de dessins à la plume qui annonçaient une vocation décidée pour les arts. Heureusement pour lui, il était chez le baron de Puymaurin, amateur éclairé, qui l'encouragea dans ses projets et sut décider son père à ne plus s'y opposer. Après cinq ans d'études régulières à l'Académie de Toulouse, Gamelin alla à Paris et ensuite à Rome aux frais de son généreux protecteur. A son retour d'Italie, il fut nommé, en 1774, professeur à Toulouse; en 1776, directeur de l'Académie de Montpellier. Il séjourna aussi à Narbonne en 1784. Mais la phase la plus glorieuse de la vie de Gamelin est celle où on le voit aller rejoindre l'armée des Pyrénées-Orientales, lorsque la guerre eut éclaté entre la France et l'Espagne. Nommé peintre de l'armée, avec le grade de capitaine de génie de première classe, il se montra, bien qu'il fut alors âgé de 56 ans, aussi brave soldat que peintre enthousiaste. La guerre terminée, il revint à Carcassonne, où il remplit les fonctions de professeur d'histoire et de dessin. Il mourut en 1803 comme il travaillait à peindre la bataille de Marengo. — Les tableaux et les dessins de cet artiste sont répandus à profusion dans le Midi; on en voit dans presque tous les cabinets, de Bordeaux à Toulouse, y compris même les localités secondaires, et de Toulouse à Montpellier, sans oublier Carcassonne, où sont, comme de juste, les principaux. Nous ne parlerons pas de ses tableaux d'église, exécutés par nécessité de profession et pour satisfaire aux commandes qui lui étaient faites; mais nous indiquerons ses scènes familières, ses sujets en petit de l'histoire ancienne, et surtout ses batailles, dans lesquelles il a déployé une verve étonnante de

composition, une fougue que n'auraient pas désavouée **Salvator**
et **Bourguignon**, une adresse et une facilité de touche jointes
à un dessin nerveux et des plus accentués.

## 292   *Une orgie.*

Ardoise. — H. 0ᵐ 37. — L. 0ᵐ 49.

Dans l'intérieur d'une taverne, un homme ivre, à
demi-couché sur un banc de pierre, se trouve fortement
incommodé par un excès de boisson. Trois de ses compagnons, dont l'un fume une longue pipe, l'entourent
et, sans pitié, le raillent de son état. A gauche, deux
femmes debout et une troisième assise, avec son enfant
devant elle, considèrent tristement cette scène d'ivro-
gnes.

Collection de M. de Cambolas.

**CAMMAS** (Lambert-François-Thérèse), *peintre
et architecte, né à Toulouse en 1743, mort dans la
même ville en 1804.*

Sous un père peintre et architecte de la ville, et qui avait fait construire, sur ses dessins, la magnifique façade du Capitole, le jeune
Cammas ne pouvait manquer d'acquérir des connaissances sérieuses
et approfondies dans ces deux branches de l'art. Il alla de bonne heure
à Rome pour perfectionner ses talents, et eut l'honneur d'être reçu
membre de l'Académie de Saint-Luc. A son retour à Toulouse, il fut
élu membre et professeur de l'Académie royale des Beaux-Arts, et se
distingua par des connaissances variées, par un goût délicat, et par
une grande fécondité d'imagination qui lui fit élaborer de nombreux
projets pour la restauration de tous les édifices religieux de la ville. Le
Musée ne possède de Cammas qu'un sujet allégorique un peu froid ;
mais il y a dans l'église de la Dalbade un tableau du même artiste qui
nous semble supérieur : il représente *un moine en adoration devant le
Sacré-Cœur*, et porte la signature L. F. T. CAMMAS. 1791.

## 293   *Louis XVI rappelle les Parlements.*
*(Allégorie.)*

Toile. — H. 3ᵐ 00. — L. 2ᵐ 20.

Le roi, revêtu des riches habits qu'il porte lorsqu'il

tient son lit de justice, remet le glaive de la Loi entre
les mains de la Magistrature, agenouillée devant lui. A
côté d'elle, la Province du Languedoc, la tête parée de
la couronne comtale, témoigne au prince sa vénération
et sa reconnaissance. La Discorde, renversée au pied
du trône, abandonne son brandon et dévore son propre cœur. A droite, la Minerve toulousaine reçoit la
corne d'abondance des mains de l'Agriculture et du
Commerce. La Renommée, après avoir attaché au temple de Mémoire le médaillon de Louis XVI auprès de
ceux de ses prédécesseurs, embouche la trompette,
ornée de l'oriflamme. Le lieu de la scène est désigné
par le Fleuve de la Garonne, appuyé sur son urne, et
par la Naïade de l'Ariége et celle du Canal, coiffées de
feuilles de maïs. En avant du Fleuve, est un Génie tuté-
laire décorant de fleurs les armes de la ville.

Cette composition obtint le prix extraordinaire proposé par l'Académie des Beaux-Arts de Toulouse, qui voulut ainsi consacrer la mémoire de la réinstallation du Parlement. Elle décorait l'une des salles
de l'Académie.


**LASSAVE** (            ) *né à Toulouse en..... vivait
à Paris à la fin du dernier siècle; il fut membre de
l'Académie royale de Peinture de Toulouse.*

Il faut que ce peintre ait eu peu de relations avec sa ville natale
puisque les rédacteurs des Catalogues du Musée ne donnent aucun
renseignement sur lui, pas même sur l'époque de sa naissance ni sur
celle de sa mort. Le costume du personnage dont nous allons donner
la description indique clairement qu'il a été peint du temps de
Louis XVI. C'est le seul renseignement positif que nous puissions
donner. La peinture est assez soignée et l'arrangement, disposé avec
goût, semble indiquer que l'auteur pouvait se livrer à la représentation de petits sujets de genre.


## 294  *Portrait présumé de l'auteur.*

Toile. — H. 0ᵐ 59. — L. 0ᵐ 49.

Dans un appartement tenu avec soin, l'artiste, habillé de soie bleu-clair, une jambe croisée sur l'autre,
est asssis devant son chevalet, muni d'une toile ovale.

Il a le bras droit appuyé sur le dos de son fauteuil, un porte-crayon à la main, et repose l'autre main sur son genou. A côté de lui est placée sa boîte à couleur, dont le couvercle relevé laisse voir sa palette.

Ce tableau, envoyé par l'auteur pour sa réception à l'Académie royale de Peinture de Toulouse, était placé dans la salle des Délibérations de ce Corps.

## VALENCIENNES (Pierre-Henri), *né à Toulouse en 1750, mort à Paris en 1819.*

Son père le destinait à l'étude de la musique; mais, à son insu, il assistait aux leçons des professeurs de l'académie royale des Beaux-Arts de Toulouse. Cédant enfin à sa vocation, ses parents l'envoyèrent à Paris, à l'école de **Doyen**, où il étudia d'abord la peinture d'histoire. Mais, entraîné bientôt par son goût pour le paysage, il partit pour l'Italie. Ce fut sous le beau ciel de cet heureux pays, et en admirant les sites enchanteurs de la campagne de Rome, qu'il découvrit son véritable maître — la nature — d'après laquelle il fit de nombreuses études. Il s'inspira aussi des chefs-d'œuvre de **Claude Lorrain** et du **Poussin** qui se trouvaient dans les galeries de Rome. De retour en France, il fut reçu à l'Académie en 1787. Son tableau de réception représente *Cicéron découvrant à Syracuse le tombeau d'Archimède.* A dater de son retour, l'art de composer le paysage s'ennoblit, et le nouveau maître eut une influence marquée sur les nombreux élèves qui vinrent profiter de ses leçons et qui formèrent cette classe de paysagistes en renom sous l'Empire et sous la Restauration. Valenciennes a composé un *Traité de perspective et de l'art du paysage* qui a eu deux éditions. Il était membre de la Légion-d'Honneur et associé de l'académie de Peinture de Toulouse. Il a exposé à presque tous les Salons, de 1787 à 1814.

## 295 *Paysage historique.*

Toile. — H. 0<sup>m</sup> 63. — L. 0<sup>m</sup> 80.

Le célèbre Bélisaire, aveugle et mendiant, est rencontré sur une grand'route par plusieurs soldats romains. Leur chef, reconnaissant son ancien général, vient de descendre d'un cheval, qu'il lui offre pour l'aider à continuer sa route. A côté de ce groupe, un grand arbre s'élève contre une borne milliaire. Le paysage est traversé par une rivière, au-delà de laquelle on aperçoit une vallée boisée, bornée de chaque côté par une chaîne de montagnes. Un village bien bâti occupe la gauche du point de vue et s'étend jusqu'au centre de la composition. — Signé : *P. H. Valenciennes, l'an 2^me de la R.*

Acheté par la ville.

## GAZARD (F.-V.), *né à Toulouse vers 1750, mort à Versailles en 1823 ; élève de* **Despax**.

En arrivant à Paris, cet artiste cessa de peindre la figure pour s'adonner à l'imitation des marines de **Vernet** ; depuis, il a continué ce genre. Il est indiqué dans le catalogue Suau comme ayant été conservateur du premier musée de Versailles. Il a exposé aux Salons de 1803, 1810 et 1814.

## 296 *Une tempête.*

Toile. — H. 1^m 26. — L. 1^m 56.

Sur les flots d'une mer agitée, une barque chargée de passagers est amenée vers un massif de rochers au moyen d'une corde que trois hommes tirent avec force. Au pied de ce rocher, et en premier plan, plusieurs naufragés se prodiguent des soins mutuels, tandis qu'on en voit un autre, dans le coin à gauche, qui aborde avec peine. Un phare s'élève au milieu des eaux, à l'entrée d'une ville adossée à une montagne. A l'horizon, à gauche, on aperçoit deux vaisseaux battus par la tempête.

Donné par l'auteur.

## FAURÉ (Jean-François)...

(Voir la liste des tableaux des églises).

## BERTRAND (François), *né à Toulouse en 1756, mort dans la même ville en 1804 ; élève de* **Despax**.

François Bertrand, professeur de peinture à l'Académie royale des Beaux-Arts de Toulouse, proposa, le 30 décembre 1792, la création du

Musée. Par un arrêté du Conseil du département on nomma une commission, dont il fit partie, chargée de rassembler tous les objets d'art dans un local convenable ; et par un second arrêté , après plusieurs hésitations sur le choix du local, il fut décidé que l'église des Augustins servirait de galerie de peinture.

Le Musée provisoire fut ouvert avec pompe le X fructidor an III.


## 297 *Portrait de l'abbé Bertrand, antiquaire.*

Toile. — H. 0ᵐ 33. — L. 0ᵐ 46.

Vu de face, à mi-jambes, assis à une table sur laquelle on voit une draperie rouge négligemment posée à côté d'une statuette de Pallas, l'abbé Bertrand, enveloppé d'une robe de chambre de soie grise, tient dans sa main droite, appuyée sur une table, une médaille en or, tandis que de l'autre main il indique son médaillier.

Donné au Musée par l'abbé Bertrand.


**ROQUES** (Joseph), *né à Toulouse en 1757, mort en 1847 ; élève du chevalier* **Rivalz** *et de* **Despax.**

Fils d'un honnête ouvrier qui pourvoyait à l'existence de sa famille par le travail de ses mains, Roques entra à l'âge de 11 ans à l'école des Beaux-Arts de Toulouse, dirigée alors par le chevalier **Rivalz.** Son application assidue le fit réussir dans tous les concours ; et, lorsqu'il traita le sujet d'*Amyntas*, tiré de l'idylle de Gessner, son triomphe fut si complet qu'on le considéra dès lors comme une des gloires futures de Toulouse. Sentant de lui-même qu'il n'avait plus rien à apprendre à l'école des Arts, il songea à l'Italie, et, muni de la petite épargne que sa prévoyante mère avait amassée dans une tire-lire, il partit pour Rome, à 21 ou 23 ans. Il y trouva le célèbre **Vien** et son premier élève **David**, qui lui firent l'accueil le plus flatteur. Il ne tarda pas à se lier d'amitié avec ce dernier, et la protection efficace du maître lui fut utile en maintes occasions : elle le mit à même de suppléer à l'épuisement de sa bourse et lui obtint un secours des Capitouls pour la dernière année de son séjour dans la capitale des arts. Son temps en Italie fut employé fructueusement à visiter les collections et à étudier les œuvres des grands maîtres. De retour à Toulouse, Roques se vit bientôt surchargé de commandes, et eut de la peine à y suffire malgré son extrême activité. Vers 1789, il fut admis à l'Académie des

Beaux-Arts. Quelques années plus tard, il reçut dans son atelier le fils d'un de ses amis, le jeune **Ingres**, à qui il s'attacha d'une façon toute particulière. Le maître et l'élève conservèrent toujours des rapports de la plus intime amitié; et lorsque Ingres eut acquis de l'autorité à l'Institut, il y fit admettre son vieux maître en qualité de membre correspondant. Après la Révolution, Roques fut appelé à Montpellier à la direction de l'Ecole de Dessin et de Peinture. Mais Roques ne pouvait oublier sa ville natale : les avantages de sa position et l'attrait des lieux qui lui rappelaient l'Italie ne l'empêchèrent pas de rentrer à Toulouse quelques années après, pour accepter à l'Ecole des Beaux-Arts un rang inférieur à celui qu'il abandonnait. En 1835, il obtint une médaille d'or à l'exposition de Toulouse. A quelque temps de là, sur la demande de ses confrères les professeurs de l'Ecole, il fut nommé membre de la Légion-d'Honneur. Arrivé au dernier période de sa vie, Roques s'éteignit sans s'en apercevoir, cédant plutôt à son grand âge qu'à la maladie : il était entré dans sa 91e année.

Roques pourrait être appelé, avec quelque raison, le *Protée des peintres toulousains*. Son pinceau souple et docile, secondé par une rare faculté de mémoire locale, — faculté qui l'entraîna même parfois, à son insu, dans de visibles réminiscences, — se prêtait à merveille aux diverses transformations que lui suggérait sa fantaisie. Aussi son œuvre présente-t-elle un curieux mélange de productions variées, très opposées de style et de goût de composition : son *Amyntas*, ouvrage incroyable de la part d'un jeune homme, offre dans son ensemble et à l'aspect un caractère tout *poussinesque* de simplicité et de poésie; le *Marat dans sa baignoire* se ressent des études faites en compagnie de David; l'*Histoire de la Vierge*, dans le chœur de la Daurade, et les tableaux de la Dalbade sont empreints du style de divers maitres italiens et dénotent une sérieuse préoccupation de la ligne, poussée même jusqu'à la sécheresse et la raideur dans le jet des draperies; le *Paralytique*, expression touchante et vraie d'une douleur sincère et navrante, est conçu et exécuté à l'instar des compositions sentimentales de **Greuze** et dans le goût de ses arrangements; la *Communion du duc d'Angoulême*, d'un rendu et d'un soin minutieux dans les détails, ses peintures décoratives, ses portraits, ses croquis et charges, sont donc des œuvres de la plus grande variété. Mais cette variété même semblerait annoncer un manque de conviction et de foi chez l'artiste, une incertitude dans la voie à suivre et l'absence de cette persévérance qui fait la force des talents de premier ordre.

## 298 *Le tombeau d'Amyntas.*

Toile. — H. 0ᵐ 72. — L. 0ᵐ 96.

Dans un paysage de style arcadique, une jeune femme est assise sur un banc de pierre, un bras appuyé sur un vase de grès. Elle raconte à deux bergers, qui se reposent à l'ombre d'un bouquet d'arbres, l'histoire touchante du berger Amyntas, dont le tombeau, placé derrière elle, s'élève au bord d'une source d'eau limpide et porte cette inscription : *Ici reposent les cendres d'Amyntas.*

Donné au Musée par l'auteur.

## 299   *La communion du duc d'Angoulême* (1823).

Toile. — H. 2^m 16. — L. 2^m 61.

M^gr le cardinal de Clermont-Tonnerre, assisté de deux chanoines à genoux, célèbre une messe basse au grand-autel du chœur de la cathédrale Saint-Etienne, à Toulouse. Des moines de différents ordres sont agenouillés de chaque côté de l'autel, sur les marches duquel se trouve un acolyte, un bougeoir à la main. Le duc d'Angoulême, debout au milieu du sanctuaire, remet son épée à un aide-de-camp et s'avance vers l'autel pour recevoir la communion des mains du prélat. Un officier, un genou à terre, tient déjà la nappe de communion. On voit, derrière le prince, son fauteuil et son prie-Dieu, de chaque côté duquel sont deux chanoines en prières. Deux autres prêtres, également à genoux, occupent le coin de droite du tableau. On remarque derrière la balustrade du sanctuaire le préfet du département, le maire de Toulouse, le général commandant la division, plusieurs magistrats et les officiers de la suite du duc. Le suisse de la paroisse est debout au milieu d'eux, la hallebarde à la main. Plusieurs personnages occupent la tribune du chœur, dont on distingue à l'arrière-plan les grilles et les boiseries. Enfin on aperçoit au fond les voûtes et les croisées à vitraux peints des chapelles latérales. — Signé : *J. Roques 1829.*

## 300   *Bergers de la vallée de Campan.*

Toile, forme ronde. — Diamètre : 0^m 78.

Ils sont effrayés par l'orage. Le berger vu de dos et

la tête en profil, coiffé d'un bonnet de laine brun, lève les yeux vers le ciel et semble implorer la protection divine. Une peau d'agneau est passée sur son épaule. La bergère, résistant avec peine à la violence du vent, se serre dans la cape blanche qui lui enveloppe la tête et les épaules. — Signé : *J^h Roques 1835.*

Ce tableau, qui figurait à l'exposition du Capitole en 1835, valut une médaille d'or à son auteur et fut acquis par la ville.

# 301 *Portrait de la mère de l'auteur.*

### Toile. — H. 0^m 49. — L. 0^m 38.

M^me Roques, représentée de face et à mi-jambes, est assise auprès d'une table sur laquelle est déposé un panier d'osier. Elle est vêtue d'une robe jaunâtre; ses deux mains, croisées l'une sur l'autre, reposent négligemment sur un tablier rouge à carreaux bleus. Une mante d'indienne lilas, à pois rouges, couvre sa tête et retombe sur les épaules, laissant apercevoir sa coiffe et son fichu blancs. La simplicité de ce costume porté par une humble femme dont l'âge commande le respect et dont les traits annoncent les vertus privées, ajoute au naturel de ce petit portrait, que l'auteur a rendu avec toute la réalité résultant d'un élan spontané de tendresse filiale.

Donné au Musée par l'auteur.

# 5ᵐᵉ PARTIE.

## ÉCOLE FRANÇAISE MODERNE.

—

Cette partie comprend les artistes français qui, depuis **David**, ont fleuri pendant ce siècle. Ceux qui sont morts de nos jours ont été l'objet de tant d'articles divers dans de nombreuses publications périodiques ou artistiques, que nous n'entrerons pas dans de longs détails biographiques à leur égard. Quant aux artistes vivants, nous suivrons l'usage établi et nous nous abstiendrons de toute appréciation.


**ANTIGNA** (Jean-Pierre-Alexandre), *peintre d'histoire et de genre, né en 1818 à Orléans ; élève de* **Paul Delaroche**.

Médaille de 3ᵉ classe (histoire) 1847 et 1855. — Méd. 2ᵉ cl. 1848. — Méd. de 1ʳᵉ cl. 1851. — Décoré en 1861. — *Résidant à Paris.*


## 502  *Halte forcée.*

Toile. — H. 1ᵐ 40. — L. 2ᵐ 04.

Dans une misérable carriole attelée d'un cheval plus misérable encore, voyageait une pauvre famille, au plus fort d'un hiver rigoureux, à travers une campagne blanchie par la neige et sous un ciel gris, froid et brumeux qui dérobait à la vue les objets les plus rapprochés. Succombant à la fatigue et à la faim, le vieil animal vient de tomber raide mort sur le sol. Frappé de terreur par ce fatal évènement, le chef de la famille, assis sur le brancard, reste morne, pensif, et comme anéanti sous le poids de sa douleur. Comment continuer une route déjà si pénible avec une femme, six enfants et un vieux père infirme, lorsque tout vient à leur manquer à la fois !..... Ne songeant qu'à se réchauffer, trois des pauvres petits font tous leurs efforts pour enflammer quelques branches mortes amassées à grand'peine. Un quatrième, transi de froid, se presse contre sa mère qui, droite, immobile, l'œil sec, l'air sombre, serre convulsivement entre ses bras un enfant encore au maillot. Enfin, et ce n'est pas l'épisode le moins touchant, nous voyons un des petits garçons tirer avec précaution une méchante toile, fixée à l'entrée du véhicule, afin de garantir du froid son vieux grand-père qui grelotte à l'intérieur. Hélas ! que vont-ils devenir tous, si le Dieu de miséricorde ne vient à leur secours !..... — Signé : *A. Antigna.*

Acquis par la ville à l'exposition de Toulouse en 1858.

**BERTIN** (Jean-Victor), *peintre de paysage historique, né à Paris le 20 mars 1775, mort le 11 juin 1842 ; élève de* **Valenciennes.**

Bertin adopta, comme son maître, le genre du paysage historique, et, comme son maître aussi, il se distingua dans l'enseignement en ouvrant un atelier, d'où sont sortis **Boisselier, Michallon, Remond, Coignet, Enfantin, Corot, Roqueplan,** etc..... — Ses travaux et les succès de son école attirèrent l'attention du Gouvernement, et contribuèrent sans doute à la création d'un nouveau prix de Rome pour le paysage historique. Jusqu'à la mort de Bertin, ses élèves remportèrent le grand-prix, hormis deux fois seulement. Il obtint une médaille d'or de 1re classe au Salon de 1808, et fut nommé en 1817 membre de la Légion-d'Honneur.

## 505 *Paysage historique.*

Toile. — H. 1m 14. — L. 1m 60.

Dans une charmante vallée de la Grèce, arrosée par l'Eurotas et bornée, d'un côté, par les montagnes du Taygète, et de l'autre par un bois touffu, les habitants du pays se rendent sur les bords du fleuve pour prendre part aux jeux et assister à la fête qu'on y célèbre en l'honneur de Bacchus, dont on voit le temple, à droite, sur un monticule élevé. — Signé : *Bertin 1830.*

Ce tableau, commandé en 1830 par le ministre des travaux publics, a été exposé au Louvre en 1831, et envoyé au musée de Toulouse, en 1833, par le Gouvernement.

**BESSON** (FAUSTIN), *peintre de genre et de portraits, né à Dôle (Jura); élève de MM.* **Adolphe Brune, Decamps** *et* **Gigoux**. — *Résidant à Paris.*

## 504 *Enfance de Grétry.*

Toile. — H. 1m 98. — L. 3m 97.

Une société aussi nombreuse que brillante se trouve réunie ce jour-là sous les voûtes riantes et vertes des grands arbres qui s'élèvent devant la maisonnette de Noé Grétry, marchand de vins. De jeunes et gais convives des deux sexes sont attablés, à droite, sous ces frais ombrages, et se livrent, sans réserve ni contrainte, au plaisir de la bonne chère. On distingue parmi eux quelques uniformes et quelques tricornes galonnés d'or de Messieurs de la Maison du Roi. La table est chargée de vins et de mets. On touche à la fin du repas. Déjà les joyeux quolibets et les piquants propos circulent et se croisent ; les hommes deviennent entreprenants, les femmes sont charmantes. Tout annonce que, malgré l'œil vigilant de la Loi représentée par un ou deux gardes-champêtres à la mine sévère, beaucoup de têtes et plus d'un cœur sont en danger de perdre la raison. — Plus loin, c'est une réunion d'amateurs de la danse qui s'en donnent à cœur-joie aux accords peu harmonieux d'un orchestre rustique. Partout, de ce côté, on entend de bruyants ébats et le tumulte de la fête. — A gauche, la scène est beaucoup plus calme. De jeunes villageoises, parées de leurs plus beaux atours — car elles sont de noce — débitent quelques petites malices au moment où un brillant jeune homme vient offrir un bouquet à l'une d'elles. — Au centre de la composition l'heureux aubergiste et sa femme présentent leur jeune fils, déjà violoniste habile, à son oncle le curé. Celui-ci, frappé de ce précoce talent et redoutant pour l'enfant les conséquences d'un entourage quelque peu égrillard, ne peut retenir ces paroles : « *Ah! mon cher enfant, dans quel enfer vous vivez!.....* » — Signé : FAUSTIN-. BESSON 1857.

Les biographes ne disent rien de cette particularité de la jeunesse de Grétry. M. Besson a tiré son sujet d'un récit fictif de M. Arsène Houssaye.

Exposé au Salon de 1857, et donné par l'Empereur en 1858.

**BISSON** (Jacques-François), *peintre de nature morte, né à Paris, y résidant; élève de MM.* **Jadin** *et* **Ph. Rousseau**.

## 505   *Nature morte.*

Bois. — H. 0^m 32. — L. 0^m 22.

Un lièvre, un canard sauvage, une hure de sanglier, une bouteille, un cor de chasse, déposés sur un banc de marbre attenant à un mur où sont suspendus une carnassière, une poire à poudre et une perdrix. — Signé : F. *Bisson 1850.*

Envoyé par le Gouvernement en 1852.

**BLANCHARD** (M^lle Constance), *peintre d'histoire et de portrait, née à Paris.*

A exposé de 1822 à 1838. Elle a obtenu une méd. d'encouragement en 1824.

## 506   *Héroïsme des femmes grecques.*

Toile. — H. 3^m 60. — L. 4^m 00.

Se voyant poursuivies par les Turcs qui ont massacré leurs époux et leurs pères, elles se sont réfugiées sur un rocher, et, embrassant le signe de la Rédemption, elles prennent la résolution de se précipiter dans les flots avec leurs enfants. — Signé : *Constance Blanchard 1838.*

Ce tableau, commandé par le ministre de l'intérieur fut exposé au Salon de 1838 et envoyé au Musée par le Gouvernement.

**BLONDEL** (Merry-Joseph), *peintre d'histoire, né à Paris en 1781, mort en 1853 (?); élève de* **Regnault.**

Blondel a exposé régulièrement aux Salons, depuis 1812, des tableaux qui ont été très appréciés de son vivant. Ses travaux les plus importants sont ses plafonds au Louvre, au Conseil-d'Etat, ses peintures de la galerie de Diane à Fontainebleau, et ses grisailles du palais de la Bourse. En 1803, il remporta le grand-prix de peinture; en 1816, il obtint au Salon la grande médaille d'or; en 1824, il fut nommé membre de la Légion-d'Honneur. Plus tard, il a été élu membre de l'Institut.

# 507 *Mort de Louis XII surnommé le Père du Peuple.*

Toile. — H. 3ᵐ 20. — L. 3ᵐ 85.

Sentant approcher sa dernière heure, ce bon roi fait venir l'héritier de son trône, François Iᵉʳ, et lui donne sa bénédiction en présence du chevalier Bayard et du sire de la Trémouille. Etienne Poncher, évêque de Paris, soutient le monarque et l'aide à poser sa main défaillante sur la tête du jeune prince. Le peuple, suivant l'usage du temps, pénètre près du lit de son souverain et témoigne ses regrets sur la perte qu'il va faire. — Signé : *Blondel 1817.*

Ce tableau, commandé par le Gouvernement, a fait partie de l'exposition du Louvre en 1817.

Il a été gravé dans le *Salon de* 1817, par Landon, pl. 5.

Donné au musée de Toulouse par le Gouvernement.

**BOILLY** (Eugène), *peintre d'histoire et de genre,
né à Toulouse, y résidant; élève de M.* **Léon
Cogniet.**

## 508  *Le Christ mort sur la croix.*

Toile. — H. 1ᵐ 60. — L. 1ᵐ23.

Marie-Madeleine, affaissée au pied de la croix, se
soulève sur les mains et jette un dernier regard sur
le Sauveur qui vient de rendre le dernier soupir. La
sainte Viergé, succombant à sa profonde douleur, tombe
évanouie dans les bras de saint Jean et de Marie, mère
de Jacques. A droite, dans le fond, quelques disciples,
Joseph d'Arimathie et Nicodème s'avancent pour détacher de la croix le corps du divin Rédempteur. Le ciel
est sombre et orageux. — Signé : *E. Boilly 1863.*

Exposé au Salon de 1863 et donné par l'Empereur.

**BOISFREMONT** (Charles de), *naissance inconnue, mort en 1838.*

Page de Louis XVI et chevalier de Malte, il émigra en Amérique
lorsque la Révolution éclata. Forcé par nécessité de se créer un état,
il apprit de lui-même la peinture. De retour à Paris, il exposa au Salon
de 1810 la *Clémence de l'Empereur envers le prince de Hatzfeld,*
tableau acheté par l'Empereur et exécuté en tapisserie aux Gobelins.
En 1812, il fit paraître *Virgile lisant son Enéide,* tableau qui était
placé, sous l'Empire, dans la grande salle d'Audience, aux Tuileries.

## 509  *Ulysse et Pénélope.*

Toile. — H. 2ᵐ50. — L. 3ᵐ10.

De retour dans ses foyers, Ulysse veut éprouver les
sentiments de Pénélope en lui racontant ses aventures
sans se faire connaître. Pénélope verse des larmes au
récit des malheurs d'un époux qu'elle n'espère plus

revoir. A côté de la reine d'Ithaque, on voit l'esclave Eurynome qui prête à ce récit une oreille attentive.

Ce tableau commandé et envoyé à Toulouse par le ministre de l'intérieur, a fait partie de l'exposition du Louvre en 1819.
Il est gravé dans le *Salon de 1819*, par Landon, T. I, pl. 46.

**BONVIN** (FRANÇOIS), *peintre de genre, né à Vaugirard (Seine) le 22 septembre 1817.*

Méd. 3ᵉ cl. (genre) 1849. — Méd. 2ᵉ cl. 1851. — *Résidant à Paris.*

**510** *Une forge au Tréport (Seine-Inférieure).*

Toile. — H. 0ᵐ 92. — L. 0ᵐ 62.

Dans un atelier de forge, très faiblement éclairé, un ouvrier est en train de chauffer une pièce de fer; son aide fait aller le soufflet; un apprenti verse un sceau d'eau dans un baquet. — Signé : *Fˢ Bonvin 1857.*

Exposé au Salon de 1857 et donné par l'Empereur la même année.

**BOULANGER** (CLÉMENT), *peintre d'histoire, né à Paris en 1806, mort à Magnésie, sur les bords du Méandre en Asie-Mineure, le 29 septembre 1842.*

Après avoir longtemps voyagé en Italie, Boulanger se distingua aux diverses expositions du Louvre depuis 1827, et a tenu un rang à part dans l'armée des novateurs qui s'insurgèrent contre les doctrines de l'école de David. — Il a obtenu une médaille en 1827.

**511** *Procession de la Gargouille.*

Toile. — H. 3ᵐ 20. — L. 2ᵐ 27.

Saint Romain, évêque de Rouen, ayant, avec l'aide d'un prisonnier, tué un monstre appelé gargouille qui désolait la contrée, le clergé de cette ville avait, depuis cette époque, le privilége de délivrer tous les ans un ou plusieurs condamnés à mort.

Le peintre a saisi le moment où le chapître et toutes les confréries sortent processionnellement de la tour de Saint-Romain, emmenant les prisonniers pour les rendre à leurs familles lorsque ceux-ci, après l'exhortation d'un magistrat, auront soulevé trois fois sur leurs épaules la châsse vénérée de saint Romain. On voit, en effet, deux prisonniers accomplir ces formalités au premier étage de la tour, tandis qu'un troisième, au bas de l'escalier, est entouré de quatre jeunes filles qui le conduisent par une guirlande de·fleurs, échangée contre ses chaînes. Une foule nombreuse se presse de toutes parts sur le passage de la procession. — Signé : *Clément Boulanger*.

Ce tableau, exposé au Louvre en 1837, a été envoyé, la même année, par le Gouvernement.


**BOULANGER** (Louis), *peintre d'histoire, né de parents français à Verceil (Piémont), le 11 mars 1806; élève de* **Lethière** *et de* **Achille Devéria**.

Méd. de 2me cl. 1827. — Méd. de 1re cl. 1836. — Décoré en 1840. *Résidant à Paris.*


## 312 *Trois Amours poétiques.*

Toile. — H. 2m 61. — L. 1m 70.

Au centre du tableau, Béatrix est assise sur un siége élevé, au pied duquel sont placés, à droite, Orsolina, et à gauche, Laure. Au-dessus d'elles, trois Génies aîlés soutiennent chacun dans leurs mains un cartouche portant le nom du poète qu'elles ont inspiré : *Dante, Ariosto, Petrarca.* — Signé : LOUIS BOULANGER.

Exposé au Louvre en 1840 et envoyé, la même année, par le Gouvernement.

**BRASCASSAT** (Jacques-Raymond), *peintre de paysages et d'animaux, né à Bordeaux le 30 avril 1804 ; élève de* **Théodore Richard** *et de* **Hersent.**

2ᵉ grand-prix de paysage historique en 1825 : *Chasse de Méléagre.* — Médaille de 2ᵉ cl. 1827. — Médaille de 1ʳᵉ cl. en 1831. — Décoré en 1837. — Membre de l'Institut en 1846, en remplacement de Bidault. — *Résidant à Paris.*

# 313   *La Sorcière.*

Toile. — H. 0ᵐ 79. — L. 1ᵐ 00.

Auprès de la cheminée d'une espèce de laboratoire fantastique, couverte en partie par une grande draperie bariolée de vives couleurs, une vieille femme à la face terreuse et ridée compose dans un réchaud des préparations magiques. Sa main desséchée repose sur un grimoire chargé de figures cabalistiques. Un crâne de bœuf, pourvu de ses cornes, est placé sur un vieux caisson au milieu de l'âtre ; d'autres crânes d'animaux sont dispersés çà et là ; des serpents et de vieux ossements bouillent dans un chaudron. Aux pieds de la sorcière sont des cartes et un cercle magique sur lequel on lit le nom de JACQUES BRASCASSAT.

Cette peinture doit être considérée comme une fantaisie de l'artiste, dont nous ne connaissons que des paysages ou des compositions d'animaux. Il aura choisi ce sujet bizarre, et en dehors de son genre, comme prêtant à l'effet et à la couleur.

Ce tableau qui figurait à l'exposition du Capitole en 1835, valut à son auteur le rappel de la médaille d'or obtenue à Paris. Il a été acheté par la ville.

**CHARDIN** (Gabriel-Gervais), *peintre de paysages, né à Paris, y résidant ; élève de M.* **Troyon.**

# 314   *Pâturage.*

Toile. — H. 1ᵐ 54. — L. 2ᵐ 20.

Dans la vaste clairière d'une forêt, un grand nombre

de vaches et de bœufs paissent ou se reposent à l'ombre de trois vieux chênes. Au centre, en premier plan, trois de ces animaux sont entrés pour se désaltérer dans une mare d'eau couverte en partie de roseaux et de hautes herbes et baignant le pied d'un hêtre séculaire. — Signé : *Gabriel Chardin.*

Donné par l'Empereur en 1856.

**COIGNET** (Jules-Louis-Philippe), *peintre de paysages, né à Paris en 1798, élève de* **V. Bertin.**

Médaille de 2ᵉ cl. 1824 et 1848. — Décoré en 1836. — *Résidant à Paris.*

On doit à cet artiste un grand nombre de vues et de paysages faits d'après nature en Italie, en Sicile, et dans diverses parties de la France. On a de lui un album de 60 planches : *Vues pittoresques de l'Italie* (1826, grand in-folio) et un *Cours complet de paysage.*

## 515  *Ruines de Balbeck.*

Toile. — H. 0ᵐ 94 — L. 1ᵐ 60.

Une grande partie de cette vue est occupée par les ruines de cette ancienne et belle ville de Syrie. Un soleil ardent darde ses rayons sur ces antiques murailles, et leur imprime un ton chaud et doré qui indique un climat constamment brûlant. Quelques habitants du pays, des Turks, des Arabes, sont arrêtés au milieu de ces ruines. A droite, s'élève un bouquet de grands arbres qui projettent leur ombrage sur les constructions d'une citerne, dont les eaux se répandent sur le terrain du premier plan. — Signé : *J. Coignet.*

Exposé au Salon du Louvre et envoyé en 1846 par le Gouvernement.

**COUTURE** (Thomas), *peintre d'histoire, né à Senlis le 21 décembre 1815 ; élève de* **Gros** *et de* **Paul Delaroche.**

Méd. 3ᵉ cl. (genre historique) 1844. — Méd. 1ʳᵉ cl. (histoire) 1847. — Décoré en 1848. — *Résidant à Paris.*

# 316  *L'amour de l'or.*

Toile. — H. 1<sup>m</sup> 54. — L. 1<sup>m</sup> 88.

Un avare, accoudé sur une table couverte d'or, d'argent et de bijoux, demeure insensible à l'attrait des plaisirs du cœur, de l'esprit et des sens qui s'offrent à lui sous des formes diverses. Plein de défiance et d'humeur jalouse, il couvre ses richesses de son corps et de ses mains crispées. Debout derrière lui, le démon de l'Avarice se rit de ces vaines tentatives. — Signé : *Th<sup>as</sup> Couture 1844.*

Exposé au Salon du Louvre en 1844 et envoyé, la même année, par le Gouvernement.

**DELACROIX** (Eugène), *peintre d'histoire, né à Charenton-Saint-Maurice, près Paris, le 26 avril 1799, mort à Paris le 13 août 1863; élève de* **Guerin**.

Il entra à 18 ans dans l'atelier de **Guerin**, et, chose étrange ! c'est de cette école classique entre toutes que devait surgir trois hommes qui s'efforcèrent de remplacer les traditions du classique de l'école de **David** par des doctrines nouvelles désignées sous le nom de romantisme, et dont les représentants furent **Géricault**, **Ary Scheffer** et Eugène Delacroix. Lorsque ce dernier exposa, en 1822, le *Dante et Virgile,* et en 1824 le *Massacre de Scio,* le mouvement romantique était dans sa première ferveur, et l'apparition de ces deux tableaux lui attira autant de dénigrements passionnés que d'admirations fanatiques. Ils avaient été exécutés sous l'influence directe de l'auteur de la *Méduse,* et, malgré leur date, ils présentent déjà au plus haut degré les qualités qui par la suite ont distingué toutes les œuvres de Delacroix, quelle que soit la diversité des sujets. C'est dans les importantes peintures murales dont il a décoré quelques églises et quelques palais, qu'il a particulièrement montré la fertilité, la souplesse de son esprit et les ressources de sa merveilleuse palette. Ses peintures du palais législatif, du Luxembourg, du plafond d'Apollon au Louvre, offrent des conceptions grandioses et des beautés de premier ordre. Delacroix obtint une médaille de 2<sup>e</sup> cl. en 1824, de 1<sup>re</sup> cl. en 1848, et la grande médaille d'honneur en 1855. Il a été nommé chevalier de la Légion-d'Honneur en 1831, officier en 1846, et commandeur en 1855. Il succéda à **Paul Delaroche** à l'Institut, en 1857.

**517** *Muley-Abd-err-Rahmann, sultan du Maroc, entouré de sa garde et de ses officiers* (mars 1832).

Toile. — H. 3ᵐ 77. — L. 3ᵐ 40.

A la nouvelle de l'arrivée des envoyés français, le sultan du Maroc vient de sortir des portes de Mequinez, dont les murs d'enceinte occupent le fond de la composition. A la droite du prince, sont deux de ses ministres; le plus rapproché de lui est *Muchtar*, son favori; l'autre, l'*Amyn-Bias*, administrateur de la douane. Celui que l'on voit en profil, tout-à-fait en avant du tableau, est le kaïd *Moammed-Ben-Abou*, l'un des chefs militaires les plus considérés. L'empereur, dont les traits, remarquablement bronzés, sont empreints de tous les caractères de sa race, porte un chapelet de nacre roulé autour de son bras; il est monté sur un cheval gris-pommelé. A sa gauche, est un page chargé d'agiter une écharpe pour chasser les insectes, et, derrière lui, un esclave tenant un parasol. Ce groupe est entouré d'une haie de soldats sous les armes. — Signé : *Eug. Delacroix 1845*.

Exposé au Louvre en 1845 et envoyé, la même année, par le Gouvernement.

**DIAZ DE LA PENA** (Narcisse-Virgile), *peintre de genre, né à Bordeaux au mois d'août 1809.*

Méd. 3ᵉ cl. (genre) 1844. — Méd. 2ᵉ cl. 1846. — Méd. 1ʳᵉ cl. 1848. — Décoré en 1851. — *Résidant à Paris.*

**318** *Nymphes et Amours.*

Bois. — H. 0ᵐ 23. — L. 0ᵐ 34.

Des Nymphes demi-nues, de folâtres Amours, quelques fleurs jetées sur la pelouse, un fond de verdure, une nappe d'eau dans le lointain, voilà le motif de ce gracieux petit tableau. — Signé : *N. Diaz.*

Acquis par la ville à l'exposition des Beaux-Arts de Toulouse, en 1858.


**DUSTON** (Benjamin), *peintre de paysages, né à Toulouse ; élève de MM.* **Steuben** *et* **Rémond.** *— Résidant à Toulouse et à Lavaur.*


## 519   *Souvenir du lac d'Albano.*

### Toile. — H. 0ᵐ 98. — L. 1ᵐ 37.

La partie de ce lac pittoresque représentée dans ce tableau est encadrée d'un terrain en talus parsemé de rochers. Un pêcheur, dans sa barque engagée dans les roseaux, s'apprête à jeter ses filets, tandis qu'un autre, à quelque distance, s'éloigne de la barque, portant ses engins sur l'épaule. Un bouquet d'arbres touffus s'élève au-dessus de la masse de rochers qui est à gauche, et surplombe les eaux qu'il couvre de son ombrage. — Signé : *B. Duston.*

Ce tableau figurait à l'exposition de l'Union Artistique à Toulouse en 1862, et a été acheté par la ville.


**DUVEAU** (Louis-Noel), *peintre d'histoire, né à Saint-Malo en 1818 ; élève de M.* **Léon Coignet.**

Méd. 3ᵉ cl. (histoire) 1846. — Méd. 2ᵉ cl. 1848. — *Résidant à Paris.*


## 520   *Déposition du doge Foscari (1457).*

### Toile. — H. 3ᵐ 25. — L. 2ᵐ 50.

Le vieux doge Foscari, après avoir administré pendant trente-cinq ans la république de Venise, vient de recevoir le décret de sa déposition. Appuyé sur son frère et sur sa belle-fille, sa béquille à la main, il descend lentement l'escalier des Géants, par où il était monté au pouvoir. Remettant à J. Lorenzo, qui lui a notifié le décret, l'anneau ducal, insigne de sa dignité, il dit : « *Mes services m'avaient appelé dans ce palais, la malice de mes ennemis m'en fait sortir.* » Un grand nombre de gens du peuple garnissent l'escalier et considèrent avec émotion cette scène imposante. — Signé : *Louis Duveau. 1850.*

Exposé au Salon de 1850 et envoyé par le Gouvernement en 1851.


**FAURÉ** (Léon), *peintre d'histoire et de genre, né à Toulouse ; élève de l'école des Beaux-Arts de cette ville et de* **E. Delacroix**. — *Résidant à Paris.*


**521**  *Jean Huss devant l'empereur Sigismond (1414).*

Toile. — H. 1ᵐ 51. — L. 1ᵐ 05.

L'empereur, revêtu des insignes de sa dignité, est assis dans un fauteuil et préside le concile de Constance, dont les membres sont rangés au fond de la salle et à côté de lui. Jean Huss, que le concile vient de condamner à être brûlé vif, est vêtu d'une robe noire ; il s'avance fièrement vers l'empereur et lui dit : « *J'étais venu ici avec un sauf-conduit que vous m'aviez donné, et vous me laissez condamner !* » L'empereur baisse la tête et rougit. Dans l'angle de gauche du tableau, vu à mi-jambes, un hallebardier, couvert de sa cuirasse, regarde l'hérésiarque que lui désigne un moine placé derrière lui. — Signé : *Léon Fauré 1861.*

Exposé au Salon de Paris en 1861, à l'exposition de l'Union Artistique à Toulouse en 1862, et acheté par la ville.

**GAILLAN** (M<sup>lle</sup> EUGÉNIE), *résidait à Bayonne en 1835.*

## 522 *Les mendiants espagnols.*

Toile. — H. 1<sup>m</sup> 16. — L. 0<sup>m</sup> 98.

Deux pauvres orphelins espagnols demandent l'aumône. L'aîné, coiffé d'un bonnet catalan et enveloppé dans une couverture à carreaux, tient son chapeau à la main. Le plus jeune, qui est estropié, a le bras soutenu à l'aide d'une tresse de paille.

Ce tableau, qui a fait partie de l'exposition toulousaine en 1835, valut à son auteur une médaille d'or.

**GARIPUY** (JULES), *peintre d'histoire, né à Toulouse, conservateur du Musée et professeur à l'école des Beaux-Arts; élève de cette école et de* **Delacroix**.

## 525 *Départ d'Attila après le sac d'Aquilée.*

Toile. — II. 2<sup>m</sup> 48. — L. 4<sup>m</sup> 03.

Irrité par une résistance opiniâtre qui l'a retenu trois mois sous les murs d'Aquilée, Attila vient de faire peser le poids de sa terrible colère sur la malheureuse ville, qui n'offre plus qu'un triste monceau de ruines et de cendres. Le roi des Huns, représenté fidèlement d'après le portrait laissé par les historiens, est couvert d'un manteau rouge et s'avance, monté sur un cheval noir, abandonnant la ville saccagée et rêvant de nouvelles conquêtes, de nouveaux triomphes. Il est à la tête de sa formidable armée, — amalgame bizarre des nations les plus barbares, venues des quatre coins de l'Europe dans un même but d'avidité et de destruction.

Contrastant avec cette foule innombrable de farouches
guerriers, un groupe de jeunes captives, plongées dans
toute l'amertume de leur douleur, s'est arrêté auprès
d'une statue mutilée d'empereur romain, attendant
que les dieux tutélaires des vaincus prennent leur sort
en pitié. — Signé : *J. Garipuy 1857.*

Exposé au Salon de 1857 et acheté la même année par la ville de
Toulouse.

**324**     *Défaite des Ambro-Teutons par
Marius.*

Toile. — H. 2ᵐ 35. — L. 4ᵐ 02.

Les champs de Pourrières (*Campi putridi*), près
d'Aix, en Provence, furent les témoins de cette sanglante tuerie. Marius, debout sur un tertre dominant
la rivière de l'Arc, entouré de ses principaux officiers,
ayant à ses côtés la prophétesse Marthe, contemple
avec orgueil ses légions poursuivant sans pitié cette
œuvre de destruction d'où dépend le salut de Rome.
Le carnage est horrible, la mort frappe partout. Plus
de cent mille combattants restent sur le champ de
bataille. — Signé : *J. Garipuy 1859.*

Commandé par le Ministre de l'intérieur et donné par l'Empereur
en 1861.

**GÉLIBERT** (Paul), *peintre de paysages et d'animaux, né à Laforce (Aude); résidant à Bagnères-
de-Bigorre.*

Méd. 3ᵉ cl. (paysage) 1843.

**325**     *Descente de la montagne* (Hautes-
Pyrénées).

Toile. — H. 1ᵐ 18. — L. 1ᵐ 68.

Sur un chemin pierreux des sommets pyrénéens, les

pâtres de la montagne, à l'approche de l'hiver, descendent avec leur troupeau, au milieu duquel on voit, en premier plan, un âne chargé de hardes et d'un chaudron. L'un de ces pâtres s'est assis sur le gardefou de la route et cherche à ôter une épine de son pied pendant qu'à gauche son camarade boit dans le creux de sa main à une source d'eau vive. — Signé : *Paul Gélibert 1858.*

Exposé au Salon de 1859 et donné par l'Empereur.

**GÉRARD** (François, Baron), *peintre d'histoire et de portraits, né à Rome d'un Français le 4 mai 1770, mort à Paris le 11 janvier 1837.*

Après avoir étudié chez **Pajou**, sculpteur, et chez **Brenet**, peintre de l'Académie, il entra, à l'âge de 16 ans, dans l'atelier de **David**. En 1795, il produisit son *Bélisaire*, qui obtint un très beau succès au Salon. Sa *Psyché* fit tout autant de sensation en 1798. Les portraits qu'il exposa en 1808 mirent le comble à sa réputation en ce genre, et dès lors tous les princes de la famille impériale et les célébrités du temps voulurent être peints de sa main. Mais la *Bataille d'Austerlitz*, commandée par Napoléon et terminée en 1810, fut son ouvrage le plus important de cette époque. Sous la Restauration, son tableau de l'*Entrée d'Henri IV* lui valut d'être nommé premier peintre du roi Louis XVIII, qui le créa baron deux années après. Nous citerons enfin le *Sacre de Charles X* (de 1829), les quatre pendentifs du Panthéon, commandés par le roi Louis-Philippe, et la *Peste de Marseille*, l'un de ses derniers ouvrages. Son élection à l'Institut a été proclamée à l'unanimité. Il était membre de la Légion-d'Honneur depuis la fondation de l'ordre.

## 526 *Portrait de Louis XVIII.*

Toile. — H. 2ᵐ 57. — L. 1ᵐ 80.

Le roi, couvert d'un manteau violet parsemé de fleurs de lis d'or et doublé d'hermine, est assis sur son trône. Il tient le sceptre en main et est entouré de tous les attributs de l'autorité suprême. Un ample rideau de pourpre se relève en forme de dais au-dessus de la tête du monarque, et laisse apercevoir un fond d'architecture d'un style noble, riche et élégant.

Ce tableau a été donné à la ville de Toulouse, après la mort de
Louis XVIII, par M. le marquis de Caraman, qui, lui-même, l'avait
reçu en cadeau de ce monarque en 1817, étant son ambassadeur près
la Cour Impériale et Royale Apostolique. — Gravé dans le *Salon de
1814*, par Landon (Supplément).


**GÉROME** (Jean-Léon), *peintre d'histoire et de
genre, né à Vesoul (Haute-Saône) le 11 mai 1824 ;
élève de* **Paul Delaroche.**

Méd. 3ᵉ cl. (histoire) 1847. — Méd. 2ᵉ cl. 1848 et 1855. — Décoré en
1855. — *Résidant à Paris.*


## 527    *Anacréon, Bacchus et l'Amour.*

Toile. — H. 1ᵐ 34. — L. 2ᵐ 03.

Anacréon pinçant de la lyre, une bacchante assise
au pied d'un bouquet d'arbres, jouant de la flûte à deux
becs, font danser Bacchus et l'Amour. On voit, dans
le fond, une fête bachique.

Exposé en 1848 et envoyé, la même année, par le Gouvernement.


**GIROUX** (André), *peintre de paysages, né à Paris
le 30 avril 1801.*

Premier grand-prix de Rome (paysage historique) 1825. — Méd. 2ᵉ cl.
1822. — Méd. 1ᵉ cl. 1831. — Décoré en 1837. — *Résidant à Paris.*


## 528    *Vue prise aux grottes de Cervara
(catacombes de Rome).*

Toile . — H. 1ᵐ 70 — L. 2ᵐ 43.

De chaque côté de l'arceau taillé dans le roc sous
lequel passe l'ancienne route de Tivoli, on voit l'entrée
des grottes de la Cervara. A quelque distance, deux
femmes s'avancent sur cette route. En premier plan,
un pâtre romain, assis au bord d'un ruisseau, tient sa

cornemuse et garde un troupeau de chèvres. Au-dessus des grottes et de l'arceau, la vue s'étend dans une vaste plaine boisée, terminée par une chaîne de montagnes à l'horizon. — Signé : *Giroux 1832.*

Envoyé par le Gouvernement en 1833.


**GLAIZE** (Auguste-Barthélemy), *peintre d'histoire, né à Montpellier; élève de M.* **E. Devéria**.

Méd. 3e cl. (histoire) 1842. — Méd. 2e cl. 1844, 1848, 1855. — Méd. 1re cl. en 1845. — Décoré en 1855. — *Résidant à Paris.*


**529** *La Mort du Précurseur.*

Toile. — H. 3m 74. — L. 3m 30.

Saint Jean-Baptiste vient d'être décapité dans l'intérieur de son cachot. Le bourreau, vu de dos et presque nu, tient par les cheveux la tête du Précurseur et la dépose dans un plat que lui tend un jeune esclave nègre. Le cadavre du martyr gît aux pieds de l'exécuteur. La féroce Hérodiade et sa fille Salomé, non moins cruelle, ont assisté à la décollation de Jean; mais leur vengeance n'est pas encore assouvie : elles se repaissent de la vue de cette tête sanglante et se disposent à l'emporter pour la présenter à Hérode. La droite et le fond du tableau sont occupés par un soldat et quelques personnages diversement costumés. — Signé : A. GLAIZE 1846.

Ce tableau figura à l'exposition des Beaux-Arts de Toulouse en 1850, et fut acheté par la ville en 1852.


**GROS** (Antoine-Jean, Baron), *peintre d'histoire, né à Paris le 16 mars 1771, mort à Meudon le 26 juin 1835; élève de* **David**.

Fils d'un peintre en miniature de Toulouse, l'auteur des *Pestiférés de Jaffa,* de la *Bataille d'Aboukir,* de la *Bataille d'Eylau,* du *Com-*

*bat des Pyramides, de François I<sup>er</sup> et Charles-Quint visitant les tom-*
*beaux de Saint-Denis*, est, de l'avis de tous les gens impartiaux, le
plus grand coloriste des élèves de David et celui dont l'imagination
fut la plus ardente. Il n'est pas une seule notice sur ce peintre qui
n'ait fait connaitre le *Passage du pont d'Arcole*, le *Départ de
Louis XVIII*, l'*Embarquement de la duchesse d'Angoulême* et les peintures de la coupole de Sainte-Geneviève. Nous renvoyons aux nombreuses publications qui parlent de ces ouvrages, et nous nous bornons à rappeler qu'il fut nommé successivement membre de l'Institut,
conseiller honoraire des Musées royaux, professeur à l'Ecole des
Beaux-Arts, chevalier de Saint-Michel, officier de la Légion-d'Honneur, et créé baron en 1824. David, obligé de s'exiler en 1815, lui
avait confié la direction de son école, qui prit tant d'accroissement
que, de 1816 à 1835, Gros forma plus de quatre cents élèves. A la
suite de tant de triomphes et d'honneurs, Gros, d'une nature élevée
et impressionable, ne sut pas résister aux critiques violentes et sans
réserve suscitées par ses dernières œuvres, surtout par son *Hercule et
Diomède*, et mit fin à ses jours pour ne pas survivre à son talent.


# 550  *Hercule et Diomède.*

### Toile. — H. 4<sup>m</sup> 26. — L. 3<sup>m</sup> 24.

Diomède, roi des Bistones, peuple de Thrace, donnait en pâture à ses chevaux tous les étrangers qui
tombaient entre ses mains. Hercule, saisissant ce monstre sur son char, qu'il renverse et brise, le livre à ses
propres chevaux et le punit ainsi de sa cruauté. — A
la gauche du héros, on remarque, au pied d'un arbre
qui porte les dépouilles des victimes, l'auge dans laquelle Diomède les faisait dévorer. — Signé : *Gros, 1835.*

**Donnée au Musée par M<sup>me</sup> Gros.**

L'histoire de ce tableau est si intimement liée à la triste fin de son
auteur que nous croyons devoir ajouter quelques mots à ce sujet.
Lorsque, après 1830, Gros vit que le réalisme exagéré de l'école
romantique menaçait d'entraîner l'art français dans une voie funeste,
il crut, fort de son talent et de sa réputation, devoir protester contre
ces tendances et entra en lice. Malheureusement, au lieu d'y entrer
avec son propre génie, avec le génie qui avait produit *Jaffa, Aboukir,
Eylau, Charles-Quint,* le véritable père du réalisme moderne, par une
singulière abdication de lui-même, sembla vouloir évoquer l'ombre de
David, son maitre, et répondit à des exagérations par des exagérations contraires. C'était et ce ne pouvait être qu'un mauvais moyen ;
mais il le suivit, et ne produisit plus dès-lors que des sujets mytho-
logiques traités avec le goût et la raideur antique. A l'apparition de

chacune de ces œuvres singulières qui donnaient comme un démenti formel à toute sa vie d'artiste, le flot amer de la critique se soulevait, grossissait et montait. Enfin, lorsque l'*Hercule et Diomède* apparut au Salon, la tempête éclata, fougueuse, violente, passionnée; et après avoir brisé ce grand peintre sans pitié ni merci, elle alla le jeter mourant sur les grèves de Meudon. Aujourd'hui que le calme s'est fait autour de sa mémoire, le moment nous semble venu d'être juste à son égard : si son tableau d'*Hercule* n'est pas à la hauteur de ses plus belles œuvres; s'il offre des défauts assez graves que nous sommes loin de méconnaître; si le coloris en est dans l'ensemble froid et désagréable; si le héros a la raideur exagérée de la forme antique; si la tête fardée et fleurie ressemble plutôt à celle d'un gladiateur attendant les applaudissements du cirque qu'à celle d'un demi-dieu, en revanche le torse, les jambes et les extrémités dénotent un rare savoir et une connaissance profonde de l'anatomie; ils sont dessinés avec une finesse et une perfection dignes des plus belles productions des grandes Ecoles. Cela démontre, une fois de plus, que les hommes qui ont acquis par l'étude et la réflexion une valeur artistique réelle restent toujours grands, même dans leur faiblesse, et que ceux, au contraire, dont la réputation ne repose sur aucune connaissance sérieuse, sur aucun principe solide, malgré les suffrages et les honneurs qu'il plaît à la mode de leur décerner, ne font que décroitre et s'affaiblir insensiblement, sans laisser trace ni souvenir de leur existence.

## 531 *L'Amour, piqué par une abeille, se plaint à Vénus.*

Bois. — H. 0ᵐ 72. — L. 0ᵐ 59.

La déesse est assise sur son char conduit par deux colombes et porté sur un nuage. Elle tient dans ses mains une flèche prise au carquois de son fils qui voltige auprès d'elle et lui désigne du doigt, en riant, une ruche d'abeilles placée dans un bouquet d'arbres. Au-dessus d'eux, trois Zéphirs jouent avec des fleurs ou font de la musique.

Exposé au Salon de 1833, et légué par Mᵐᵉ Gros au musée de Toulouse en 1840.

## 532 *Portrait de Mᵐᵉ Gros.*

Toile. — H. 1ᵐ 16. — L. 0ᵐ 89.

Mᵐᵉ Gros, vêtue d'une robe rouge sans manches, portant un livre à sa main gauche et appuyant la droite sur la rampe d'un escalier, arrive dans l'atelier de son mari, que l'on voit, au fond, occupé à peindre le tableau de *Charles-Quint visitant les tombeaux de Saint-Denis.* Un buste en marbre de David est placé sur un meuble. — Signé : *Gros 1822.*

Légué au Musée par M^me Gros en 1840.


## 333    *Portrait de Gros à vingt ans.*

Toile.— H. 0^m 59. — L. 0^m 48.

Le jeune artiste, vu presque de face, en buste, est coiffé d'un feutre noir recouvrant une longue et abondante chevelure châtain. Il porte un habit vert-olive, un gilet rouge, une cravate blanche et une chemise à jabot.

Ce portrait a été peint pendant que Gros étudiait encore chez **David**. Une touche ferme, incisive, hardie en certains endroits, trahit la présence d'une main plus exercée que celle d'un jeune homme de vingt ans, et l'on pourrait croire que le maitre a retouché le travail de son élève de prédilection. Le portrait est charmant de vérité et de naturel; c'est une juste et naïve interprétation du visage humain. En présence de cette production, tous les artistes, à quelque Ecole qu'ils appartiennent, conviendront que c'est là le vrai *réalisme* dans toute l'acception du mot. — Au moment de quitter Paris pour se rendre en Italie, Gros donna ce portrait, en témoignage d'amitié, à son condisciple Gérard.

Légué au Musée par M^me Gros en 1840.


## 334    *Une vitrine renfermant deux palettes, une palme et une couronne*

Donnés en vertu de l'article du testament de M^me la baronne Gros, dont voici les termes : « Je donne et lègue au musée de la ville de Tou-
« louse, dont Gros est originaire, son tableau de *Vénus et l'Amour,*
« plus *son portrait coiffé d'un chapeau, le mien à mi-corps,* peint par
« lui, *la palette carrée de Jaffa, d'Aboukir, celle très grande de la*
« *coupole de Sainte-Geneviève, la couronne et la palme* déposées par
« les artistes sur le tableau de la *Peste de Jaffa* à l'exposition du
« Louvre, en 1804. »

**GUERMANN-BOHN** (Auguste), *peintre de genre et de portraits, né à Stuttgard.*

Médaille de 3<sup>e</sup> classe 1844. — Méd. 2<sup>e</sup> cl. 1849. — Décoré en 1852. —
Résidant à Paris.

## 335  *Femme du peuple.*

Toile. — H. 1<sup>m</sup>43. — L. 1<sup>m</sup>00

Adossée au pilier d'une église silencieuse et solitaire, une jeune femme du peuple, simplement, mais proprement vêtue, le visage pâle et amaigri, vient, loin du monde et du bruit, confier à Dieu les tourments de son âme. « *Combien d'autres, comme elle, se taisent devant les hommes et pleurent devant Dieu !* » Sa blonde petite fille, debout auprès d'elle, semble déjà participer à ses douleurs ! — Signé : M. Guermann-Bohn 1845.

Exposé au Salon de 1846 et envoyé, la même année, par le Gouvernement.

**GUIZARD** (M<sup>me</sup> DE) *née* CLÉMENCE DUFRESNE, *peintre d'histoire, née à Paris ; y résidant.*

Méd. 3<sup>e</sup> cl. (portrait) 1846.

## 336  *Sainte Affre.*

Toile, cintrée du haut. — H. 1<sup>m</sup>04. — L. 0<sup>m</sup>66.

Vue à mi-corps, vêtue de riches habits, les mains croisées sur la poitrine, les yeux levés vers le ciel, la jeune martyre est adossée au poteau dressé sur son bûcher et offre à Dieu le sacrifice de sa vie. — Signé : *D de Guizard 1852.*

Donné par l'Empereur en 1853.

**HÉDOUIN** (Edmond), *peintre de genre, né à Boulogne-sur-Mer ; élève de* **Paul Delaroche** *et de M.* **Célestin Nanteuil**.

Méd. de 3ᵉ cl. (genre) 1855. — Méd. 2ᵉ cl. 1848. — Rappel 1857. —
*Résidant à Paris.*

## 557  *Femmes à la fontaine.*

Toile. — H. 0ᵐ78. — L. 1ᵐ06.

Dans une forêt de la vallée d'Ossau (Basses-Pyrénées), plusieurs femmes sont venues puiser de l'eau à une fontaine construite sous de grands arbres. Pendant que les unes chargent sur la tête leur cruche pleine, d'autres les remplissent ou attendent leur tour. Dans l'allée de droite, on voit une autre femme qui s'éloigne, emportant sa provision d'eau. — Signé : *Edmond Hédouin 1850.*

Exposé au Salon de 1850 et donné par le Gouvernement en 1851.

**HENNEQUIN** (Philippe-Auguste), *peintre d'histoire, né à Lyon en 1763, mort à Leuze, près Tournay, le 12 mai 1833 ; élève de* **David**.

Après avoir appris les premiers éléments de son art à Lyon, il se rendit à Paris, étudia sous **Taraval, Gois, Brennet**, et entra dans l'atelier de **David**, où il fut bientôt considéré comme un de ses meilleurs élèves. Il remporta le 1ᵉʳ grand-prix et fut envoyé à Rome aux frais du gouvernement. A cette époque, la Révolution française éclata. Hennequin, poursuivi à cause de ses opinions, rentra en France. Incarcéré à son arrivée à Lyon, il eut le bonheur de s'échapper de prison quelques jours avant les journées de septembre et vint se réfugier à Paris. Arrêté de nouveau, il allait être traduit devant la commission du Temple lorsqu'il dut son salut à un ministre protecteur des arts. Rendu à la liberté, il renonça à la politique pour ne plus s'occuper que de son art. C'est alors qu'il fit paraître *Oreste poursuivi par les Furies*, tableau du musée du Louvre. Outre cette composition, il produisit plusieurs autres tableaux très estimés qui ont été exposés aux Salons de 1798, 1799, 1804, 1806 et 1814. Cette même année, il alla habiter Liège, reçut de puissants encouragements du gouvernement des Pays-Bas et du prince d'Orange, et se retira à Tournay, où il dirigea l'Académie de Peinture jusqu'à sa mort.

**558** *Bataille de Quiberon* (juillet 1795).

Toile. — H. 3m 91. — L. 7m 08.

Les émigrés français, reconnaissables à leurs habits blancs, et les volontaires de la Vendée sont enfermés dans la presqu'île de Quiberon par l'armée républicaine et acculés à la mer, sans autre perspective qu'une mort certaine dans les flots ou par les baïonnettes des vainqueurs. Ce n'est plus un champ de bataille, mais une mêlée horrible, un inextricable fouillis d'hommes et de chevaux accumulés dans un espace restreint. A droite, dans l'éloignement, les plus résolus ou les plus compromis des royalistes cherchent, à l'aide de canots, à regagner la flotte anglaise qui les a débarqués quelques jours auparavant, mais qui, par un revirement inexplicable, tire sur eux comme sur les républicains. D'autres, mieux inspirés, entourent le général en chef, Hoche, que l'on voit à cheval, à gauche du tableau, ceint de l'écharpe tricolore et le chapeau orné de plumes aux couleurs nationales; ils lui rendent leurs épées, et le jeune héros, dont la grande âme est touchée par cet affreux désastre, ordonne de cesser le combat. Déjà, son aide-de-camp, monté sur un cheval blanc, fait connaître cet ordre, et l'on remarque auprès de lui un émigré fraternisant avec un républicain. Le premier plan de cette grande composition est semé de blessés, de morts, de mourants... tristes et touchants épisodes d'une guerre fratricide.

Cette composition dénote une imagination vive, et offre de beaux détails, des morceaux bien peints, bien dessinés, des têtes pleines d'expression. On regrette de trouver de la confusion dans l'ensemble, et que l'artiste n'ait pas déployé ici cette vigueur de coloris dont il a fait preuve dans d'autres ouvrages.

Exposé au Louvre au Salon de 1804 et envoyé par le Gouvernement en 1812.

**ISABEY** (Louis-Gabriel-Eugène), *peintre de marines, né à Paris; élève d'Isabey père.*

Méd. 1re cl. (genre et marine) 1824, 1826, 1855. — Chevalier de la Légion-d'Honneur en 1832. — Officier en 1852. — *Résidant à Paris.*

## 339 *Vue du port de Boulogne, prise de la mer.*

Toile. — H. 1m 62. — L. 2m 57.

Une barque chargée de marchandises se dirige à force de rames vers le port de Boulogne; elle pénètre déjà dans l'intervalle des jetées, où la précède un bateau à vapeur. Une autre barque atteint l'extrémité de la jetée de droite, où se dresse le phare, construit sur d'énormes pilotis d'un aspect pittoresque et imposant. Tout le fond est occupé par les falaises qui avoisinent la ville et le port, que l'on aperçoit au centre de la composition. — Signé : *E. Isabey 1843.*

Commandé par le Ministre de l'intérieur, exposé au Salon de 1843, et envoyé par le Gouvernement.

**JOYANT** (Jules), *peintre de paysage et de genre, né à Paris le 16 août 1803, mort en 1854; élève de* **Guillon-Lethière** *et de* **Bidauld**.

Méd. 2e cl. (paysage, intérieur) 1835. — Méd. 1re cl. 1840 et 1848. Décoré en 1852.

On peut en deux mots donner une idée du talent de cet habile paysagiste en rappelant que ses belles vues de Venise lui ont mérité le surnom de **Canaletto français**. Son exécution est irréprochable, et sa couleur grasse et chaude. Ses dessins à la plume et au lavis sont surtout très appréciés et très recherchés des amateurs. Rien ne saurait, en effet, leur être comparé pour la science merveilleuse des lignes, unie à la fougue du premier jet. Ses ouvrages ont figuré aux Salons de 1835 à 1855.

**540** *L'ancien palais des Papes à Avignon.*

Toile. — H. 0ᵐ 91. — L. 1ᵐ 30.

Ce palais occupe la gauche du tableau. Il est situé sur une terrasse élevée, au pied de laquelle on voit une promenade complantée d'arbres et bordée par des maisons particulières que dominent, au fond, les tours de l'Hôtel-de-ville. — Signé : Jˢ. JOYANT 1845.

Exposé à Paris et à Toulouse en 1845 ; acheté par la ville.

**LANGLOIS** (JÉRÔME-MARTIN), *peintre d'histoire, né à Paris le 11 mars 1779, mort le 8 décembre 1838 ; élève de* **David.**

David, qui avait été condisciple du père de Langlois dans l'école de **Vien,** engagea son ancien camarade à lui envoyer son fils à l'atelier. Le jeune homme y fit de si rapides progrès que le maître lui confia bientôt l'ébauche de certaines parties de ses tableaux. En 1805, il remporta le 2ᵉ grand-prix de peinture, et en 1809 le 1ᵉʳ grand-prix, sur le sujet de *Priam aux pieds d'Achille.* Il envoya de Rome son tableau de *Cassandre,* qui produisit, à cette époque, un grand effet. Revenu en France en 1815, il obtint en 1819 la grande médaille d'or pour son tableau d'*Alexandre cédant Campaspe à Apelles,* et reçut la croix de la Légion-d'Honneur en 1822 pour celui de *Diane et Endymion.* Malgré son élection à l'Institut, en 1838, il tomba dans un profond découragement, abattu par la pensée que les doctrines de son maître étaient abandonnées. Il mourut la même année.

**541** *Alexandre et Apelles.*

Toile. — H. 2ᵐ 57. — L. 3ᵐ 18.

Alexandre le Grand, voulant faire peindre par Apelles la belle Campaspe, la fait poser nue devant le célèbre artiste. Placé devant son chevalet, celui-ci s'est déjà saisi de sa palette et de ses pinceaux. Mais, à la vue de tant de charmes, il se trouble et sent une vive passion s'emparer de son cœur. Le monarque, debout auprès de Campaspe, remarque l'émotion de son peintre, en devine la cause, et lui cède généreusement sa maîtresse. —Signé : LANGLOIS. 1819.

Ce tableau, exposé au Salon du Louvre en 1819, valut à son auteur la grande médaille d'or. Il a été envoyé par le Gouvernement en 1820.

**LANGLOIS** (Jean-Charles), *dit* **le Colonel**, *peintre de batailles et auteur de panoramas très estimés, né à Beaumont-en-Auge (Calvados), le 22 juillet 1789; élève de* **Girodet-Trioson**, *de* **Gros** *et d'*** Horace Vernet**.

Méd. 2e cl. (bataille) 1822. — Méd. 1re cl. 1834. — Nommé chevalier de la Légion-d'Honneur en 1823 pour ses services militaires, et officier en 1832. — *Résidant à Paris.*

## 542 *Bataille de Polotsk* (18 août 1812).

Toile. — H. 1m 60. — L. 2m 27.

A la lueur de l'incendie qui dévore les faubourgs de la ville de Polotsk, l'armée française lutte, au premier plan, contre les Russes, qu'elle repousse et culbute dans une charge furieuse à la baïonnette. Nos colonnes d'infanterie débouchent de tous côtés, ayant pour point de direction la ferme de *Prismenitza,* où est situé le quartier général de l'armée ennemie. A cette attaque inattendue, les Russes cèdent le terrain et la victoire reste aux Français. — Signé : *C. Langlois 1840.*

Exposé au Salon de 1838 et envoyé par le Gouvernement.

**LATIL** (Matthieu-François-Vincent), *peintre d'histoire, né à Aix le 8 février 1796; élève de* **Gros**.

Méd. 2e cl. (histoire) 1827. — Méd. 1re cl. 1841. — *Résidant à Paris.*

## 543 *Un jeune voyageur assassiné et dépouillé par des brigands.*

Toile. — H. 3m 55. — L. 2m 96.

« Par un dernier effort, il a cherché à étancher le

sang de ses blessures ; mais c'est en vain, il expire sur
un quartier de rocher. Son chien l'a défendu avec le
courage et la fidélité qui caractérisent cet animal. Blessé
lui-même à mort, il n'a eu que la force de se traîner aux
pieds de son maître pour lui donner sa dernière caresse
et le rendre témoin de son dernier soupir. » (Livret du
Salon de 1831.) — Signé : *Latil 1831*.

Envoyé par le Gouvernement en 1832.


# 344   *Les naufragés.*

Toile. — H. 2ᵐ 58. — L. 2ᵐ 05.

Assis sur un rocher battu par les vagues, un nau-
fragé se livre au désespoir où le plongent son affreuse
position et la perte d'une jeune femme étendue morte
à ses pieds sur les débris du navire. — Signé : *Latil
1841*.

Donné par l'auteur en 1860.


**LATOUR** (Joseph-Pierre-Tancrède), *peintre de
paysage, né à Noé, près de Muret, en 1807, mort à
Toulouse le 1ᵉʳ mars 1863 ; élève de l'Ecole des Arts
de Toulouse.*

Diverses excursions en Espagne, en Hollande et à Paris avaient per-
mis à Latour, artiste actif et laborieux, de réunir une jolie collection
d'études sur nature, de vues pittoresques, et de pochades d'après les
chefs-d'œuvre des grands maîtres. Cette attrayante collection, étalée
sur les murs de son luxueux atelier, en avait fait le rendez-vous habi-
tuel de l'élite de la jeunesse toulousaine. Les tableaux de Latour lui
valurent de constants succès dans les expositions de province, puisque le nombre de médailles décernées à cet artiste ne s'élève pas à
moins de vingt-trois ou vingt-quatre.


# 345   *Le jeu du couteau.*

Toile. — H. 0ᵐ 73. — L. 0ᵐ 92.

Auprès d'une porte d'architecture mauresque, à To-
lède, des Espagnols s'exercent au jeu du couteau. Di-

vers spectateurs, dont deux montés sur des mulets, semblent captivés par l'adresse des joueurs. — Signé : J<sup>ph</sup> *Latour 1858.*

Acquis par la ville à l'exposition des Beaux-Arts de Toulouse en 1858.


**LONG** (Augustin), *peintre d'histoire et de portraits, né à Toulouse ; élève de* **Suau** *père et fils et d'***Eugène Delacroix.**

**346** *Ugolin et ses enfants dans la tour de Gualandini.*

Toile. — H. 2<sup>m</sup> 28. — L. 1<sup>m</sup> 67.

Le 1<sup>er</sup> juillet 1288, Ruggiero de Ulbaldini, archevêque de Pise, s'étant emparé du comte de la Gherardesca et de ses enfants, les fit enfermer dans la tour de Gualandini pour les laisser mourir de faim. Le vieux Ugolin est assis sur un escabeau, en proie au plus affreux désespoir. Déjà l'un de ses enfants est mort à ses pieds ; un autre, au fond, cherche, mais en vain, à ébranler la porte du cachot ; le troisième, assis, la tête appuyée sur ses genoux, se résigne à son malheureux sort, tandis que le quatrième, le plus jeune, agenouillé auprès de son père, les mains déjà crispées par la mort, semble implorer un secours impossible.

Exposé au Salon de 1839 et donné par le Gouvernement.


**MOZIN** (Charles-Louis), *peintre de genre et de marine, né Paris en 1806 ; élève de* **Xavier Leprince.**

Méd. 2<sup>e</sup> cl. (genre et marine) 1831. — Méd. 1<sup>e</sup> cl. 1837. — *Résidant à Paris.*

## 547 *Marine.*

Toile. — H. 0ᵐ 96. — L. 1ᵐ 27.

A l'approche d'un orage qui se forme à l'horizon, des pêcheurs s'empressent d'amener leurs filets à bord de l'embarcation. A gauche, plusieurs navires cinglent en pleine mer, légèrement inclinés sous l'impulsion du vent. — Signé : *C. Mozin.*

**PELEGRY** (Arsène), *peintre de paysage, né à Lisle (Tarn), résidant à Toulouse; élève de MM.* **Saurines** *et* **Richard.**

## 548 *Village au bord d'un lac.*

Toile. — H. 0ᵐ 73. — L. 1ᵐ 00.

Quelques petits châlets bien proprets, bien blancs, groupés à l'entrée d'une gorge, se mirent dans les eaux d'un lac limpide enclavé dans un cirque de hautes montagnes d'un aspect monotone par la couleur et la végétation. Un jeune pâtre est assis, au premier plan, près de rochers qui bordent le lac et sur lequel broutent quelques chèvres. — Signé : *A. Pelegry 1858.*

Ce tableau, qui figurait à l'exposition des Beaux-Arts à Toulouse en 1858, a été acheté par la ville.

## 549 *Une vieille tour à Cordes* (Tarn).

Toile. — H. 0ᵐ 92. — L. 0ᵐ 72.

Dans la rue tortueuse et rapide de la Bouteillerie, à Cordes, s'élève une tour d'un vieux mur d'enceinte, éclairée par le soleil et flanquée de constructions plus modernes. A droite, la rue est bordée d'habitations rurales.

Exposé à Toulouse en 1858 et donné par l'auteur.

**PERRACHON** (André), *né à Lyon; élève de*
*M. **Lepage** et de l'école des Beaux-Arts de Lyon,*
*y résidant.*

## 350    *Nature morte.*

Toile. — H. 1ᵐ 43. — L. 1ᵐ 10.

Un coq et un agneau qui repose sur une table de
cuisine sont suspendus à une cheville plantée dans une
vieille cloison en planches. Il y a encore, sur cette table,
une tranche de citrouille jaune, un choux vert et quelques
pommes dans une corbeille. Dans le fond, à droite, on
voit un lièvre sur un mannequin d'osier, et, sous la
table, un paquet de poireaux et d'autres légumes. —
Signé : *A. Perrachon 1858.*

Acheté par la ville à l'exposition de 1858.


**PILS** (Isidore-Adrien-Auguste), *peintre d'histoire,*
*né à Paris le 19 juillet 1813; élève de M. **Picot**.*

Premier grand-prix de Rome (histoire) 1838. — Méd. 2ᵉ cl. 1846 et
1855. — Méd. 1ᵉ cl. 1857. — Décoré en 1857. — Méd. d'honneur en
1861. — *Résidant à Paris.*


## 351    *La mort d'une sœur de charité.*

Toile. — H. 2ᵐ 41. — L. 3ᵐ 05.

« La mère Saint-Prosper, sœur de charité à l'hôpital Saint-Louis, morte le 30 août 1846, est exposée
dans sa cellule. Les malades de l'hôpital et les pauvres
viennent prier au pied de son lit. » (Livret du Salon
de 1850.) — Signé : *Iʳᵉ Pils 1850.*

Envoyé par le Gouvernement.

**PRÉVOST** (Constantin), *peintre d'histoire, né à Toulouse, y résidant; ancien conservateur du Musée, ancien professeur de peinture à l'Ecole des Beaux-Arts.*

## 552 *Michel-Ange et Jules II.*

Toile. — H. 1<sup>m</sup> 00. — L. 1<sup>m</sup> 36.

A peine arrivé à Bologne, Michel-Ange est conduit devant le fougueux Jules II avec lequel il était brouillé. Le grand artiste s'incline devant le pape, qui, assis sur son siége, entouré de moines, d'évêques et de cardinaux, lui dit avec humeur : « *Au lieu de venir nous trouver, tu as attendu que nous vinssions nous-même.* » Comme Michel-Ange cherche à s'excuser en répondant qu'il n'a pu supporter d'être traité avec si peu d'égards, l'évêque qui l'a introduit croit venir à son aide en disant au pontife de pardonner ces fières paroles, parce que ces hommes-là, en dehors de leur art, sont des ignorants. « *C'est toi qui es l'ignorant,* » réplique le pape avec colère : « *Tu lui dis une grossièreté que nous ne lui disons pas; sors de ma présence.* » Le pauvre évêque, foudroyé, baisse la tête et se tait.

Exposé à Paris et à Toulouse en 1835; acheté par la ville.

## 555 *Deux matelots napolitains.*

Toile. — H. 1<sup>m</sup> 00. — L. 0<sup>m</sup> 75.

Ils sont assis sur un rocher, auprès de leur barque; l'un d'eux est occupé à tatouer le bras de son camarade, qui supporte cette opération avec un calme vraiment stoïque.

Acheté par la ville.

**REGNIER** (Jacques-Augustin), *peintre de paysage, né à Paris en 1787, mort en 1860; élève de* **Victor Bertin**.

Regnier se livra de très bonne heure à la peinture de paysage ; il a exposé au Louvre, pendant plus de quarante ans, un grand nombre de toiles qui décorent les résidences impériales, les musées de province, les églises de la capitale, et qui lui valurent de nombreuses récompenses : une médaille d'or en 1817, une seconde en 1819, la grande médaille d'honneur en 1827, et enfin la décoration en 1837 pour un tableau acheté par la Liste civile et placé à Fontainebleau. Les deux peintures murales qui décorent la chapelle de Saint-Denis, dans l'église Saint-Roch à Paris, lui furent commandées par M. le préfet de la Seine en 1856. Quatre ans plus tard, le pauvre Regnier, triste, oublié, découragé, alla chercher la mort dans les eaux bourbeuses du canal de l'Ourcq, sans que cette triste fin d'un artiste qui avait joui de quelque réputation et qui n'était pas sans talent éveillât le moindre écho dans la presse.

## 354   *Une chartreuse en Auvergne.*

Toile. — H. 1<sup>m</sup> 67. — L. 1<sup>m</sup> 04.

C'est une gorge solitaire, pittoresque et boisée dans les montagnes de l'Auvergne. Un ruisseau la féconde de ses eaux limpides et tombe en nappe blanche, au premier plan, dans un ravin profond. A droite, un moine couché dans l'herbe, au pied d'un rocher à pic, se livre à la méditation des saintes Ecritures. Deux autres causent, à gauche, au bas de l'escalier qui conduit à la porte extérieure du monastère. Un quatrième moine descend de cet escalier. Un vieux pont traverse le ruisseau et donne passage au chemin qui gravit la montagne.

Exposé au Salon du Louvre en 1837 et donné par le Gouvernement.

**RICHARD** (Théodore), *peintre de paysage, né à Milhau ( Aveyron ) le 24 novembre 1782, mort à Toulouse le 11 décembre 1859.*

Issu d'une ancienne famille de robe de Milhau, Richard fit de bonnes études classiques et apprit les principes du paysage chez **Ber-**

tin. Nommé géomètre en chef du cadastre dans le département du Cantal, à l'âge de 20 ans (1802), il remplit ces fonctions dans plusieurs départements, et se trouvait en cette qualité à Bordeaux en 1819 lorsqu'on lui présenta le jeune **Brascassat** qui montrait de grandes aptitudes pour le dessin. Richard se chargea du jeune homme, pour lequel il ne tarda pas à éprouver une affection toute paternelle ; et pour lui transmettre avec plus d'efficacité son propre savoir, il peignait constamment avec lui. Ce travail en commun, en développant leurs goûts et leurs facultés, fit faire à l'un et à l'autre des progrès si rapides que, dès 1823, le maître donna sa démission d'ingénieur pour se consacrer exclusivement à la peinture, et que, bientôt après (1825), l'élève fut à même de concourir pour le grand-prix de Rome. En 1833, Richard vint se fixer à Toulouse. C'est de là qu'il a envoyé aux diverses expositions de Paris et de la province tous ces ouvrages qui lui valurent un nombre considérable dé médailles et la décoration en 1854. — Artiste consciencieux et sincère, nul n'a peint un arbre avec plus d'exactitude : le branchage, le feuillé, l'écorce, sont rendus de manière à en faire reconnaitre l'espèce. Offrant de telles qualités, ses études d'après nature seront toujours très précieuses pour les artistes.

## 555 *Vue du pic du Midi de Pau et de la forêt de Gabas.*

Toile. — H. 1<sup>m</sup> 47. — L. 1<sup>m</sup> 92.

Dans un site pittoresque et sauvage de la partie supérieure de la vallée de Gabas, quatre chasseurs, après avoir tué un ours, que l'on voit étendu sur un brancard, prennent leur repas au pied de quelques vieux pins décharnés placés sur les bords d'un torrent. La vallée est bornée de chaque côté par de hautes montagnes, dont les flancs escarpés sont garnis de sapins. De l'une d'elles, à gauche, descend une cascade ; et l'on aperçoit au fond, à une certaine distance de la forêt, la cîme élevée du pic du Midi de Pau, en partie voilée par de légers nuages. Signé : *T. Richard 1835.*

Envoyé par le Gouvernement en 1835.

## 556 *Les bûcherons.*

Toile. — H. 1<sup>m</sup> 47. — L. 1<sup>m</sup> 92.

Au milieu de la clairière d'une forêt du Rouergue,

plusieurs bûcherons sont occupés à abattre et à scier de vieux chênes. A gauche, un massif d'arbres touffus couvre de son ombrage une cabane rustique. Au second plan, à droite, on voit trois scieurs de long qui débitent des planches. Au fond, dominant la forêt, apparaissent les cîmes d'une chaîne de montagnes. Signé : *T. Richard 1832.*

Exposé au Capitole en 1835 et acquis par la ville.

## 357  *L'abreuvoir.*

Toile. — H. 0<sup>m</sup> 58. — L. 0<sup>m</sup> 47.

Tout en filant sa quenouille, une bergère a conduit un petit troupeau de moutons à un abreuvoir rustique placé au bord d'un chemin, au pied d'un massif de hêtres. Ce chemin, qui longe la lisière d'un bois, est éclairé par le soleil couchant. — Signé : *T. Richard 1829.*

**SARAZIN de BELMONT** (M<sup>lle</sup> LOUISE-JOSÉPHINE), *peintre de paysage, née à Versailles ; élève de* **Valenciennes**.

Cette artiste a commencé à exposer en 1812, et, depuis, elle a envoyé aux Salons un grand nombre de paysages historiques qui lui ont valu une méd. de 2<sup>e</sup> cl. en 1831, une de 1<sup>re</sup> cl. en 1834, et le rappel de la méd. en 1861.

Les quatre tableaux suivants ont été offerts au Musée, en 1859, par M<sup>lle</sup> Sarazin de Belmont, en hommage à la mémoire de M<sup>me</sup> Augustine Dufresne, veuve d'Antoine-Jean Gros. Les vertus que cette dame possédait éminemment, — *la foi, l'espérance, la charité,* — sont exprimées par les figures des trois premiers paysages.

## 358  *Vue de Florence.*

Toile. — H. 1<sup>m</sup> 40. — L. 1<sup>m</sup> 98.

Un cortège funèbre, précédé de plusieurs capucins,

sort de l'église de San-Salvatore, près San-Miniato, d'où est pris le point de vue, et gagne lentement le cimetière par une sombre allée de cyprès. M<sup>me</sup> Gros, agenouillée, les mains jointes, unit ses prières aux chants plaintifs de cette lugubre procession. Le centre de la composition est occupé par la ville de Florence, inondée des feux du couchant et partagée par l'Arno, qui s'étend au loin vers l'horizon. (Le sujet des figures représente *la Foi*).

## 559   *Vue de Rome.*

Toile. — H. 1<sup>m</sup> 40. — L. 1<sup>m</sup> 98.

Elle est prise de la villa Millini, sur le Monte-Mario. De ce point élevé, on découvre la campagne de Rome, au milieu de laquelle se développe la ville éternelle. L'artiste a représenté, au premier plan, M<sup>me</sup> Gros assise sur un banc, auprès d'un terme figurant *l'Espérance.*

## 560   *Vue de Naples.*

Toile. — H. 1<sup>m</sup> 40. — L. 1<sup>m</sup> 98.

M<sup>me</sup> Gros, promenant sur le plateau dénudé du Vomero, près la porte de Pausilippe, d'où est prise cette vue, donne sa bourse à une famille de pauvres Napolitains qu'elle rencontre au pied d'un petit monticule boisé. Toute la gauche du tableau est occupée par la ville de Naples, qui s'étend en amphithéâtre autour du golfe, dont les flots azurés se perdent, à droite, à l'horizon. La mer est éclairée par le soleil. On aperçoit le Vésuve dans le lointain. (Le sujet indique *la Charité.*

## 561   *Vue de Paris.*

Toile. — H. 1<sup>m</sup> 40.— L. 1<sup>m</sup> 98.

Au centre, et un peu à droite de la composition,

s'élève un arbre séculaire protégeant de son ombre le tombeau de la famille Gros, et, plus loin, celui de David. Tout le premier plan est occupé par les monuments funèbres du cimetière du Père-Lachaise, d'où l'on découvre la ville de Paris, éclairée par les dernières lueurs du crépuscule.

## 362    *Vue du couvent de Saint-Savin* (Hautes-Pyrénées).

Toile. — H. 0<sup>m</sup> 65. — L. 1<sup>m</sup> 04.

Ce monastère est construit sur un plateau qui domine la vallée d'Argelès, bordée de hautes montagnes couvertes de neige.

Cette étude, peinte d'après nature et exposée au Salon du Louvre en 1831, a été donnée au Musée par l'auteur.

**SCHOPIN** (Henri-Frédéric), *peintre d'histoire, né à Lubeck le 12 juin 1804, de parents français; élève de* **Gros**.

Premier grand-prix de Rome (histoire) 1831. — Méd. 1<sup>re</sup> cl. 1831. — Décoré en 1854. — *Résidant à Paris.*

La plupart des œuvres de cet artiste ont été reproduites par la gravure et la lithographie.

## 363   *Jacob chez Laban.*

Toile. — H. 3<sup>m</sup> 82. — L. 2<sup>m</sup> 60.

Lia et Rachel sont auprès d'un métier à tisser, la première assise, la seconde debout. Jacob reproche à son oncle Laban d'avoir substitué Lia à Rachel qu'il lui avait promise pour femme. Laban répond que ce n'est pas la coutume dans le pays de marier les filles jeunes avant les aînées: mais que, s'il consent à le servir encore pendant sept autres années, il lui accordera celle qu'il désire, dès que les sept jours de la noce de Lia seront expirés. En entendant cette proposition, que Jacob accepte avec joie, Rachel baisse les yeux et rougit, tandis que Lia, à qui cette préférence ôte tout espoir de bonheur, jette sur son époux un regard qui trahit son dépit et sa douleur.

Envoyé par le Gouvernement en 1840.


**SIEURAC** (Henry), *peintre d'histoire, né à....., mort à Paris en décembre 1863, à l'âge de 40 ans; élève de* **Paul Dalaroche.**

Après avoir fait d'excellentes études à Sorèze, où son père, peintre en miniature, était professeur de dessin, il vint à Toulouse suivre les cours de l'école des Beaux-Arts. En 1847, il partit pour Paris et entra dans l'atelier de **Paul Delaroche.** Le choix de ce maitre dénotait déjà la tendance de son esprit sérieux, porté à chercher le style élevé et les études approfondies. Il exposa, aux Salons de 1857, 1859, 1861 et 1863, diverses compositions qui annonçaient en lui une organisation supérieure et un artiste réservé au plus brillant avenir.


**564** *Renaissance des lettres et des arts.*

Toile. — H. 3ᵐ 68. — L. 2ᵐ 35.

La Science, les Lettres et les Arts, sous la figure symbolique de cinq jeunes femmes assistées de trois Génies ailés, sont groupés auprès d'un monument sur lequel sont gravés les noms de quelques grands hommes. Dans le haut de la composition, plusieurs Génies entourent d'une guirlande de fleurs une espèce de cartouche où on lit : *Philosophie, science, lettres, beaux-arts.* — Signé : *Henry Sieurac.*

Exposé au Salon de 1857 et donné par l'Empereur, la même année.


**TOURNEMINE** (Charles-Emile de), *peintre de paysage, né à Toulon; élève de M.* **Eugène Isabey.**

Décoré en 1853. — *Résidant à Paris.*

## 565　*Souvenir d'Asie-Mineure.*

Toile. — H. 0ᵐ 43. — L. 0ᵐ 64.

Tout le devant de la composition est occupé par une rivière qui baigne un terrain parsemé de broussailles et de quelques touffes d'arbres où paissent des chèvres et des moutons. Au centre, plusieurs Turcs se reposent sur une petite construction en maçonnerie, en partie masquée par un buisson d'où s'échappe un bouquet de palmiers. — Signé : *Ch. de Tournemine.*

Acquis par la ville à l'exposition des Beaux-Arts de 1858.


**VERLAT** (CHARLES), *peintre de genre et d'animaux, né à Anvers en 1824; élève de l'Académie d'Anvers.*

Méd. 3ᵉ cl. (genre et animaux) 1853. — Méd. 2ᵉ cl. 1855. — *Résidant à Paris.*


## 566　*Buffle surpris par un tigre.*

Toile — H. 2ᵐ 00. — L. 3ᵐ 00.

Au moment où un buffle se désaltère dans les eaux d'un marécage, un tigre, caché dans les roseaux, se jette sur lui, le saisit à la nuque et le terrasse. — Signé : *Charles Verlat 1853.*

Donné par l'Empereur en 1854.


**VILLEMSENS** (JEAN-BLAISE), *né à Toulouse en 1808, mort dans la même ville le 19 septembre 1859.*

Il suivit très jeune les cours de l'école des Beaux-Arts et se fit remarquer comme l'un des élèves les plus distingués. Les grands-prix municipaux n'étant pas encore institués, il se décida, à l'âge de 17 ans, à partir pour Paris, où il entra dans l'atelier de **Gros**. Il prit ensuite le chemin de l'Italie ; mais il ne put effectuer ce voyage et revint à Toulouse. Nommé professeur à l'école des Beaux-Arts en 1841, cet artiste obtint à Toulouse trois médailles d'or, et à Bordeaux une médaille d'argent.

**567** *Les inondés de Tounis (21 mai 1827).*

Toile. — H. 1ᵐ 96. — L. 2ᵐ 67.

Les eaux de la Garonne débordée ont entièrement couvert l'île de Tounis; plusieurs maisons se sont écroulées. M. de Montbel, maire de Toulouse, monté dans une barque conduite par des pêcheurs de sable, vient au secours des inondés. La barque a déjà recueilli plusieurs de ces infortunés, et au moment où M. de Montbel s'élance pour aller chercher une femme et un enfant étendus sur les débris de leur maison, un pêcheur l'arrête et y court à sa place.

Exposé au Salon du Louvre et donné en 1842 par le Gouvernement.

**VINIT** (Charles-Léon), *né à Paris le 9 septembre 1806; élève de M.* **Rémond**.

*Méd. 3ᵉ cl. 1838. — Résidant à Paris.*

**568** *Vue de la seconde cour de l'école des Beaux-Arts à Paris.*

Toile. — H. 0ᵐ88. — L. 1ᵐ06.

MM. les membres de l'Institut sont représentés dans la seconde cour de l'école des Arts. Divisés en plusieurs groupes, les uns sont arrêtés et causent, les autres se promènent. Au premier plan, on reconnaît M. Ingres et M. Delacroix. — Signé : L. VINIT.

Envoyé par le Gouvernement en 1852.

# CABINET DES DESSINS.

**BELLEL** (Jean-Joseph), *peintre de paysage, né à Paris, y résidant; élève de M.* **Justin Ouvrié.**

Méd. 1<sup>re</sup> cl. (dessin) 1848. — Décoré en 1860.

**569** *Solitude,* paysage composé — (fusain).

**570** *Site agreste,* paysage composé — (fusain).

Envoyés par le Gouvernement en 1852.

**BIDA** (Alexandre), *dessinateur, né à Toulouse, résidant à Paris; élève de* **Eugène Delacroix.**

Méd. 2<sup>e</sup> cl. (dessin) 1848. — Méd. 1<sup>re</sup> cl. 1855. — Décoré en 1855.

**571** *Le Chant du Calvaire (Dalila,* de M. Octave Feuillet).

Les dessins de M. Bida sont exécutés d'une manière qui lui appartient en propre et ne ressemble à celle d'aucun autre artiste.
Exposé au Salon de Paris en 1857, à Toulouse en 1858. — Acheté par la ville.

**CANDIA** (Girolamo), *architecte, florissait à Rome vers la fin du siècle dernier.*

**572** *Décoration d'appartement antique,* prise d'après les peintures des Thermes de Titus.

**573** Le pendant du précédent.

*Signé :* Girolamo Candia, arch. designo 1778.

Dessins coloriés à l'aquarelle.

**CAZES** (ROMAIN), *peintre d'histoire, né à Saint-Béat (Haute-Garonne), résidant à Paris; élève de* M. **Ingres.**

Méd. 3ᵉ cl. (histoire) 1839.

**574** *Carton des peintures murales exécutées dans l'église de Bagnères-de-Luchon.*

1º Les Litanies de la Sainte-Vierge, — 2º le Couronnement de la Sainte-Vierge, — 3º la Divine Liturgie.

Colorié sur toile par teintes plates et mis à l'effet au crayon noir. Exposé à Paris en 1855, et à Toulouse en 1858.

**COYPEL** (CHARLES-ANTOINE), *né à Paris en 1694, mort dans la même ville en 1752; élève de son père* **Antoine Coypel.**

**575** *Héloïse* (pastel).

Elle est représentée en habit de religieuse; ses yeux, noyés de larmes, sont fixés sur un livre. — Signé : *Charles Coypel 1742.*

Collection du cardinal de Bernis.

**DURAND** (GABRIEL), *peintre de portraits, né à Toulouse, y résidant.*

**576** *Portrait de M. Théodore Richard* (pastel).

**ENGALIÈRE** (MARIUS), *né à Marseille en 1826, mort à Toulouse en 1857.*

**577**   *Vue prise aux environs de Monaco, sur les bords de la Méditerranée* (dessin à la gouache).

Acheté par la ville en 1858.

**GAMELIN** (Jacques), (Voir page 219).

**578**   *Ulysse tue les prétendants de Pénélope.*

**579**   *Achille traîne le cadavre d'Hector autour des murs de Troie.*

Signé : *Gamelin inv. fec. 1781.*

Dessins sur papier bleu, lavés à la sépia et rehaussés de blanc au pinceau.

**HOUIN** (          ), *né à.... mort à Paris en 1817.* Il était membre de l'académie de Toulouse.

**580**   *Tête de vieillard,* vue en profil et avec barbe — (pastel).

**581**   *Tête de jeune femme* — (pastel).

Proviennent de l'ancienne académie de Toulouse.

**LATOUR** (JOSEPH), (Voir page 257).

**582**   *Le Guadalquivir à Séville* — clair de lune.

Dessin à la mine de plomb et rehaussé de blanc.
Exposé à Toulouse en 1858 et donné au Musée par l'auteur.

**MENGS** (ANTON-RAFAEL), *né à Aussig (en Bohême),
en 1728, mort à Rome en 1779; élève de son père*
**Ismaël Mengs**. (Ecole allemande.)

**385** *Tête de saint Michel-Archange,*
d'après Guido-Reni.

**584** *'Portrait de Béatrix de Cinci,*
d'après le même.

Dessins sur papier blanc, légèrement teintés à la sépia et repiqués
au crayon noir et au crayon rouge.

**RICHARD** (THÉODORE), (Voir page 262).

**385** *Etude de chênes — (sépia).*

**RIVALZ** (ANTOINE), (Voir page 202).

**586** *Ajax traîne hors du temple Cassandre, fille de Priam et d'Hé-
cube.*

**587** *Les Mégariens, voyant leur ville
prête à tomber au pouvoir des
Romains, lâchent des lions contre leurs ennemis; mais ces
animaux se retournent contre
eux et les dévorent.*

Dessins à la pierre noire sur papier gris, et rehaussés de blanc au
pinceau.

**388** *Angélique et Médor.*

Dessin à la sépia, rehaussé de blanc au pinceau.

**589**   *Portrait de l'annaliste Lafaille.*

Dessin à la sanguine.
Acheté par la ville en 1857.

**WALLAERT** (PIERRE), *peintre de paysage, né Lille, florissait à Toulouse au commencement de ce siècle.*

**590**   *Paysage.* — Signé : *P. Wallaert inv.*

Dessin à la plume, lavé à la sépia.
Donné par M. Mazzoli en 1858.

---

# INCONNUS.

**591**   *Un vieillard lisant ;* (d'après Rembrandt van Ryn) — (pastel).

**592**   *Pœstum,* vue prise de la mer en arrivant de Salerne.

**593**   *Terracina,* porte qui sépare les Etats de l'Eglise du royaume de Naples.

Ces deux dessins à la plume portent le monogramme T.T 1845, surmonté d'une couronne.

**594**   *Tête d'homme à barbe, coiffé d'un bonnet de fourrures* — (pastel).

---

# LISTE DES TABLEAUX



---

## ÉGLISE MÉTROPOLITAINE S<sup>t</sup>-ÉTIENNE.

**RIVALZ** (JEAN-PIERRE). — *La Visitation.*

Inscrit au n° 340 du Catalogue de 1840 et à tous les Livrets
précédents.

**BOLLERY** (NICOLAS). — *L'Adoration des bergers.*

Ce tableau a été inscrit, au n° 113 du Catalogue de 1840 et aux Livrets précédents, sous le nom de *Bavilery*. C'est une erreur; on a mal
interprété la signature qui est ainsi tracée : N. BAVILLERY. ME FECIT.
La courbe qui termine le trait inférieur de la quatrième lettre et qui
lui donnait sa vraie signification, a disparu; ce n'est pas un I, mais
bien un L qu'on aurait dû y voir. Il fallait donc lire *Baullery*, au lieu
de Bavilery, nom qui n'est cité dans aucun biographe et n'est celui
d'aucun peintre connu; tandis que Baullery ou Bollery est mentionné
par Félibien, Perrault, d'Argenville, Fuzli, Le Comte, etc. — Bollery,
regardé comme le premier artiste de son temps, était peintre du roi
Louis XIII dès 1610. Oncle maternel du célèbre **Blanchard**, il
fut son premier maître. Les Livrets du musée de Toulouse l'ont indiqué à tort comme élève de **Bloëmaert**. Cet artiste avait étudié
à Venise les ouvrages de **Jacob Bassan**, s'inspirant surtout des
effets de lumière artificielle et du pittoresque des compositions, dans
lesquelles, à l'imitation de ce maître, il se plaisait à introduire des

---

(1) La suppression des anciennes chapelles de l'église des Augustins — à une
époque où l'on sentait la nécessité de donner à ce monument un aspect plus en rapport
avec sa nouvelle destination — ayant considérablement rétréci le local, l'administration
fut obligée de déposer provisoirement dans les églises un certain nombre de tableaux
que le Musée ne pouvait plus contenir.

animaux. — Jean Le Clerc a publié, d'après lui, un recueil de portraits en 36 planches in-4°.

Les noms de la plupart de nos anciens artistes français tendent à disparaître chaque jour : il est donc bien plus important, que ne le supposent certains indifférents, de sauver de l'oubli tous ceux que le hasard nous met à même de faire revivre. Sans cela, on ne parviendra jamais à reconstituer l'histoire de la peinture en France.

**PADER** (HILAIRE). — *Le Triomphe de Joseph.*

Inscrit aux anciens Livrets de Lucas.

Lorsque le Musée aura reçu les agrandissements qu'il réclame, ce tableau est un de ceux qui occuperont une place d'honneur dans l'ancienne École toulousaine.

**PADER** (HILAIRE). — *Sacrifice d'Abraham.*

Le pendant — *Samson, assommant les Philistins.*

Inscrits aux anciens Livrets.

**DU LYS** (COLOMBE). — *Baptême de Jésus-Christ.*

Inscrit aux anciens Livrets.

# ÉGLISE SAINT-PIERRE.

**PADER** (HILAIRE). — *Le Déluge.*

Inscrit au n° 318 du Catalogue de 1840 et à tous les Livrets précédents.

**DU LYS** (COLOMBE). — *Hérode ordonne de mettre l'habit blanc à Jésus.*

Inscrit au n° 239 du Catalogue de 1850 et à tous les Livrets précédents.

**FREDEAU** (AMBROISE). — *Jésus-Christ, après sa résurrection, apparaît à sa Mère.*

Inscrit sous le n° 255 du Catalogue de 1840 et aux Livrets précédents.

Fredeau est considéré comme un des fondateurs de l'Ecole de Toulouse, comme une de nos anciennes illustrations. Son nom est inscrit au Musée avec ceux de De Troy et de Rivalz — L'église des Augustins était autrefois remplie de ses innombrables ouvrages, tant en sculpture et en peinture qu'en architecture. De tout cela, il ne reste plus aujourd'hui que le petit cloître de la Renaissance, construit sur ses dessins; mais, seul, il suffirait à sa gloire. Ce sera donc justice bien due à sa mémoire que de faire reparaître au Musée des productions de cet artiste qui se montra habile dans toutes les branches de l'art.

## **RIVALZ** (le Chevalier). — *Naissance de saint Jean-Baptiste.*

Inscrit sous le n° 344 du Catalogue de 1850 et aux Livrets précédents.

Signé et daté de 1778.

## **FAURÉ** (JEAN-FRANÇOIS). — *Adoration des bergers.*

Inscrit sous le n° 251 du Catalogue de 1840 et à tous les Livrets précédents.

Fauré, né à Toulouse en 1750, mort en 1824, était élève de **Despax**. Ce tableau nous montre qu'il fut un parfait imitateur de cet artiste. Il est intéressant à consulter, afin qu'on ne confonde pas les ouvrages de Fauré avec ceux de son maître.

## **FAYET** (FRANÇOIS). — *Saint François de Paule guérissant un possédé.*

Inscrit sous le n° 251 du Catalogue de 1840 et aux Livrets précédents.

## **CORNEILLE** (MICHEL), le Père. — *Saint Pierre baptisant le Centenier.*

Inscrit sous le n° 234 du Catalogue de 1840 et aux Livrets précédents.

Ce tableau, qui a fait partie du magnifique envoi du Gouvernement en 1803, a été doublement mal indiqué dans les anciens Livrets du Musée : et comme étant de Michel Corneille le fils, et comme représentant le *Baptême de Constantin par saint Sylvestre.* — Il a été peint en 1656, par **Michel Corneille** le père, né en 1603, mort en 1664, et non par Michel Corneille, son fils et son élève, né en 1642, mort en 1708. Celui-ci n'avait que 14 ans lorsque son père fut chargé, par la corporation des Orfèvres, de l'exécution de ce tableau, qu'elle offrit le 1er mai, suivant l'usage, à l'église Notre-Dame. Dans sa *Description de Paris*, t. I, p. 388, Piganiol de la Force cite ce tableau qui se trouvait alors dans la chapelle de saint Crespin, à l'église Notre-Dame. De nos jours, M. Villot en fait également mention dans son *Catalogue des Tableaux du musée du Louvre*, p. 78, Ecole française.

Cette composition présente donc, à part sa valeur artistique, un intérét réel sous le rapport de sa provenance, et aussi parce qu'elle est l'œuvre d'un de nos anciens peintres français dont il reste peu d'ouvrages. Michel Corneille a été l'un des meilleurs disciples de **Simon Vouet**, et eut assez de talent pour être compris au nombre des douze artistes qui, sous le titre d'Anciens, fondèrent l'Académie royale de Peinture et de Sculpture, dont il fut nommé recteur après huit années d'exercice. — Signé : *M. Corneille* 1656.


# EGLISE DES MINIMES.


**RIVALZ** (ANTOINE). — *Naissance du Dauphin, fils de Louis XV et père de Louis XVI.*

Inscrit sous le n° 356 du Catalogue de 1840 et aux Livrets précédents.


**FREDEAU** (AMBROISE). — *Saint Augustin en adoration devant la Vierge et saint Jean.*

Inscrit sous le n° 386 du Catalogue de 1840 et aux Livrets précédents.


**TOURNIER** (          ). — *Juda prosterné devant Joseph.*

Inscrit sous le n° 386 du Catalogue de 1840 et aux Livrets précédents

Les rédacteurs des anciens Livrets ont déclaré que « c'est une bonne copie d'après un tableau de l'Ecole flamande, beaucoup plus petit et d'un ton de couleur plus vigoureux. » Ils auraient dû au moins nommer le tableau original qui leur a suggéré cette assertion. Rien ne la justifie selon nous; et admettant même que Tournier se soit inspiré des Flamands pour le goût de la composition et le choix des costumes, nous n'en voyons pas moins dans ce tableau une œuvre bien originale et, qui plus est, d'un beau faire du maître.

**VIGNON** (Claude). — *La Résurrection.*

Inscrit aux anciens Livrets.

Curieux tableau par l'étrangeté de sa composition et d'une incontestable originalité. — Signé et daté.

**HOUASSE** (René-Antoine). — *La Visitation.*

Inscrit sous le n° 268 du Catalogue de 1840 et aux Livrets précédents.

Le conservateur Lucas, dans ses Livrets du Musée, nous apprend que ce tableau et tous ceux qui décoraient autrefois la chapelle du Mont-Carmel furent gâtés par l'ignorance d'un frère carme, possesseur d'un prétendu secret pour nettoyer les tableaux et assez présomptueux pour en faire usage aux dépens des œuvres remarquables qui rendaient cette chapelle l'une des plus belles de Toulouse. — Ce qu'il y a de certain, c'est que ce tableau a été fortement maltraité. — Grand dommage assurément : c'était l'œuvre d'un bon élève de **Lebrun**, très digne de tenir une place honorable dans un musée français.

**MARATTE** (*d'après* Carle). — *Saint Stanislas Kostka recevant l'enfant Jésus des mains de la sainte Vierge.*

Inscrit sons le n° 38 du Catalogue de 1850 et aux Livrets précédents.

Ce tableau décorait autrefois l'église des religieuses de l'ordre de Notre-Dame.

## EGLISE SAINT-EXUPÈRE.

**RIVALZ** (Le Chevalier). — *Apothéose de saint Saturnin.*

Inscrit sous le n° 363 du Catalogue de 1840 et à tous les Livrets précédents.

# CHAPELLE
## DES FRÈRES DE L'ÉCOLE CHRÉTIENNE.

**GUY** (FRANÇOIS). — *L'Adoration des Bergers.*

Inscrit sous le n° 262 du Catalogue de 1840 et aux Livrets précédents.

Belle production de Guy et d'un effet très-pittoresque. On ne saurait trop regretter qu'elle soit réduite aujourd'hui à l'état de fragment par la disparition d'une figure de berger, dont on n'aperçoit plus que la main qui tient un mouton. Un des côtés de la toile a été coupé.

**RIVALZ** (ANTOINE). — *Un christ.*

Inscrit sous le n° 351 du Catalogue de 1840 et aux Livrets précédents.

# COUVENT DE LA VISITATION.

**DESPAX** (JEAN-BAPTISTE). — *Le triomphe de la Religion.*

Inscrit sous le n° 220 du Livret de Lucas de 1806.

Tableau peint sur une toile de forme chantournée.

# EGLISE DE SAINT-SIMON.

**DESPAX** (JEAN-BAPTISTE). — *L'Assomption de la Vierge.*

Inscrit sous le n° 240 du Catalogue de 1840.

Dans notre rapport à la Municipalité, nous avons parlé de ce tableau qui était alors exposé au maitre-autel de l'église Saint-Jérôme. Nous signalâmes alors la suppression des deux côtés de la toile qu'on avait diminuée en largeur pour la faire entrer dans une place circonscrite entre deux pilastres. Cette suppression, en faisant disparaître plusieurs figures d'apôtres, avait dénaturé la composition, qui devait avoir primitivement un aspect très agréable.


**INCONNU.** — *La Résurrection de Jésus-Christ.*

Inscrit sous le n° 78 du Catalogue de 1850, et attribué sans raison au **Giorgion.**


**DANIEL DE VOLTERRE** *(d'après).* — *Descente de croix.*

Inscrit sous le n° 15 du Catalogue de 1850.


**DOMINIQUIN** *(d'après* LE*)* — *Communion de saint Jérôme.*

Inscrit sous le n° 17 du Catalogue de 1850.


## EGLISE DE L'ARDENNE.


**RAPHAEL** *(d'après).* — *Saint Jean dans le désert.*

Inscrit sous le n° 68 du Catalogue de 1840 et aux Livrets précédents.


**MICHEL** (JEAN). — *Sainte Jeanne, reine de France.*

Inscrit sous le n° 297 du Catalogue de 1850 et aux Livrets précédents.


PAR LE MÊME. — *Sainte Elisabeth de Hongrie faisant l'aumône.*

Inscrit sous le n° 298 du Catalogue de 1850 et aux Livrets précédents.

# EGLISE SAINT-SERNIN.

**RIVALZ** (JEAN-PIERRE). — *Saint Jean donnant la communion à la Vierge.*

Inscrit sous le n° 341 du Catalogue de 1840 et à tous les Livrets précédents.

Ce tableau a beaucoup souffert.

*N. B.* — Nous n'avons pas fait figurer à cette liste certains tableaux concédés aux églises, parce qu'ils nous ont semblé dépourvus de tout intérêt.

# TABLE GÉNÉRALE DES MATIÈRES.

www.ingramcontent.com/pod-product-compliance
Lightning Source LLC
LaVergne TN
LVHW052001060726
842528LV00002B/366